（典藏版）

百部国学传世经典

中华国学经典盛宴／获取先贤核心智慧

# 增广贤文·名贤集

【清】周希陶／著
林宇宸／主编

漓江出版社

**图书在版编目（CIP）数据**

增广贤文·名贤集 /（清）周希陶著；林宇宸主编. -- 桂林：漓江出版社，2019.4
（百部国学传世经典）
ISBN 978-7-5407-8618-2

Ⅰ.①增… Ⅱ.①周… ②林… Ⅲ.①古汉语-启蒙读物 Ⅳ.①H194.1

中国版本图书馆 CIP 数据核字（2019）第 024336 号

**增广贤文·名贤集 ZENGGUANGXIANWEN MINGXIANJI**

作　　者 【清】周希陶　著
主　　编 林宇宸

出 版 人 刘迪才
出 品 人 张　谦
策划编辑 陈植武　林晓鸿
责任编辑 林晓鸿
助理编辑 秦　灵
装帧设计 林晓鸿　宋双成
责任监印 杨　东

出版发行 漓江出版社有限公司
社　　址 广西桂林市南环路 22 号
邮　　编 541002
发行电话 010-85893190　0773-2583322
传　　真 010-85890870-814　0773-2582200
邮购热线 0773-2583322
电子信箱 ljcbs@163.com
网　　址 http://www.lijiangbook.com

印　　制 北京飞达印刷有限责任公司
开　　本 710mm×1000mm　1/16
印　　张 28
字　　数 450 千字
版　　次 2019 年 4 月第 1 版
印　　次 2022 年 5 月第 4 次印刷
书　　号 ISBN 978-7-5407-8618-2
定　　价 45.00 元

# 前言

中华民族有着数千年的文明历史，创造了光辉灿烂的古代文化，其中中国传统国学是我国辉煌灿烂的文化典籍的核心部分，它博大精深、源远流长，显示出中华文化的深厚根基，给人类留下了丰富的精神财富。它是我们炎黄子孙的文化精髓，它塑造了我们中华民族的民族精神，是培育民族精神的重要资源。它开启心智，滋润生命，陶冶人格，塑造灵魂。

开卷有益，忙碌的人们闲暇之时，应该用传统国学来陶冶自己的情操，开阔自己的心胸，提高自己的人文修养，用先人的哲思来涤荡自己忙碌的心灵。我们应该坚持阅读的爱好，在潮流文化的强大攻势下，让传统文化永驻我们的心田。“复兴国学，从根本上讲，是复兴中华民族的自尊心、自信心。”我们要甄选传世经典著作中最经典的部分来读，要以开放的胸襟和燃烧的激情去承接古人的经典大论与哲思华章，以自豪而不狂妄、执着而不僵化的精神风貌来直面当今社会的竞争与挑战。

为了弘扬中国传统文化，帮助读者深刻了解我们的历史与文化，用经典历史文学知识陶冶情操、提高文化修养，同时使国学得到承传，得以弘扬光大，我们精心编排了本丛书。为了便于读者理解和领会古代先贤的思想与精神，我们在文章中选取了与正文相契合的插画，将插画与正文有机地结合在一起，可大大增加读者的阅读趣味。

本丛书选取了国学经典著作中很多优秀的作品及资料，博采各类经典作品的长处，并有所创新，以使得本丛书风格迥异、卓然超群，相信会给读者带来全新感受。

由于时间仓促，书中难免有不尽之处，恳请读者朋友们提出宝贵意见，在此深表谢意。

# 目录

# 增广贤文

## 原文

**昔时贤文，诲汝谆谆①。集韵增广，多见多闻。观今宜鉴古，无古不成今。**

### 注释

①谆谆：形容教导诚恳。

### 译文

古代圣贤的名言，能够给你带来诚恳有益的教诲，广泛搜集材料扩大篇幅，会令你见多识广。现在的事情需要用古代历史来指导，没有古代的历史就没有今天的一切。

### 点评

昔时贤文，诲汝谆谆。集韵增广，多见多闻。观今宜鉴古，无古不成今：《增广贤文》，又叫作《古今贤文》，它的名字最早见于明代万历年间的戏曲《牡丹亭·闺训》一折之中。这三句话是这本书的主旨，点明了该书的写作目的。

事例

## 事例一

西汉初年，社会经济不景气，人民生活得不到保障，整个社会处于一片荒凉之中。汉高祖及其后的汉文帝、汉景帝等，都积极借鉴秦灭亡的教训，注重民生，减轻农民的徭役和劳役，让百姓发展农业。文景时期，节俭之风盛行，崇尚道德，社会得以稳定，经济得以发展，迎来封建社会的盛世，史称“文景之治”。

西汉王朝建立后，汉高祖、汉惠帝、吕后都将注意力放在恢复农业生产上，采取措施稳定当时的统治秩序，并取得了显著的效果。文景两帝相继即位后，更进一步地关注民生，采取了轻徭薄赋、与民生息的措施。

汉文帝关注农业生产，在位期间多次下诏劝课农桑，并按照百姓家庭中的户口比例设置三老、孝悌、力田若干员，多次赏赐他们，以此来鼓励百姓积极发展农业。同时，他还采取了一系列的措施减轻农民负担，文帝二年(公元前 178 年)和十二年(公元前 168 年)，曾经两次下令将百姓的租率减为三十税一。十三年(公元前 167 年)则田租全部免去。此后，三十税一成为汉代定制。文帝时，算赋也得到了改变，由原来的每人每年 120 钱减到了 40 钱，徭役改为每三年服役一次。景帝二年(公元前 155 年)，将秦时 17 岁傅籍给公家徭役的制度改为 20 岁，而著于汉律的傅籍年龄则为 23 岁。同时文帝还下诏“弛山泽之禁”，即将原来归为国家所属的森林湖泊全部开放，这一举措大大地促进了当时农民的副业生产，推动了盐铁生产事业的发展。文帝十二年，过关用传制度被废除，这一举措加强了地区间商品的流通和经济往来，促进了农业的发展。

“文景之治”作为封建社会的盛世，它的出现很大一部分是文帝励精图治的功劳。文帝在位期间，将诽谤妖言的罪名废除，提倡臣子大胆发言。秦代以来有所谓的秘祝之官，即将所有的过错移到臣子身上。文帝十三年将这一职位废除，并向百姓声明：皇帝负责臣子所犯的所有的错误和罪过。次年，他又下令祠官为他祝福。文帝自身也过着相当节俭的生活，他在位期间，从来没有增添过一座宫室苑囿和一件车骑服御之物。他多次下达命令，禁止郡国向他贡献宝物。他所宠爱的慎夫人也从来不穿华丽的衣服，帷帐也不施纹绣。文帝曾想建造一座露台，但是听说要花费大量的钱财，于是便放弃了这个想法。文帝提倡节俭，因此当时国家的财政开支也得到了缩减，王公贵族更是不敢滥事搜刮，百姓的生活变得轻松起来,这些都是休养生息政策的重要内容之一。

文景两代采取了一系列对国家发展有利的政策,使人们安居乐业,封建统治秩序也得到了巩固。西汉初年,大侯封国没有超过万家,小的只有五六百户;到了文景之世,流民回归,人口迅速发展。列侯封国最多三四万户,小的人口得到了倍增,且人们的生活条件也得到了很大的改善。农业的发展使粮价降低,文帝初年,粟每石十余钱至数十钱。据《汉书·食货志》记载,汉初至武帝在位年间,国家安定、社会发展,只要没有遇到天灾人祸,百姓就会有剩余的粮食,郡国的粮仓也堆满了粮食。有时候粮仓的粮食太多,放久了便腐烂导致不能食用。国库中的钱财有千百万,连串钱的绳子都腐烂了。这便是当时文景之治下百姓和国家的生活。

## 事例二

春秋时,鲁国的宓子贱担任单父城的宰相。有一次齐国攻打鲁国,齐军需要经过单父城。

城中的百姓得知这个消息便纷纷对宓子贱说:“田地里的庄稼已经到了收割的时候,现在齐军经过的话,我们就不会有时间收割粮食了。因此,请你让我们一起出城收割粮食,这样的话我们既得到了自己的粮食,也没有将粮食白白送给齐国人,一举两得。”

宓子贱听后并没有同意百姓的意见。不久之后,齐国的军队路过此地后抢收了麦子。鲁王感到非常愤怒,准备治宓子贱的罪。宓子贱对鲁王说道:“虽然今年的粮食没有了,但是明年会有的。如果我们在齐军路过此地的时候让百姓去收割粮食的话,那么肯定有不劳而获者。这样下去,百姓会产生惰性,他们就会盼望着敌国军队犯境,长此以往,鲁国就会衰落下去。单父城的粮食只不过是鲁国所有粮食中的一小部分而已,没有了并不会受到很大的损失,但是如果让百姓养成不劳而获的想法,那只会害了百姓害了鲁国啊!”

鲁王听后,惭愧地低下了头。

## 原文

**知己知彼，将心比心。酒逢知己饮，诗向会[①]人吟。相识满天下，知心能几人。**

## 注释

①会：理解，懂得，会意。

## 译文

既要了解自己又要了解别人，用自己的心去衡量别人的心。酒要与了解自己的人喝，诗要向懂得的人吟诵。认识的人很多，可彼此知心的却没有几个。

## 点评

知己知彼，将心比心：这句话包含两层意思，一是既要了解自己又要了解别人，用自己的心去体会别人，从而为对方着想；二是要清楚对方想什么，从而达到百战不殆的目的。

酒逢知己饮，诗向会人吟：意思是酒要和自己的知己喝才有意思，聊天要找和自己志同道合的人。世上之人，走马转篷，来来往往，时聚时散，真正的知己有几个？虽说“海内存知己，天涯若比邻”，但现实往往是“西出阳关无故人”。

事例

## 事例一

齐国的大将田忌很喜欢赛马，有一回，他和齐威王约定，要进行一场比赛。

他们商量好把各自的马分成上中下三等，比赛的时候，要上马对上马，中马对中马，下马对下马。由于齐威王每个等级的马都比田忌的马强一些，所以几次比赛，田忌都失败了。田忌觉得很扫兴，比赛还没有结束，就垂头丧气地离开了赛马场。这时，田忌抬头一看，发现人群中有个熟悉的人，原来是自己的好朋友孙膑。

孙膑招呼田忌过来，拍着他的肩膀说："我刚才看了赛马，齐威王的马比你的马快不了多少呀。"

孙膑还没有说完，田忌就瞪了他一眼："想不到你也来挖苦我！"

孙膑说："我不是挖苦你，我是说你再同他赛一次，我有办法让你赢了他。"

田忌疑惑地看着孙膑："你是说另换一匹马吗？"

孙膑摇摇头说："一匹马都不需要更换。"

田忌毫无信心地说："那还不是照样得输！"

孙膑胸有成竹地说："你就按照我的安排办事吧！"

齐威王屡战屡胜，正在得意扬扬地夸耀自己的马匹的时候，看见田忌陪着孙膑迎面走来，便站起来讥讽地说："怎么，莫非你还不服气？"

田忌说："当然不服气，咱们再赛一次！"说着，哗啦一声，把一大堆银钱倒在桌子上作为他下的赌注。齐威王一看，心里暗暗好笑，于是吩咐手下把前几次赢得的银钱全部抬来，另外又加了1000两黄金，也放在桌子上。

齐威王轻蔑地说："那就开始吧！"一声锣响，比赛开始了。孙膑先以下等马对齐威王的上等马，第一局田忌输了。齐威王站起来说："想不到赫赫有名的孙膑先生竟然想出这样拙劣的对策。"孙膑不去理他，接着进行第二场比赛。孙膑拿上等马对齐威王的中等马，获胜了一局。齐威王有点儿慌乱了。第三局比赛，孙膑拿中等马对齐威王的下等马，又战胜了一局。这下，齐威王目瞪口呆了。比赛的结果是三局两胜，田忌赢了齐威王。

还是同样的马匹，由于孙膑了解自己及对方的实力而采取了恰当的方法，因而取得了转败为胜的结果。

## 事例二

公元前四世纪，在意大利，有一个名叫皮斯阿司的年轻人冒犯了国王。皮斯阿司被判绞刑，将在某个法定的日子被无辜处死。皮斯阿司是个孝子，在临死之前，他希望能与远在百里之外的母亲见最后一面，以表达他对母亲的歉意，因为他不能为母亲养老送终了。他的这一要求被告知了国王。国王感其诚孝，决定让皮斯阿司回家与母亲相见，但条件是皮斯阿司必须找到一个人来替他坐牢，否则他的这一愿望只能是镜中花、水中月。这是一个看似简单其实近乎不可能实现的条件，有谁肯冒着被杀头的风险替别人坐牢呢，这岂不是自寻死路？但茫茫人海，就有人不怕死，而且真的愿意替别人坐牢，他就是皮斯阿司的朋友达蒙。

达蒙被关进牢房以后，皮斯阿司回家与母亲诀别。人们都静静地看着事态的发展。日子如水，皮斯阿司一去不回头。眼看刑期在即，皮斯阿司也没有回来的迹象。人们一时间议论纷纷，都说达蒙上了皮斯阿司的当。行刑日是个雨天，当达蒙被押赴刑场之时，围观的人都在笑他的愚蠢。但刑车上的达蒙，不但面无惧色，反而有一种慷慨赴死的豪情。

追魂炮被点燃了，绞索也已经挂在了达蒙的脖子上。有胆小的人吓得闭紧了双眼，他们在内心深处为达蒙深深地惋惜，并痛恨那个出卖朋友的小人皮斯阿司。就在这千钧一发之际，皮斯阿司冒着风雨飞奔而来，他高喊着："我回来了！我回来了！"之后，他就和达蒙互换了回来。

这真是人世间最感人的一幕，大多数的人都以为自己在梦中，但事实不容怀疑。这个消息宛如长了翅膀，很快便传到了国王的耳中。国王听闻此言，也以为这件事是假的。他亲自赶到刑场，要亲眼看一看自己优秀的子民。最终，国王万分喜悦地为皮斯阿司松了绑，并亲口赦免了他的罪刑。

正是因为达蒙清楚皮斯阿司的为人，信任彼此之间的友谊，才会上演如此感人的一幕。

## 原文

**相逢好似初相识，到老终无怨恨心。近水知鱼性，近山识[1]鸟音。易涨易退山溪水，易反易复小人心。**

## 注释

①识：分辨。

## 译文

人与人最好不要有太深的交往，免得到老产生怨恨之心。经常靠近水的人能知道鱼的情况，经常在山林中的人就能分辨各种鸟的声音。山溪里的水随着季节常涨常退，不明事理的小人反复无常，变化不定。

## 点评

相逢好似初相识，到老终无怨恨心：志同道合的君子之交，应该“相逢好似初相识”，永远不要交往太深，才能使彼此的友谊绿水长流、青山常在。

近水知鱼性，近山识鸟音：靠近水经常观察水中的鱼，就会清楚鱼的习性；经常去林中聆听鸟的叫声，时间久了，就能辨别出鸟的声音。这说明要想真正了解一个事物，在某一方面有所建树，首先必须经常接触这个事物，然后对天长日久观察到的一些现象进行总结、归纳，挖掘出其内在的本质、规律，用来指导自己的行动。

事例

## 事例一

董卓（？—公元192年），字仲颖，陇西临洮（今甘肃岷县）人，东汉末年少帝、献帝时权臣，官至太师、郿侯。

董卓废掉少帝后，迎立了九岁的小皇帝——汉献帝。

这时，各路人马纷纷起兵攻讨董卓，董卓决定挟持汉献帝，把国都自洛阳迁到长安。洛阳城内数百万的老百姓含泪忍痛离开故乡，抛弃田园庐舍，扶老携幼地上路了。百姓一路上因踩踏死伤不计其数。董卓下令一把火烧光了宫殿、官府、家居，他又命令亲信吕布把以前皇亲贵族的坟刨开，收取墓中的珍奇宝贝纳入自己的腰包。

董卓到了长安后，把政事大半交给大臣王允治理。王允非常忠心于汉室，但是表面不动声色，假意奉承董卓。

不过董卓最信任的人还是吕布。吕布擅长射箭骑马，膂力过人，武功高强，是董卓的贴身侍卫。董卓非常喜爱吕布，把他收为干儿子。然而董卓这个人性子太暴躁，有一次，吕布有件小事不合董卓的意，董卓抽出小戟就朝吕布掷去，幸亏吕布身手矫捷，一下就避开了。但从此吕布的心里对董卓埋下了仇恨的种子。

后来，吕布偷偷和董卓府内的一个婢女相好，他很害怕这件事被董卓知道，心里很是不安。

王允看出吕布对董卓的不满，意图拉拢吕布，让他杀掉董卓。

吕布推辞说："我与董卓是父子，不可做出此等伤天害理的事来。""什么父子？你姓吕，他姓董。"王允劝说道，"你念及父子之情，可董卓用小戟刺你的时候，他怎么不考虑父子之情？"

吕布被王允说得心动了。献帝初平三年四月，董卓自未央殿走出，吕布事先安排好的骑都尉李肃带人拿着戟往董卓胸前刺去，董卓跌倒在地上，大叫道:“奉先吾儿，快来救我啊!”吕布严厉地说:“朝廷有诏书，要杀老奸贼!”说完，吕布的戟已刺入董卓的咽喉。

老百姓听到董卓已死的消息，在长安街上歌舞狂欢，比过新年还热闹。

由于董卓之乱，地方上许多英雄好汉起兵讨董，后来演变为三国鼎立的局面，汉朝此时已名存实亡了。

## 事例二

公元 89 年，汉和帝即位，他提升小宦官蔡伦担任中常侍，让他参与国家大事。后来，蔡伦兼任尚方令，监督工匠为皇宫制造宝剑和其他用品。

蔡伦忠于职守，一上任就到各个作坊去视察。这天，蔡伦来到制造麻纸的作坊里，看到许多大缸里泡着青麻的茎皮。蔡伦很是好奇，就问这些东西的用途，一个工匠告诉他：“青麻加上石灰，在水缸里泡上十天半个月就泡烂了，然后捶打成浆，就可以造麻纸了。”蔡伦觉得这太神奇了，连忙惊叹说：“好，好啊!”可是工匠接着说:“用这种方法造出的麻纸虽然比丝绵纸或绸缎的成本低，但麻纸太粗糙，吸墨性也不强，写起字来还很不方便。”

蔡伦听了这一番话，心中若有所思。青麻纸现在还不尽如人意，但比从前用竹简写字方便得多，也比在绢帛上写字便宜得多。如果能把青麻纸改进一下，让它变得平滑光洁又能吸墨，那就可以广泛使用了。

此后半个月，蔡伦天天到造纸作坊去观察工匠们造纸的过程，他有时还帮忙挑水或者用榔头捶打青麻，很受工匠们的欢迎和尊重。

蔡伦时刻都在思考改进造纸的方法，但苦于无从入手。为此他饭也吃不香，觉也睡不安。一天中午，他趴在桌上小憩，恍惚之中，他来到作坊旁的晒纸场。明亮的阳光下，灰蒙蒙的青麻纸一会儿变成黄色，一会儿又变成白色。他伸手去摸纸面，感到十分平滑。忽然，天空中传来一阵雷声，紧接着哗哗地下起大雨来。“快收纸!”他大声喊着，随后就一下子惊醒了，原来是一场梦！他再也睡不着了，心想：能否改变造纸原料的配方呢?

他从家里找出一小捆破布头，立即赶到作坊。他找来最有经验的工匠王腊，让他把破布头洗净，加入泡料的缸里。七八天以后，纸造出来了。这一次造出的纸平滑了许多，和他在梦里见到的那种灰白的纸差不多。蔡伦的心中充满了无限的喜悦和希望。

随后，他和工匠王腊又经过多次试验，分别用树皮、破布、旧渔网等做原料，再加入不同的填料和染料，制成了不同规格、不同质量、不同用途的纸。他造出的纸价廉物美，适合书写，很快得到了推广，并进入了寻常百姓家。

## 事例三

从前齐国有一名叫夷射的大臣，有一次他受齐王之邀参加酒宴。由于饮酒过量，很是难受，便想到宫门后吹吹风。一个曾受过刖刑的守门人欲向夷射讨杯酒吃，夷射对他很是鄙夷，大声斥责道："什么？滚到一边去！像你这种下贱的囚犯，竟然向我讨酒吃?!"守门人还想分辩时，夷射已生气离去。守门人非常愤恨。这时因下雨，宫门前刚好积了一摊水，状如有人便溺之物，守门人便萌发了构陷夷射之意。

第二天清晨，齐王出门，看到门前有一摊其状不雅的水迹，心中不悦，急唤守门人调查情况。守门人见机会来了，故作惶恐支吾状。齐王于是追问更急，守门人便说："我不是很清楚，但我昨晚看到大臣夷射站在这里。"齐王果然以欺君罪，赐夷射死罪。

## 原文

**运去金成铁，时来铁似金。读书须用意，一字值千金。逢人且说三分话，未可全抛一片心。①有意栽花花不发，无心插柳柳成荫。**

## 注释

①“逢人”二句语出冯梦龙《警世通言》。逢，遇见。

## 译文

如果运气不好，金子可能变成铁；如果运气好，铁也可能贵如金。读书要专心用功，每一个字都价值千金。对人说话要留有余地，不要一吐为快，不能把心全部交给别人。想办的事情没办好，没想到会办成的事居然办成了。

## 点评

读书须用意，一字值千金：如果想做成一件事情，一定要有持之以恒的毅力，不能像小人之心那样反复无常，否则将一事无成。只有了解了事物的规律，才能够抓住机会；只有了解了实践的规律，读书时才会深有体会，有“一字千金”的感受。

逢人且说三分话，未可全抛一片心：与别人相处时，一定要有适当的分寸，即使是非常亲密的朋友，也不要把自己内心的想法全部表露出来。知无不言，言无不尽，并不是一件好事情。这反映了在封建制度下，人们谨言慎行、消极避祸的人生哲学。

## 事例

### 事例一

战国末期，秦国有一个大商人，名叫吕不韦。他在赵国经商时，资助过秦庄襄王（名子楚），还把他的妾赵姬送给子楚为妻。子楚当了大王以后，吕不韦也官至相国。庄襄王在位三年便病死了，他十三岁的儿子政（赵姬所生）继承了王位，这个政就是历史上有名的秦始皇。他尊吕不韦为仲父，慢慢地，行政大权全落在了吕不韦和赵姬的手中。

当时养士之风很盛，吕不韦养了三千门客，他们替他想出各种各样的办法来巩固秦国的政权。这些门客，三教九流应有尽有，他们把自己的见解和心得都写出来并汇集到一起，成了一部二十多万字的巨著——《吕氏春秋》，吕不韦就把这部书作为秦国统一天下的法典。当时吕不韦把这部书在秦国国都咸阳公布后说：如果有能在书中增一字或减一字者，就赏赐千金（相当于现在的一斤黄金）。

后来人们根据这个故事，引申出“一字千金”这个成语，用来形容一篇文章的每一个字和句的价值都很高，不可多得。

### 事例二

李密生于隋代，少年的时候被派在隋炀帝的宫廷里当侍卫。他生性活泼，在值班的时候左顾右盼，被隋炀帝发现了。隋炀帝认为这孩子不太老实，就免了他的差使。李密并不懊丧，回家以后发愤读书，决心要做个有学问的人。

有一回，李密骑了一头牛出门去看望朋友。在路上，他把《汉书》挂在牛角上，抓紧时间读书。正好宰相杨素坐着马车在后面赶上来，看到前面在牛背上读书的少年，暗暗奇怪。

杨素在车上招呼说："哪个书生这么用功啊？"

李密回过头来一看，认得是宰相，慌忙跳下牛背，向杨素作了一个揖，报了自己的名字。

杨素问他说："你在看什么书？"

李密回答说："我在读项羽的传记。"

杨素和李密亲切地谈了一阵，觉得这个少年很有抱负。回家以后，杨素对他的儿子杨玄感说："我看李密这孩子的学识、才能比你们兄弟几个强得多，将来你们有什么要紧的事，可以找他商量。"从那以后，杨玄感就跟李密交了朋友。

后来杨玄感要找谋士，想起了父亲的叮嘱，就派人到长安把李密接到了黎阳。李密到了黎阳，杨玄感向他请教：要推翻隋炀帝的话，这个仗该怎么打？

李密说："要打败官军，有三种办法。第一，皇上现在在辽东，我们带兵北上，截断昏君的退路。他前有高丽，后无退路，不出十天，军粮接济不上，我们不用打也能取胜，这是上策。第二，向西夺取长安，抄他们的老巢。官军如果想退军，我们就拿关中地区做根据地，凭险坚守，这是中策。第三，就近攻东都洛阳。不过这是一条下策，因为朝廷在东都还留着一部分守兵，不一定能很快攻下来。"

杨玄感急于求成，听完这三条计策，觉得前两条都太费时间，说："我看你说的下策倒是个好计策。现在朝廷官员的家属都在东都，我们攻下东都，把家属都俘虏起来，官军军心动摇，肯定能取胜。"

杨玄感立刻从黎阳出兵攻打东都，一路上有许多农民踊跃参加起义军，起义军的队伍扩大到十万人，并接连打了几个胜仗。隋炀帝正在带领大军猛攻辽阳，得到告急文书后连夜退兵，并派大将宇文述等带领大军分路攻击杨玄感。杨玄感抵挡不住，想往西退到长安去。宇文述带兵跟踪追击，最后把杨玄感的人马围住，杨玄感没路可走，终于被杀。

李密从混乱中逃了出来，想偷偷地逃回长安。但是隋军搜捕得很紧，李密还是被抓住了。

隋将要派兵把李密押送到隋炀帝的行营。半路上，李密跟十几个犯人商量，把他们随身带的钱财都送给押送的隋兵，供他们吃喝。隋兵受了他们的贿赂，喝酒作乐，防备松懈了下来。李密他们就趁隋兵酒醉的时候，找了个机会跳墙逃跑了。

李密脱离危险以后想另找机会反抗隋朝。他想找个起义军的首领做靠山，但是有的起义军首领看他是个文弱书生，就不大重视他。李密没办法，只好改姓换名，东躲西藏，几次险些被官府抓去。最后，他听说东郡（今河南滑县东）瓦岗寨有一支起义军，兵力很强。瓦岗军的首领名叫翟让，为人厚道，又喜欢结交英雄，李密就决定上东郡去投奔瓦岗军。

在李密的指导下，瓦岗军迅速壮大，部众达到几十万人。

## 原文

**画虎画皮难画骨，知人知面不知心。钱财如粪土，仁义值千金。流水下滩非有意，白云出岫[1]本无心。当时若不登高望，谁信东流海洋深。**

## 注释

①岫：山穴。

## 译文

画出老虎的皮毛是件容易的事，画出老虎的风骨很难；清楚一个人的表面是件容易的事，但要想清楚他的内心可不是那么简单的事。钱财没有什么重要的，价值千金的是仁义和道德。水从山上流下沙滩不是有意的，白云从洞中穿过也是无心的。当初若不是去登高望远，谁能知道东海的浩瀚。

## 点评

画虎画皮难画骨，知人知面不知心：一个人的内心并不像他的表面那么简单。如果我们盲目轻信他，被他的表象迷惑，很有可能自招灾祸。

钱财如粪土，仁义值千金：为人处世，不能把钱财看得太重。钱财可以挣，但仁义不能买。有仁，则朋友相助，千金易得；无仁，即使家财万贯，也容易倾家荡产。只要有仁义，就有千金之富；空有钱财，不过粪土一堆罢了。

事例

## 事例一

大战将至，两只蟋蟀怒目对视，随时准备扑上去置对方于死地。它们的主人正密切地注视着战局的发展。

“我说，咱们能否谈谈?”蟋蟀甲发出了求和信号。

“有什么可谈的?”蟋蟀乙问。

“你我这样咬得天昏地暗，非死即伤，人类却在看我们的笑话。每想至此，我都会悲愤满腔。”蟋蟀甲说。

“大哥此话有理，我们不咬，看人类能拿我们怎么办!”蟋蟀乙说。

突然蟋蟀甲乘蟋蟀乙不备，扑上来狠狠地咬了蟋蟀乙一口。

“大……哥，你怎么……”受了重伤的蟋蟀乙话未说完，就含恨死了。

“先生，你这法子真灵!”蟋蟀甲朝它的主人大喊道。

## 事例二

三国时期，有两个人是非常要好的朋友，一个叫作管宁，一个叫作华歆。他俩成天形影不离，相处得很和谐。

有一次，他俩一块儿去菜地里锄草。在黑黝黝的泥土中，他们翻出了一块金子。管宁对金子毫不在意，但华歆始终惦记着那块金子，干一会儿活就会跑到放金子的地方看看金子还在不在。管宁看到这些，心里失望极了。最终，管宁和华歆断席绝交。

## 原文

**路遥知马力，事久知人心。两人一般心，无钱堪[1]买金；一人一般心，有钱难买针。相见易得好，久住难为人。马行无力皆因瘦，人不风流只为贫。饶人不是痴汉，痴汉不会饶人。**

### 注释

①堪：能，可以，足以。

### 译文

经过遥远的路途才能清楚马的气力，经历事情多了才能明白对方的为人。两个人一条心，即使没有钱也可以买黄金；各怀鬼胎，即使有钱也买不了针。一两次接触容易处理好关系，长期在一起关系就难处理。马跑不起来是因为太瘦，没力气，人不能扬眉吐气就是因为穷。宽以待人的是通晓事理的人，不通晓事理的愚人是不会宽以待人的。

### 点评

路遥知马力，事久知人心：要想了解一个人或一件事的实际情况，一定要遵循“路遥知马力，事久知人心”的原则。只有时间长了，才能看出人的好坏和机会的虚实。

两人一般心，无钱堪买金；一人一般心，有钱难买针：即使任务再艰难，只要所有人团结一致，心往一处想，劲往一处使，最终一定会圆满完成任务；但是如果人心不齐，各怀心思，拧着劲儿去做事，即使任务再简单也会失败。

事例

## 事例一

话说路遥和马力是好朋友，路遥的父亲是富商，马力的父亲是路遥家的仆人。虽然是主仆，两人的关系却很好。他们一起读书，一起玩耍。到了谈婚论嫁的年龄，路遥有钱有势，不愁没老婆；马力贫困潦倒，一直没人提亲。

有一天，有媒人给马力提亲，马力大喜，但是对方却要昂贵的彩礼。马力只好请朋友路遥帮忙，路遥说："借钱可以，但是结婚前三天入洞房我来替你。"马力怒火冲天，但是又没有办法，总不能光棍一辈子，只好答应了。于是，选好日子结婚了。

马力煎熬地度过了痛苦的三天。第四天该他洞房了，他心里很懊恼，于是天一黑就一头栽进洞房拉被蒙头就睡。新娘子感到诧异，于是问道："夫君，为何前三夜都是通宵读书，今天却蒙头大睡？"马力这才知道路遥跟他开了个玩笑，真是又喜又恼。于是，他发誓好好读书，考取功名。后来，他真的考取了功名，并在京城做了大官。

路遥性情豪放，侠肝义胆，最后却坐吃山空。看到自己一家实在无法度日，他想起了曾经资助过的朋友马力。于是，路遥就和老婆商量准备进京找他帮助。马力见到路遥很是高兴，热情款待了他。路遥说明来意后马力却说："喝酒！喝酒！"根本没有帮助他的意思，这让路遥很是恼火。过了几天，马力说："路兄，你回家吧，免得嫂夫人牵挂！"路遥只得气愤沮丧地回家。

还没进家门就听见家里哭成一片，他急忙进来，却看到妻儿守着一口棺材痛哭。一见路遥进来，家人又惊又喜。原来，马力派人送来棺材说路遥到京城后生了重病，医治无效而死！这让路遥更加恼怒，他打开棺材一看，里面全是金银财物，还有一张纸条，上写：你让我妻守三天空房，我让你妻痛哭一场。

## 事例二

电影明星洛依德将车开到检修站，一个女工接待了他。她熟练灵巧的双手和年轻俊美的容貌一下子吸引了他。

整个巴黎都知道他，但这个姑娘却对他没表示出丝毫的惊讶和兴奋。

“您喜欢看电影吗?”他不禁问道。“当然喜欢，我是个电影迷。”

她手脚麻利，看得出她的修车技术非常熟练，半小时不到，她就修好了车。

“您可以开走了，先生。”

他却依依不舍地说:“小姐，您可以陪我去兜兜风吗?”

“不，先生，我还有工作。”

“这同样是您的工作。您修的车，难道不亲自检查一下吗?”

“好吧，是您开还是我开?”

“当然我开，是我邀请您的嘛。”

车跑得很好。姑娘说:“看来没有什么问题，请让我下车好吗?”

“怎么，您不想再陪陪我吗？我再问您一遍，您喜欢看电影吗?”

“我回答过了。喜欢，而且我是个电影迷。”

“您不认识我?”

“怎么不认识？您一来我就认出来了，您是当代影帝阿列克斯·洛依德。”

“既然如此，您为何对我这样冷淡?”

“不！您错了。我没有冷淡，只是没有像别的女孩子那样狂热。您有您的成绩，我有我的工作。您今天来修车，是我的顾客，我就像接待顾客一样接待您；将来如果您不再是明星了，再来修车，我也会像今天一样接待您。人与人之间不应该是这样吗?”

他沉默了。在这个普通的女工面前，他感觉到了自己的浅薄与狂妄。

“小姐，谢谢！您让我受到了一次很好的教育。现在，我送您回去。再要修车的话，我还会来找您。”

## 事例三

蒋琬是三国时蜀国的宰相，素以宽厚待人著称，在朝中威信很高。

在蒋琬身边担任东曹掾的杨戏性情简慢，沉默寡言。蒋琬和他讨论事情，他常常默不作声，很是傲慢。有人借机在蒋琬面前中伤杨戏说:“大人和杨戏谈话，他都不搭理，实在是太傲慢、太过分了！”蒋琬却说:“人心不同，各如其面。当面顺从，背后议论，古人有诫，不可这样。”并进一步帮杨戏辩称:“杨戏要是赞同我的话，那就违背了他的本意；要是反对我的意见，那就显示了我的缺点。所以默然，这正是杨戏的耿直之处。”

负责督察农务的杨敏曾经诋毁蒋琬，说他“做事糊涂，确实赶不上以前的人”，主管官吏请求追究杨敏诋毁上司之罪。蒋琬却说：“我确实不如前人，没有什么可追究的。”主管官员又请求允许他去责问杨敏所指糊涂的具体表现何在，蒋琬说：“既然不如前任，那么事情处理必有不当，事情处理不当就是昏庸。还有什么好问的？”后来杨敏因罪被捕入狱，大家担心蒋琬伺机报复，结果蒋琬却不以个人恩怨决断，秉公处理，不存成见，杨敏未被判重刑。

大权在握的蒋琬不计个人恩怨，更不以别人对自己的态度来判断是非，定人罪责，而是宽厚待人，雅量容人，诚为可贵。蜀国百姓因此称他“宰相肚里能撑船”。

和蒋琬同时代的曹植，在政治上颇不得志，却说出了一番富含哲理的话：“天称其高者，以无不覆；地称其广者，以无不载；日月称其明者，以无不照；江海称其大者，以无不容。”一个人要想成就一番事业，就必须有恢宏的气度，自古皆然。

## 原文

**是亲不是亲，非亲却是亲。美不美，乡中水；亲不亲，故乡人。莺花犹①怕春光老，岂可教人枉②度春。相逢不饮空归去，洞口桃花也笑人。红粉佳人休使老，风流浪子莫教贫。在家不会迎宾客，出外方知少主人。**

## 注释

①犹：尚且。

②枉：徒然，空，白。

## 译文

明明是亲人却不当作亲人那样对待，不是亲人却当作亲人看待。对故乡的东西备感美好，对同乡的人备感亲切。啼叫的黄莺和盛开的鲜花尚且怕春光流逝，我们怎么可以白白度过大好时光呢？好友相逢不喝酒就散去，连洞口的桃花都会笑话你们。漂亮的女人休要让她老去，风流才子不要让他贫困。在家不会接待客人，出去后才知道没有主人接待自己。

## 点评

是亲不是亲，非亲却是亲：如果有一些真心真意相处的朋友，在自己遇到困难需要帮助时就真的会有“远亲不如近邻”的感觉。

莺花犹怕春光老，岂可教人枉度春：黄莺和鲜花害怕时间的流逝，人生短促，我们又怎么能不用心珍惜？大好春光，不可辜负；宝贵光阴，不可虚度。要珍惜时间，及早努力，有所作为。

事例

## 事例一

明朝万历年间，某天，北京城南的教坊司名妓杜十娘在接待客人时，偶遇南京布政老爷的公子李甲。李甲爱其美貌红颜，杜十娘倾其举止文雅，二人情投意合。李甲不顾学业，日日沉浸在温柔乡里，渐渐耗尽了钱财。其父听闻后怒不可遏，断了他的供给，并劝说京城的亲戚都不要借钱给他。

杜十娘决心将终身托付给温存忠厚的李甲，老鸨同意只要李甲在十日内拿出三百两银子就可赎出杜十娘。但李甲在亲友中早已坏了名声，谁也不会拿出钱来帮他往妓院里填。

李甲奔波数日，一筹莫展。杜十娘取出缝在被子里的一百五十两碎银交给李甲。李甲的好友柳遇春被这位风尘女子的行为感动，设法凑足了剩下的一百五十两银子。十天后李甲果然把银两如数交到老鸨面前，老鸨本想反悔，杜十娘晓以利害，老鸨只得放人。

于是两个有情人在柳遇春的住所喜结百年之好。杜十娘与李甲本要回到老家去，无奈李甲心存顾虑，担心携妓而归难以向父亲交代。杜十娘献计说："我们先到苏杭胜地游览一番，然后郎君回家，求亲友在尊父面前劝解和顺，待尊父消气后再来接我。"李甲依命而行。二人行到瓜州古渡之时，遇到了好色又阴险的富贾孙富。他夜饮归舟，听到杜十娘的歌声，心动不已。天亮以后，从窗口向内视其容貌，更觉心荡神摇。孙富假意与李甲接近，饮酒畅谈，谈到杜十娘时，李甲告知其事情的原委。孙富听后叹道："尊父位高，怎容你娶妓为妻！到时候进退两难，岂不落得不忠不孝不仁不义的下场？"这么一说，李甲更觉步履

维艰，孙富又拿出一副为朋友肯两肋插刀的架势说：“在下倒是愿以千金相赠，你拿着银钱回去，只说在京授官，你父定会原谅你。”一番话说得李甲动了心，他一直怕回家后不能向父亲交待，一方面又觉得这样做有负杜十娘，因此他对孙富说这件事要杜十娘答应才可以。

杜十娘听了李甲的话，如雷轰顶。她回忆自己童年被卖，受尽屈辱，眼看已经逃出了火坑，原以为会和李甲过上幸福的生活，如今才知道他毫无主见。于是，她下定决心要以死让李甲明白自己的情意，在死之前还要帮李甲谋划拿到孙富许诺的千金。翌日，杜十娘盛装打扮，让孙富把银两放到李甲船上。自己站在甲板上，打开百宝箱。百宝箱里面装满了金银翡翠等各色珍奇玩物，杜十娘指着价值连城的金银珠宝，怒骂孙富拆散他们夫妻，痛斥李甲不能信任自己。她把宝物一件件抛向江中，最后纵身跃入滚滚波涛之中。

## 事例二

唐朝开元年间，李白初到长安，人地生疏，年纪又轻，无人赏识，才能无处发挥。一些好心的人劝他不妨去找一找当时已是名震天下的大诗人贺知章。李白想，自己与贺知章互不相识，又是晚辈，能不能得到赏识，只能试试看。于是，他带着诗稿来见贺知章。

贺知章热情地接待了李白。刚见面时，这个潇洒飘逸的年轻人并未引起贺知章的重视。当读了李白的《蜀道难》时，贺知章对李白的才气十分钦佩，禁不住连连称赞：“好诗，好诗啊！”然后马上将李白请到了一家有名的酒楼，一边饮酒，一边谈诗论文。两人都觉得相见恨晚，贺知章对李白更是推崇备至。他们一直谈到傍晚，结账时突然想起两人乘兴而来，都忘记了带银两。贺知章就解下随身佩戴的金龟结账。贺知章是这家酒店的常客，老板早就知道贺知章是身居秘书监要职的朝廷命官。特别是当得知这金龟还是皇上所赐时，无论如何也不收。贺知章觉得请这样的谪仙人不能欠账，要求酒店老板必须收下金龟。贺知章的这番盛情和对李白的才华的赏识令李白十分感动。从此，他们结下了深厚的友情。

由于贺知章等人的极力推荐，李白声名鹊起，得到了唐玄宗的赏识和重用。李白与贺知章金龟结账，饮酒见真情，也令后人称赞不已。

## 事例三

在与人相处中，如果你希望别人以什么样的态度对待你，你就要以什么样的态度对待别人。

这是一个真实的故事，故事发生在非洲的某个国家。那个国家的政府实施种族隔离政策，不允许黑人进入白人专用的公共场所。白人也不喜欢与黑人来往，认为他们是低贱的种族，唯恐避之不及。

有一天，有个长发的白人女子在沙滩上晒日光浴，由于过度疲劳，她睡着了。当她醒来时，太阳已经下山。此时，她觉得肚子饿了，便走进沙滩附近的一家餐馆。

她推门而入，选了张靠窗的椅子坐下，坐了约15分钟也没有侍者前来招待她。看着那些侍者都忙着招待比她来得还迟的顾客，对她却不屑一顾，顿时满腔怒气，想上前去责问那些侍者。

当她站起身要向前时，看到了眼前的一面大镜子。她看着镜中的自己，眼泪不由地夺眶而出。原来，她被太阳晒黑了。

此时，她才真正体会到黑人被白人歧视的滋味！

## 原文

**黄金[1]无假，阿魏[2]无真。客来主不顾，应恐是痴人。贫居闹市无人问，富在深山有远亲。谁人背后无人说，哪个人前不说人。有钱道真语，无钱语不真。不信但看筵中酒，杯杯先劝有钱人。**

### 注释

①黄金：应做黄芩，一种常见中药材。

②阿魏：多年生一次性开花植物，名贵的中药。

### 译文

因为黄芩比较常见，买黄芩不会买到假货；阿魏非常稀有，所以过去药店里的阿魏多是假的。主人见客人来了不去打招呼，这样的主人恐怕是愚人。人穷了住在闹市也没人愿意去，人富了住在再偏远的山村也会有关系疏远的亲人去登门。什么人背后不被人说，又有谁在别人面前不去议论他人呢？有钱的人说话有人相信，贫穷的人说话别人会怀疑。不信你到筵席上看看，人人都会向有钱、有身份的人敬酒。

### 点评

黄金无假，阿魏无真：由于黄芩很普通，价格低廉，一般不会有人造假；但阿魏比较稀有，价格昂贵，某些人为了谋取利益，就想尽一切办法去造假。因此越是稀有珍贵的物品，假货就越多。

客来主不顾，应恐是痴人：一般来说，即使人们面对自己不想见的人，也会虚伪地说说笑笑。但偏有那嫌贫爱富之辈，面对穷亲僻友，不冷不热；对那富贵的陌生人，却攀亲结友，好不热情。即使世态炎凉，但这样的人也是令人鄙夷的傻瓜。此类人交不到真心朋友，他们全部是因利益关系而结交的，一旦利益关系断绝，情谊也随之断了。

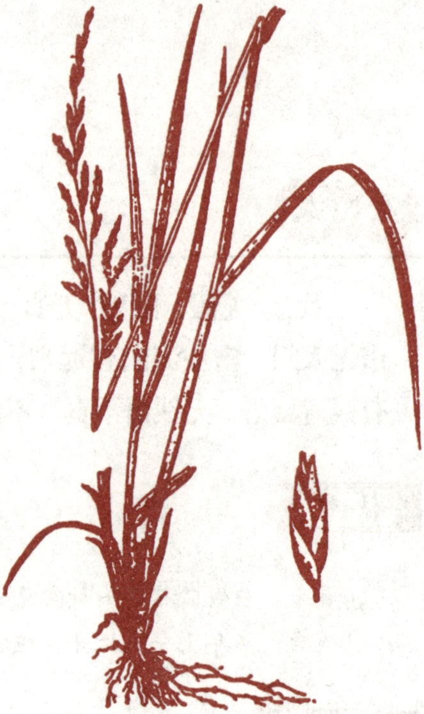

事例

## 事例一

阮籍的父亲在曹魏政权时曾任丞相掾要职，当时很有名望。等到阮籍年长，正当可以大干一番事业时，恰逢司马氏政权当道。为了不与司马氏合流，逃避司马氏政权所谓的“礼教”统治，他常常故作放诞，酗酒托志，拒不参与世事。

有一次，司马昭想拉拢阮籍，就想让阮籍的女儿嫁给自己的儿子司马炎，同阮籍结成儿女亲家。

阮籍事先知道了这个消息，马上看出了司马昭的阴谋——他是想借此拉拢自己。看穿了司马昭的用心，阮籍当然不会上当。他想，如果同意了这门亲事，那以后非得上司马氏的贼船不可，这样做于他的人格不合；如果开口拒绝，那就意味着公开得罪司马昭，这一来，自己的脑袋用不了多久就得搬家了。怎么办？阮籍在家里来回踱步，思考良策。无意中，手触摸到了自己心爱的酒壶，他顿时眼睛一亮，兴奋得叫出声来：“有了，有了！”

第二天，司马昭派来的使者敲响了阮籍的家门。家童将使者引进阮籍的书房，还没进门，就闻到一股扑鼻而来的酒味。使者进去一看，只见阮籍已醉如烂泥，口流涎水，手中还抓着一个酒壶，酒壶里的剩酒还时不时地被他抖落几滴。他的胸前已被酒浸湿了一大片。

一连几天，司马昭派来的使者除了闻到足以使自己也醉了的酒味外，就是听到阮籍如雷一样的鼾声。就这样，阮籍是喝了醉，醉了睡，多喝亦醉，少喝亦醉，索性来他个一醉方休，结果，整整醉了六十天。司马昭面对终日沉醉不醒的阮籍，犹如老虎吃刺猬——难以下口。一次次派人踏进阮家门，一次次吃了闭门羹。有几次，司马昭还亲自登门想探个究竟，但见到的仍是醉翁一个，听到的仍是呼噜呼噜的鼾声。最后，司马昭只好作罢，再也不提这门亲事了。

当听说司马昭的儿子已另行订婚后，阮籍的酒也自然地醒了。阮籍正是通过这种长醉不醒的方法，拒绝与司马氏联姻，拒绝与司马集团同流合污。

## 事例二

范进中举前后，丈人、邻居对他的态度简直是天壤之别。

他在中举前，连去乡试的盘缠都没有，他向老丈人胡屠户借，结果被骂得狗血淋头。即使在出榜那日，家里没有米，母亲饿得两眼看不见，范进也只得抱着公鸡去集市换米。在这个时候，邻居没有周济之举，胡屠户也没有相帮之意。而报录的人一来，所有人的态度立马发生了三百六十度的大转弯。

范进知道自己中了举人，发疯似的跑出门去。众邻居一边劝老太太不要心慌，一边派两个人跟着范老爷，并且热心地从家里拿些鸡蛋酒米款待报录的人。然后，他们又搬些桌凳，请报录的坐着吃酒，商议如何治疗范进的疯病。最终，他们商议让胡屠户打范进一个嘴巴，有人赶紧去找胡屠户。没想到刚走到半路，遇到胡屠户提着七八斤肉和四五千钱正赶来贺喜。众人同他商议，胡屠户很是为难，最后拗不过众人，只得连斟两碗酒喝了，壮一壮胆，一个嘴巴打过去。范进因这一个嘴巴，昏倒于地。众邻居一起上前，替他抹胸口，捶背心，过了半日，范进渐渐喘息过来，眼睛明亮，不疯了。胡屠户此时直夸这个贤婿才学又高，品貌又好。范进回家正待坐下，早看见一个体面的管家，手里拿着一个大红帖飞跑进来说："张老爷来拜新中的范老爷。"

范进让了进来，分宾主坐下。张乡绅先攀谈道:“世先生同在桑梓，一向有失亲近。”范进道:“晚生久仰老先生，只是无缘，不曾拜会。”张乡绅道:“适才看见题名录，贵房师高要县汤公，就是先祖的门生，我和你是亲切的世弟兄。”张乡绅四面望了望，说道:“世先生果是清贫。”遂从随从的仆人手里拿过一封银子来，说道:“弟却也无以为敬，谨具贺仪50两，世先生权且收着。这华居其实住不得，将来当事拜往，俱不甚便。弟有空房一所，就在东门大街上，三进三间，虽不轩敞，也还干净，就送与世先生。世先生搬到那里去住，早晚也好请教些。”范进再三推辞，张乡绅急了，道:“你我年谊世好，就如至亲骨肉一般。世先生若要如此，就是见外了。”范进方才把银子收下，作揖谢了。

## 原文

**闹里有钱，静处安身。来如风雨，去似微尘。长江后浪推前浪，世上新人赶旧人。近水楼台先得月，向阳花木早逢春。①**

## 注释

①“近水”二句语出苏麟《献范仲淹诗》。

## 译文

要想赚钱的话去闹市比较合适，而修身养性在安静的地方比较好。人出生时像风雨一样轰轰烈烈，死去时像微尘一样寂静无声。长江后浪推动前浪，世上新人层出不穷。靠近水边的楼台先得到月光，朝向阳光的花木会早逢春天。

## 点评

来如风雨，去似微尘：人世无定，本来就是三十年河东，三十年河西，况且人之一生如白驹过隙，又何必在乎这短暂的浮浮沉沉？人生本来就是一件简单的事情，来也匆匆，去也匆匆，所以没必要太在乎周围的事情。

长江后浪推前浪，世上新人赶旧人：自古以来，名人才子不断产生，这似乎已成为不变的规律。与其做无谓的抗争，倒不如坦然接受，给后辈做好指导，以彰显自己的高风亮节。

事例

## 事例一

范仲淹是宋朝时的一位政治家、文学家，学问深厚，能诗能文。他写的《岳阳楼记》十分著名，“先天下之忧而忧，后天下之乐而乐”的名句至今仍被人们传诵。

范仲淹曾在朝廷担任要职，也曾镇守过地方。有一段时间，他镇守杭州。任职期间他对手下的人都有所推荐，不少人得到了提拔或晋升，大家对他都很尊敬。

这时候，有一个叫苏麟的官员因担任巡检常常在外，一直没有得到提拔。当他见到自己周围的同事，无论职位比自己高的还是低的，一个个都升迁了，而自己却没人理睬，心里很不是滋味。他担心自己被这位范大人遗忘了。怎么办呢？直接去找范大人吧，争官位的话语自己又不便开口；不说吧，自己心里又很不平衡。为此，他的心情非常沉重。一天，他终于想出了一个委婉的办法，那就是写首诗去向范大人请教，实际上是去提醒他：千万别忘了自己！想到这里，苏麟高兴起来。他赶忙拿出纸认真地写了首诗，并将诗句呈给了范仲淹，很虚心地请他赐教。

范仲淹读着苏麟的诗，很快就会意地笑了。他吟诵着诗中的“近水楼台先得月，向阳花木易为春”两句，完全懂得了苏麟的言外之意。是呀！自己怎么能把他忘了呢？很快，苏麟就得到了提拔。

“近水楼台先得月，向阳花木易为春”的意思是，靠近水边的楼台因为没有树木的遮挡，能先看到月亮的投影；而迎着阳光的花木，光照自然好得多，所以发芽就早，最容易形成春天的景象。这两句诗写得很含蓄，它借自然景色来比喻因靠近某种事物而获得优先的机会。范仲淹很有学问，一看这诗句自然明白了苏麟的心思。

这两句诗后来就流传开了，经过压缩成了成语“近水楼台”，不过有了些贬义。它往往用来讽刺那种利用某种方便而获得照顾，率先牟利的情况。在流传中“易为春”也常常写作“早逢春”。

## 事例二

汉哀帝的时候，宫里有一个宠臣，名字叫息夫躬。为争取更大的权势，极力想除掉和他关系紧张的大司马董贤，为此，他想出了一个毒计。

那时匈奴每年都要到汉朝进贡。可是息夫躬派人对匈奴说："今年皇帝的事务十分繁忙，你们就不用来朝见了。"匈奴单于听了，觉得息夫躬是汉哀帝身边的近臣，说的话应该可信，也就乐得清闲，没有来朝见。这时，息夫躬又对汉哀帝说："匈奴今年竟敢不来进贡，如果您不出兵征讨他们的话，那四方小国就会群起效仿，后果会很严重啊。"

汉哀帝赶快召集众臣，商讨出兵征讨匈奴的事。朝中的丞相王嘉对息夫躬这种恃宠乱政的行为极为愤怒，他十分干脆地对汉哀帝说："现在并没有确实的证据可以证明匈奴人要造反，陛下不可轻信妄言。"接着他又说道："希望陛下能吸取古代君主的经验教训，反复参考各方意见，而不要先听到谁的意见就以谁的意见为主。"朝中以董贤为首的大臣们也纷纷表示同意王嘉的意见，汉哀帝也就接受了，不再提出兵的事。没多久，息夫躬的阴谋大白于天下，汉哀帝大怒，把他关进监狱，后来死在了狱中。

## 事例三

王粲是"建安七子"中文学成就最高的一个。他早熟早慧，少年时代便博览群书，才思出众，笔功不同凡响，因此，小小年纪便很有名声。当时的人说王粲有过目不忘的本领。一次，年轻的王粲与一位朋友同行时，见到路旁的一块石碑，两人停下来将碑文读了一遍，又继续赶路了。走了一段路，这位朋友想验证一下王粲的记忆力，于是对王粲说："先生刚刚看过的碑文还记得吗？"王粲胸有成竹，马上背诵起来，竟然能背得滚瓜烂熟，一字不漏，朋友十分佩服。

王粲 13 岁时来到长安，当时的长安处于一片混乱之中，大军阀董卓将汉献帝与文武百官一起挟持到长安，置于自己的控制之下。性情暴烈的董卓动辄杀人，搞得大臣们惶惶不安，人人自危。长安的流亡朝廷中，有一个著名学者叫蔡邕，人称蔡中郎。蔡邕博学多才，文章独步天下，而且生性随和，慷慨好施，是一个人心归向的大名士。尽管时局动荡不安，但蔡邕的府邸依然门庭若市，从早到晚上门拜访的人络绎不绝，以致门前的道路常常被来访客人的车马堵塞。

这天，王粲也去求见蔡邕。当时蔡邕的府上高朋满座，蔡邕正与来宾们席地而坐，谈笑风生。这时，只见一个仆人凑上去对蔡邕轻轻说了几句话。蔡邕对仆人连声说:“快请，快请!”说着站起身来，慌忙之中倒拖着鞋出门去了。满座的宾客从未见过蔡邕如此紧张的神情，心里纷纷猜测来人是谁呢?此人的来头可不小啊！当蔡邕把王粲带进来与大家见面时，宾客们无不流露出惊讶的神情，有几个人还下意识地用手背揉了揉眼睛，唯恐看花了眼。原来13岁的王粲瘦弱矮小，皮肤黝黑，非常不起眼。此时的蔡邕已年近六十，又是文坛泰斗，如此礼遇一个小孩儿，简直令人难以置信。

蔡邕明显地感觉到了大家疑惑的眼神，于是，拉起王粲的手对大家说:“这位嘉宾王粲可是个举世无双的神童啊！虽只有13岁，却诗赋文章无一不精。他才情出众，悟性极高，不用说，将来一定会超过我十倍；就是现在，在很多方面我也大不如他呀!”蔡邕环顾在座的宾客，继续说道:“我可以告诉你们，我将把一生珍视、收藏的图书典籍全部赠送给王粲。这些藏书给王粲，比放在我这里更能发挥作用！我的话是不会错的，你们等着看吧!”后来，蔡邕将自己的藏书悉数赠送给了王粲。

## 原文

**莫道君行早，更有早行人。莫信直中直，须防[1]仁不仁。山中有直树，世上无直人。自恨枝无叶，莫怨太阳偏。**

### 注释

①防：戒备，预先做好应急的准备。

### 译文

没必要说他来得早，因为自然有人比他还要早。不要太相信那些正直无私的人，对任何人都要提高警惕。山中树有直的，而人却没有正直的。树木应当恨自己没有长出枝叶，不应怨太阳偏心。

### 点评

莫信直中直，须防仁不仁。山中有直树，世上无直人：要用一分为二的观点看待这两句话，因为它有正确的地方，却也存在其片面性。若如其言，世界上便无可信赖之人，即所谓“洪洞县里无好人”。疑心重重、过度谨慎的心态是应该调整的。

自恨枝无叶，莫怨太阳偏：一个人能够取得什么成就，会不会拥有精彩的人生，要看他自己的努力和付出。有的人遭遇失败，却从来不从自身寻找原因，总是把自己的失败归咎于外在因素，这种做法是不正确的。

事例

## 事例一

一条毛毛虫从一片树叶爬到另一片树叶，看到了别的昆虫有的唱，有的跳，还有的跑。毛毛虫看着它们，既不抱怨自己的命苦，也不忌妒别的昆虫。它吐丝编织了一间结结实实的小茧屋，把自己从头到尾包裹在这间温暖的茧屋里。

过了一段时间，它清醒过来，发现自己不再是从前那条行动笨拙的毛毛虫，变成了一只五彩斑斓的蝴蝶。

它摆脱了那个狭小的天地，从这片叶子上飞起，在那片叶子上落下，飘飘逸逸，融入了蔚蓝的天空中。

## 事例二

世上虽然还是好人多，但是在为人处世的过程中，也不要盲目轻信他人，不要被对方友善的假象迷惑，凡事要多留个心眼，这样才不至于上当受骗。

王义阳是一家公司的老板，事业做得有声有色。一天，他碰到了刚大学毕业的老乡张毅，当时张毅没有找到合适的工作。看到张毅忠厚老实，王义阳建议他给自己干，张毅答应了。

张毅是学理工的，对做生意一窍不通。王义阳很器重这个老乡，花了不少时间教他。在王义阳的指导下，张毅对做生意的门路越来越熟络。公司买了一辆新车，原来那辆半新不旧的车王义阳就让张毅使用了。不仅如此，在张毅的名片上还印有总经理的字样，这样别人无疑会高看他一眼。不知道他底细的人更是羡慕他这么年轻就当上了总经理，认为他不是特别有背景，就是自己特别优秀。不论是哪一种猜测，都能让他享有足够的尊敬。王义阳对张毅这个老乡的信任与关照可以说是到了极点。

王义阳出国考察期间，将公司全权托付给了张毅。开始时，张毅还有些担心，因为他从未做过决策。而后，等真正做起来了，他觉得并没有什么难度。

从此，张毅有了足够的自信，欲望也不断地膨胀。他觉得公司的钱是他同王义阳一起挣的，至少应该给他三分之一的股份。他不时地嘲笑自己是天下最大的傻瓜，那么容易满足，有一辆车开就高兴得不得了。

可是王义阳始终没有给张毅一些股份的意思，于是，张毅多次有同老乡摊牌的冲动。仔细一想他又觉得不妥，不仅有些话说不出口，而且更让他担心的是老乡可能会愤怒地将他一脚踢出去。那样，他就又变成了穷小子。煞费苦心的张毅终于想出了一个万全之策——注册一个公司，将订单转移过去。一旦被老乡发现，翻脸就翻脸，反正到时候自己也能有一笔钱。这种想法在他付诸行动之前思索了好长一段时间，他坚信自己是对的，因为他很欣赏“马不吃夜草不肥，人无横财不富”的古训。

就这样，张毅将原属于公司的生意慢慢转入自己手中。直到公司濒临倒闭，王义阳才察觉自己最信任的老乡坑害了自己。然而，一切都已经晚了。张毅甩掉了曾经帮助、栽培自己的老乡，得意地做起了老板。

## 事例三

为人处世，得饶人处且饶人，凡事不可斤斤计较、处处较真，否则事情只会越来越糟。要谨记：处世退一步为高。面对别人的过失，我们要以宽容的心态对待，给彼此一个缓和的空间。

隋朝时，有个大臣叫牛弘，他不仅好学博闻，而且宽宏大量。隋炀帝很器重他，曾允许他与自己同席吃饭，这在当时是了不起的礼遇，但牛弘依然车服卑俭，对人宽厚谦让。他不但官场上关系处理得好，而且家庭关系也十分和睦。在他家中发生的一件事，可以说明他的为人。

他有个弟弟叫牛弼，经常酗酒闹事。一次牛弼喝多了酒，将牛弘驾车的牛射死了。牛弘从外面回到家后，他的妻子迎上前，对他说道：“叔叔喝醉了酒耍酒疯，将牛射死了。”

牛弘听了什么也没问，只是让他的妻子将牛肉做成肉脯。他的妻子做完之后又提杀牛一事，牛弘却说：“剩下的做汤。”过了一会儿，他的妻子又唠叨杀牛的事，这时牛弘才说道：“我已经知道了。”牛弘没有一点儿生气的样子，脸色像平时一样温和，甚至连头也没抬，继续看他的书。

妻子见丈夫这样大度，感到很惭愧，从此以后不敢再提牛弼杀牛的事了。牛家门内一派和气，再也听不到闲言碎语，弟弟也因此收敛了不少。

## 原文

**大家都是命，半点不由人。一年之计在于春，一日之计在于寅[①]。一家之计在于和，一生之计在于勤。**

### 注释

①寅：寅时，指凌晨三点钟到五点钟。

### 译文

每个人的一切都是命中注定的，自己没有办法控制。一年最好的时光在春天，一天最好的时光在早晨。一家人最重要的东西是和睦，人一生最重要的是勤劳。

### 点评

大家都是命，半点不由人：要人们相信“命”，听命于天。这种“天命论”是有害的。

一年之计在于春，一日之计在于寅。一家之计在于和，一生之计在于勤：春天的规划，对一年事业的发展至关重要；清晨的规划对一天事情的安排至关重要。和睦团结对一个家庭兴旺至关重要，勤劳不懈对一个人一生的前途至关重要。无论干什么事情，要想成功，并且取得事半功倍的效果，最重要的就是要抓住关键，然后再去行动。

事例

## 事例一

晋代的祖逖是个胸怀坦荡、具有远大抱负的人，但他小时候却是个不爱读书的淘气孩子。进入青年时代，他意识到自己知识的贫乏，深感不读书无以报效国家，于是就发奋读起书来。他广泛阅读书籍，从中汲取了丰富的知识，学问大有长进。他曾几次进出京都洛阳，接触过他的人都说他是个能辅佐帝王治理国家的人才。祖逖 24 岁的时候，曾有人推荐他去做官，他没有答应，仍然不懈地努力读书。

后来，祖逖和幼时的好友刘琨一起担任司州主簿。他与刘琨感情深厚，不仅常常同床而卧，同被而眠，而且还有着共同的远大理想：建功立业，复兴晋国，成为国家的栋梁之才。

一次，半夜里祖逖在睡梦中听到公鸡的鸣叫声，就一脚把刘琨踢醒，对他说："别人都认为半夜听见鸡叫不吉利，我偏不这样想，咱们以后干脆听见鸡叫就起床练剑如何？"刘琨欣然同意。于是，他们每天鸡叫后就起床练剑。

冬去春来，寒来暑往，他们练剑从不间断。

功夫不负有心人。经过长期的刻苦学习和训练，他们终于成为能文能武的全才。后来，祖逖被封为镇西将军，实现了他报效国家的愿望；刘琨做了都督，兼管并、冀、幽三州的军事，也充分发挥了他的文才武略。

## 事例二

话说陶渊明隐居田园后，乡邻中有个读书的少年向他求教说："老先生，我非常敬佩您知识渊博，不知您在少年读书时有什么妙法？小辈愿听指教，以开茅塞。"

陶渊明一听这个少年是向他讨学习妙法的，先是掩面捋须而后哈哈大笑，说："没听说天下还有什么学习妙法，荒唐，荒唐！"

突然，他收住了笑声，觉得对晚辈的幼稚不能一笑了之，而应循循善诱。于是，他严肃地对少年说："学习是绝无妙法的，只有笨法。常言道，'书山有路勤为径，学海无涯苦作舟'，勤学则进，辍学则退呀。"

那少年听罢，似懂非懂。陶渊明便拉着少年的手，来到他亲手耕种的那块稻田旁，指着尺把高的禾苗说："你蹲在那禾苗前，聚精会神地瞧一瞧它现在是不是在长高呢？"那少年便蹲下身子，目不转睛地瞧着，可是直到瞧得眼睛酸痛，那禾苗依然如故，不见其长。他便站起来对陶渊明说："没见长啊！"

陶渊明反问道："真的没见长吗？那么春起的苗芽又是怎样变成这尺把高的呢？"

少年摇摇头，表示莫名其妙。陶渊明便耐心地引导说："这禾苗是每时每刻都在生长啊，只是我们肉眼察觉不到。读书学习也是同理，知识也是一点一滴地积累的，有时连自己也不易察觉到，但只要持之以恒勤学不已，就会由知之甚少变为知之甚多。所以有人说'勤学如春起之苗，不见其增，日有所长'，讲的就是这个道理。"

陶渊明说完，又指着溪边的一块大磨石问："你再看看那块磨石，为什么会出现像马鞍一样的凹面呢？"少年连忙答道："那是磨损的。"

"那你可知道它是哪一天被磨损成这样的呢？"那少年想了想说："不知道。"陶渊明又因势利导地说："这是农夫们天天在上面磨刀、磨镰、磨锄，日积月累，年复一年磨损而成的，绝非一日之功啊！"

少年心想，老先生讲这磨石，又有何用意？陶渊明看出了少年心中所想，接着又说："从这磨石上，我们可以悟出一个道理来，这就是：'辍学如磨刀之石，不见其损，日有所亏。'学习一旦停止，所学知识就会在不知不觉中慢慢丢掉。"

听了这一席话，少年恍然大悟，完全明白了"勤学则进，辍学则退"的道理，便叩首拜谢道："多谢老先生指教。"说完，又请老先生题词留念。陶渊明欣然提笔，一挥而就：

勤学如春起之苗，不见其增，日有所长；
辍学如磨刀之石，不见其损，日有所亏。

## 事例三

姚广孝，明初大臣，本是僧人，曾追随燕王建功立业，费尽心机二十年，晚年终于功成名就。他本可身居高位，坐享天年，但是同所有有作为的政治家一样，他没有选择安然享乐，而是继续勤奋耕耘。

永乐二年（1404 年）六月，在授官太子少师后两个月，姚广孝以钦差身份前往苏湖赈灾，回到了阔别二十多年的故乡。他怀着衣锦还乡的兴奋，也伴随着怅然之感。他的父母均已在贫困中故去，“垄墓既无，祖业何在？岁时祭扫，曾不可得”。他将父母的灵位移进了少时出家的妙智庵。

姚广孝不顾七十高龄，冒着酷暑，亲往县道，督促州县发米赈灾，而且将皇帝赐予的金帛分赠给乡里。他自己却依旧过着独身僧人的生活，有时身着袈裟，独步于山寺野径。据说有一天他独坐寒山寺外，吃着随身带的干粮，却被一个姓曹的县丞以“见官不避”的罪名抓去打了几十皮鞭，关到了狱中。第二天属官们不见太子少师，慌忙寻找，最后找到狱中才把他找到。曹县丞吓得要死，赶快前去请罪。

从苏湖回京后，姚广孝顾不上休息，又开始了忙碌的工作。他养了一只公鸡，每天早晨闻鸡而起，不曾有一日懈怠。

他身为佛教长官，因忙于清理教务，常负友人之邀；他身为太子少师，要辅导太子居守京师，并为太孙于华盖殿讲读。他晚年投入最多精力的工作，则是先后主持了《永乐大典》和《明太祖实录》两部大书的编修。

《永乐大典》的修纂工作最初是由翰林学士解缙主持的，花了一年多时间，永乐二年十一月成书，当时定名为《文献大成》。但是不久明成祖便发现这部书远远没有达到自己最初的设想，于是将七十高龄的太子少师姚广孝请来主持，重新编修。

这一次参加修书工作的人员多达 2169 名，除去文苑名士，还有不少高僧、名医以及擅长书画的人才。礼部承担了召调人员、搜集书籍的工作，光禄寺负责供给编修人员朝夕膳食。编书工作整整忙碌了三年。

永乐五年（1407 年）十一月，编修工作告竣。姚广孝等人将这部 11095 册的巨帙呈给明成祖朱棣过目。书中辑录了上自先秦，下迄明初的书籍七八千种，包罗了经、史、子、集、百家、天文、地理、阴阳、医卜、僧道、戏剧、小说、技艺诸项内容，共 22877 卷，仅书目便有 900 卷之多。这次的修书工作主要由姚广孝主持，他那博杂的学问在这次修书中得以发挥。明成祖将这部书定名为《永乐大典》，并亲自为之撰写了序文。

永乐九年（1411 年），77 岁的姚广孝再次受任监修官，主持了《明太祖实录》的重修工作。《明太祖实录》初修于建文初，明成祖夺位后，因为其中有不利己的记述而重修了一遍，但此后仍感到不满意，于是决定再次重修。姚广孝从接受这项工作直至病逝，兢兢业业工作了六年多。当永乐十六年（1418 年）五月书成上呈，成祖设宴赏赐有关人员时，为此耗尽余生的姚广孝却已在两个月前与世长辞。

## 原文

**责人之心责己，恕己之心恕[1]人。守口如瓶，防意如城。宁可人负我，切莫我负人。再三须慎[2]意，第一莫欺心。**

### 注释

①恕：原谅，宽容。
②慎：小心，当心。

### 译文

用责备别人的态度来责备自己，用原谅自己的态度去对待别人。对秘密守口如瓶，坚守意志如防守城池。宁可别人对不起我，不要我对不起别人。说话做事要三思而后行，最重要的是不要欺昧自己的良心。

### 点评

责人之心责己，恕己之心恕人：这是一剂处世良方，要想在社会上很好地立足，对自己的一言一行都要严格要求，不妄说，不乱行。

宁可人负我，切莫我负人：这是做人的原则，本着这个原则做人会给自己的人际关系开辟一片蔚蓝的天空。信任别人，真诚而热情，同样也会得到别人善意的回报，即使有人辜负你的一片真心，也应该用宽容去化解怨恨。说话做事要三思而后行，不要欺昧自己的良心，总有一天会获得别人的理解和尊敬。

事例

## 事例一

胡雪岩到苏州永兴盛钱庄兑换20个元宝急用，这家钱庄不仅不给他及时兑换，还平白诬指阜康银票没有信用，使他很受气。这永兴盛钱庄本来就来路不正，原来的老板节俭起家，干了半辈子才创下这份家业，但四十出头就病死了，留下一妻一女。现在钱庄的挡手是实际上的老板，他在东家死后骗取了寡妇孤女的信任，人财两得，实际上已经霸占了这家钱庄。永兴盛的经营也有问题，他们贪图重利，只有十万两银子的本钱，却放出二十几万的银票，生意已经岌岌可危了。

胡雪岩在这家钱庄无端受气，自然想狠狠报复它一下，起先他想借用京中"四大恒"排挤义源票号的办法来排挤它。京中最大的四家票号称为"四大恒"。这"四大恒"因忌妒，想打击后起之秀义源，于是出了一手"黑"招。他们暗中收存义源开出的银票，又放出谣言说义源面临倒闭，终于造成挤兑风潮。

胡雪岩仿照这种办法，实际上可以比当年"四大恒"排挤义源时做得更方便也更狠。胡雪岩可以凭自己的影响，将海运局分摊的公款、湖州联防的军需款项、浙江解缴江苏的协饷几笔款子合起来，换成永兴盛的银票，然后直接交江苏藩司和粮台，由官府直接找永兴盛兑现。这样一来，永兴盛不倒也得倒了，而且这一招借刀杀人一点儿痕迹都不留。不过，胡雪岩最终还是放了永兴盛一马，没有去实施他的报复计划。他放弃报复，一来觉得这一手实在太狠，一招既出，永兴盛绝对没有一点儿生路。二来则是这样做只是搞垮永兴盛，自己却劳而无功。这种损人不利己的事情，胡雪岩也不愿意做。胡雪岩能忍住仇怨，不置对方于死地，其实也是给自己留了一条后路。

## 事例二

诺贝尔和平奖获得者，南非黑人领袖纳尔逊·曼德拉是一位国际政坛的风云人物，他一生都致力于反对种族歧视政策、推进南非民主进程的斗争，因此遭到当局监视，而后被捕。在度过了长达27年的监禁生活后，1990年2月10日，南非政府终于宣布无条件释放曼德拉。

已是72岁高龄、两鬓斑白的曼德拉，在走出监狱的第二天，立即投入到自己钟爱并为之奋斗一生的为争取民族独立和解放的运动中，并在南非首度不分种族的大选中获胜，成为南非第一位黑人总统。有5万人参加了就职典礼。就职典礼后，曼德拉设宴招待各国特使、来宾，他先致辞欢迎大家的到来。然后，他说，深感荣幸能接待这么多尊贵的客人，但最感到高兴的是当初被关在罗本岛监狱时，以礼待他的三名狱方人员的到来。接着，他邀请他们站起身，一一介绍给大家。

在场的人无不为之感动，这些人中，有一位就是美国特使团成员。当时身为第一夫人的希拉里由于受“白水案”牵连正在接受美国司法部门的调查，不时遭受媒体攻击的希拉里问曼德拉如何在激流险壑、风云变幻的政治斗争中保持一颗博大宽容的心。

曼德拉意味深长地看了她一眼，以自己获释出狱当天的心情回答了她。他说：“当我走出囚室，迈向通往自由的监狱大门时，我已经清楚，自己若不能把悲痛与怨恨留在身后，那么我其实仍在狱中。”

曼德拉还告诉希拉里，感恩与宽容经常源自痛苦和磨难，必须以极大的毅力来训练才能使自己拥有。自己年轻时性子很急，在狱中学会控制情绪才活了下来。牢狱岁月给了自己时间与激励，使他能够深入自己的内心，学会处理遭逢的苦痛。

曼德拉博大宽宏、乐观向上的精神深深地感动了希拉里，她暗暗告诫自己，要试着像曼德拉那样，以宽宏的精神处理生活中遭遇的苦痛。1998年8月的一天清晨，当她的丈夫——美国总统克林顿向她承认自己和莱温斯基的事情时，她愤怒得像一头狮子，冲着他大吼大叫。回忆当时的心情，希拉里在回忆录中这样写道：“如果仅作为他的妻子，我真恨不得扭断他的脖子。但他不只是我的丈夫，同时他也是美国的总统。无论如何，他领导美国与国际社会的风范依然让我敬佩。”就像我们知道的那样，希拉里最终宽恕了自己的丈夫。她以常人难以想象的毅力控制住自己的情绪，像往常一样投入到工作中，利用工作、假期旅游、向朋友倾诉、阅读和散步等方式抚平内心的伤痛，化解难言的愤怒，重新拾起生活，投入到自己热爱的事业中去。

## 原文

**虎生犹可近，人熟不堪亲。来说是非者，便是是非人。远水难救近火，远亲不如近邻。有茶有酒多兄弟，急难何曾[①]见一人。**

### 注释

①何曾：用反问的语气表示未曾。何，疑问代词，表示反问。

### 译文

与没见过的老虎还可以亲近，但与很熟悉的人不能太亲近。四处传播是非的人，便是挑拨是非的人。用远水救火是很难办到的，再好的远亲也比不上近处的邻居。一个人有身份有地位的时候朋友很多，但遭遇危难的时候却没人与之交往。

### 点评

来说是非者，便是是非人：除阴险狡诈之人外，还有一种人也不得不防，就是喜欢搬弄是非的人。搬弄是非的人在历史上往往表现为奸佞之臣，他们陷害忠良，不仁不义；在生活上表现为嫉贤妒能，好议是非。我们对于这种人应敬而远之，不可亲近。

有茶有酒多兄弟，急难何曾见一人：这两句话反映出了人世间的人情冷暖、世态炎凉，特别是一些经历过人生大喜大悲的人感触最深。在他得意之时，过的是众星捧月般的生活，宾朋故旧相聚一堂，每天把酒言欢，好不畅快。可是一旦他落魄潦倒，就要面临众叛亲离，一个个好友形同陌路，没有人伸出援手相助，甚至对他还要避而远之，这真是应验了“有茶有酒多兄弟，急难何曾见一人”这句话。

事例

## 事例一

庄子的家里很贫困。有一天，家里穷得实在是揭不开锅了，他只好去找监河侯借米。监河侯是当时专门管水利的一个小官，生活比他要好一点儿。

监河侯对他非常热情，说："好啊，我马上要去采地收税金，你等着我。一旦把税金全收上来，我一下就借给你300金。"这句话说得很漂亮，300金，这是多大的一笔钱啊！

庄子一听，气愤得脸色都变了，但他却给这个监河侯讲了一个故事。昨天我从这个地方过，路上忽然听到有人叫我的名字。我四下看了一下，发现在路上的车辙里面，有一条小鲫鱼在那儿跳呢。

我就问鲫鱼："你在这里干什么呢？"小鲫鱼说："我是东海的水官，现在你要有一升水就能救了我的命。"

我说："好啊，我这就去吴越那个地方引来西江的水救你。"

这小鲫鱼说："你要这么说，还不如早一点儿去卖鱼干的铺子里找我呢！"

## 事例二

唐朝的卢杞是一个心肠毒于虎的人。这个人除了巧言善辩，别无所长，但嫉贤妒能，出坏主意害人却是他的拿手好戏。卢杞十分忌妒既有才干又有威望的宰相张镒，为了除掉张镒，他挖空心思寻找时机。

当时宰相在朝廷值班，房间里不准许闲杂人等进入。虽说有此规定，但官员们也不见得十分严格遵守。殿中侍御使郑詹就常到值班室与张镒聊天，如遇卢杞也值班，就常等他睡着以后再去闲谈。卢杞抓住了这个空子。这天，卢杞故意装作睡觉，看郑詹进了张镒的房间，马上推门而入，然后大声地对张镒说起了一件朝廷的机密大事。张镒忙摆手，说郑詹在这里，卢杞愕然道："我刚才讲的是机密，怎么能让外人知道？"直接就把郑詹下了狱，几天以后，就把他给杀了。张镒也受了牵连，贬谪为外官。卢杞的诡计成功了。

## 原文

**人情似纸张张薄，世事如棋局局新。山中也有千年树，世上难逢百岁人。力微休负重，言轻莫劝人。无钱休入众，遭难[1]莫寻亲。**

## 注释

①遭难：遭到不幸和灾难，遇到麻烦。

## 译文

人情像纸一样十分薄，世界上的事如棋局一样变化万千。山中千年以上的树是有的，但百岁以上的人却不多见。力气太小的人就不要承担太多的重量；说话不被人重视，就不要再去劝解别人。没有钱不要到人前去，境遇不好的时候，不要去寻亲探友。

## 点评

人情似纸张张薄，世事如棋局局新：这一句把世事比作棋局，形容人际关系的多变，有一定的警戒意义。

力微休负重，言轻莫劝人：有人说，当一个人的理想超过能力的时候就是人生的悲剧。很多人做事不懂得量力而行，导致生命里太多不可承受之重。鲜花艳不到秋，就不要与菊争；菊花香不到冬，莫要与梅斗。人也是一样，只有在适当的时候做适当的事才会成功。

事例

## 事例一

树可以存在千年，人却不可以。在有限的生命中，一个人的人生态度是非常重要的。

在进入这个家具公司之前，她先后干过不少工作——承包过农田、搞过运输、倒卖过袜子，还卖过雪糕，但是都没有挣到钱。她是个离异的女人，没有年龄优势，长相不出众，学历也低。但是她必须到外面去谋生，孩子还小，两个人的生活重担都压在了她的身上。就在这种情况下，她应聘到这家由新加坡人投资的家具公司当工人。

最初同意留下她的是那位领班（相当于班长），他是个复员军人，为人正直。领班负责湿板库，她则在这个库里干些杂活。她非常珍惜这份工作，除本职工作外，还尽量干些力所能及的分外活。半年后她被转为正式工人，工资由500多元涨到800多元。有一次，一个木材商因为木料验收问题和他们的老板发生了激烈争吵，最后甚至要撕破脸皮，法庭上见。她在领班的推荐下介入了这件事，最后处理得很完美。她也由此得到了老板的赏识，并且老板发给了她300元奖金。

这件事过去后，她很是高兴了一阵子，但马上又被残忍的现实拉回愁眉苦脸的状态中。需要补充的是，她在这个家具公司工作了一年多时间，基本上就没有露过笑脸。而且，她天天穿着那套老旧的工作服，即使下了班也懒得脱下来，就更不要提打扮和化妆了。那段时间她的生活真是一团糟。

后来，领班荣升为公司的经理助理。在大家的眼中，他留下的领班这个位置非她莫属了。但是很意外，经理助理提议让另外一个人来顶替他的空位。她有点儿疑惑地接受了这个结果。一天，经理助理把她叫去，对她说："你怎么每天都没有笑容呢？"她说："就咱们眼前这些活儿还需要笑吗？"他忽然严肃地说："还真让你说对了，依我看，确实是干什么都需要笑。你要是会微笑，干同样的活儿，你就能比别人省不少力气；相反，如果天天绷着脸，取得同样的成绩，你就要比别人多付出劳动。你的呆板损害了你的努力，我们之所以把领班这个位置安排给另外一个人，就是因为她比你乐观。有时候，微笑也是一种力量啊……"身边的人讲出来的道理，有时候要比从书上读到的那些东西更容易让人接纳。此后她时刻都把他的这句话记在心上，并试着用微笑来面对身边的一切。许多老朋友见了她都说她跟以前不一样了。其实她的生活状态并没有变化，变化的是她的内心。

这是一个真实的故事。她现在过得怎么样已经不再重要，但我们可以想象的是，以后她的生活轨道将沿着另外一个方向伸展……

## 事例二

不管干什么事情，一定要量力而行，不要好高骛远，干一些超出自己能力的事情。因为自己的能力达不到，不仅事情不会办成功，甚至还有可能使自己陷入困境。

曾经看过这样一个报道：年仅 7 岁的小丽被独自留在家中。她把小鸡放到窗台上晒太阳，结果小鸡跳到了阳台上，而此时一只大花猫正垂涎欲滴地望着小鸡。看着小鸡随时都有生命危险，小丽想尽了办法也无济于事。情急之下，她搬了把凳子，想自己到阳台救起小鸡。可是到了阳台才发现，小鸡已经被大花猫吃掉，而自己也回不去了，于是她便坐在阳台上哭泣。这个阳台只是一块 20 多厘米宽的塑料板，而且经过风吹日晒，塑料板已经出现了裂口，小丽随时都有坠落的危险。幸好此时楼下一位女士经过，偶然抬头发现了处境极其危险的小丽，赶紧报了警。经过救援人员的努力搭救，小丽才平安脱险。这次经历让小丽的父母心有余悸，一再告诉小丽自己不能办到的事情一定要寻求大人的帮助，不要孤身涉险。

看了这则真实报道，我们除了想到让孩子做事量力而行外，是不是也应该反省一下自身呢？在我们平日里处理事情的时候，是不是也会犯和小丽一样的错误呢？是不是明知自己不能办到，却还要强出头呢？也许这样的事例发生在自己身上的不在少数，很多人为此也吃了不少苦头。死要面子活受罪，这又何必呢？与其在办事的过程中栽跟头，倒不如开始的时候就勇于承认自己的能力达不到，这样既节省了别人的时间，让他去寻求更有效的解决办法，又不至于受人埋怨，使自己落得费力不讨好的下场。

## 原文

**平生莫作皱眉事，世上应无切齿[1]人。士者国之宝，儒为席上珍。若要断酒法，醒眼看醉人。求人须求大丈夫，济人须济急时无。**

### 注释

①切齿：牙齿相磨切，表示极其愤恨。

### 译文

一辈子不要做对不起人的事，世上就不会有恨自己的人。读书之人是国家的宝贝，懂得礼义的儒生就像筵席上的美味一样珍贵。要想知道戒酒的办法，清醒时看看喝醉的人便知道该如何做了。求人要求大丈夫，接济人要接济那些急难没有办法的人。

### 点评

平生莫作皱眉事，世上应无切齿人：这一句说的是善有善报，只要不做对不起别人的事，就不会害怕别人的点评。

若要断酒法，醒眼看醉人：如果你要戒酒，不妨在清醒之时，冷眼旁观一下那些喝得醉醺醺的人。从这些人身上，你会看到自己的影子，这是你酒醉之后不曾知道的。喝醉酒之后，人的大脑受酒精麻痹，神志不清，举止失态，完全没有了喝酒前儒雅的风范，有时甚至会丑态百出，在众人心中的形象大打折扣，而他自己却全然不知。酒醒之后，也只是模糊地觉得自己的举动可能不太光彩，但是具体印象却一点儿也没有。所以，这不会对他有多么深刻的触动。但如果他能清楚地看到自己当时的醉态，看到自己狼狈至极的模样以及给别人带来的麻烦，相信他心里会万分羞愧。再一次面对美酒时，他脑中浮现的就是自己不忍目睹的画面，这样一来，酒的吸引力就会大大减弱，醉酒的几率就降低了。所以，“醒眼看醉人”是一个很好的戒酒方法。

事例

## 事例一

伐纣灭商的战争结束后，武王病逝。周公拥立年幼的太子诵继承了王位，称为成王。面对国家初立，尚未稳固，内忧外患接踵而来的复杂形势，成王怎么应付得了呢？武王之死使整个国家失去了支柱，这种形势迫切地需要一位既有才干又有威望，并能及时处理问题的人来收拾局面，于是，这个责任便落到了周公肩上。周公虽无心王位，但担心天下闻武王病死而发生分裂和叛乱，因此他决定代成王摄政当国，暂渡难关。

对于周公执政，管叔第一个表示不满。原来周公排行老四，其兄长伯邑考早丧，二兄武王，周公前面还有个排行第三的管叔。

管叔以为，论资排辈的话，首先应该轮到自己，而不是周公。管叔于是四处散布流言说：“周公摄政将对成王不利。”在他的煽动挑唆下，许多不明真相的东方大小邻国，纷纷加入反对周公的行列中，叛乱随时都有爆发的可能，这种情况对刚刚建立三年的周王朝来说，是个异常沉重的打击。如果叛乱发生，周王朝就会面临极大的困难，周文王、周武王苦心经营几十年建立起来的功业就会被毁掉。周王朝处在风雨飘摇之中，王室内部也有人对周公持怀疑态度。这种内外交困的形势，使周公的处境非常艰难。

面对困难，周公显得很镇定。他首先稳定内部，保持团结，然后及时说服姜太公和召公。

周公说：“我之所以不回避困难而代成王摄政，是担心天下的人背叛周朝。因为成王年幼，国家又处在刚刚建立的关键时刻，许多棘手的问题成王根本无法处理，稍有不慎，就会面临丢失江山的危险。如果那样的话，我还有何面目去见太王、王季历、文王呢？三王忧劳天下已经很久了，到武王手中才有所成就。这样来之不易的周王朝，我怎能眼巴巴地看着它落入敌人手中呢？因此，我不得已才代成王行使权力，我完全是在为周朝着想。”

周公的一席话情真意切，感人肺腑，让姜太公和召公等人疑虑顿消。周公那坦荡的胸怀让朝中大臣们非常敬佩，他们纷纷表示坚决拥护周公摄政，并要团结起来，一致对外。

## 事例二

战国时期，士的阶层更趋活跃，社会上出现了养士之风。齐国的孟尝君养士最为著名。

孟尝君姓田，名文。他的父亲田婴是齐宣王的弟弟，在齐宣王执政时为相，封于薛。田婴死后，田文继承封地，号孟尝君。孟尝君继承父业后，大兴土木，修盖房子，招揽天下豪杰，只要投奔他的，他全都收留。由于收留的人太多，他的经济就不宽裕了。有一次，一个门客看到饭菜不好，心中很不高兴，正巧看到孟尝君一个人在一边吃得很香。他认为主人一定在吃山珍海味，就发脾气扔了筷子。孟尝君赶快上前拦阻，门客一看，孟尝君的饭菜和他吃的一样。他见孟尝君真心诚意地待他们，为自己的鲁莽后悔，竟自杀而死。这样，投奔孟尝君的人反而更多了。

有一次，一个叫冯谖的人来投奔孟尝君。他身穿破衣裳，脚穿草鞋，腰里系着一把剑，连剑鞘也没有。孟尝君见他这副打扮，知道他是个穷苦人，就问他："先生找我有何见教？"冯谖说："我穷得活不下去，到您这儿找口饭吃。""你有什么本事呢？""我什么本事也没有。"孟尝君笑了起来，说："那你就先住下吧。"孟尝君手下的人看冯谖这么穷，又没本事，都看不起他，把他安排在下等房间里住，天天给他吃粗饭。没过几天，孟尝君问起："那个冯谖在干什么？"有人回答说："他呀，天天弹那把剑，边弹还边唱：'剑啊咱们回去吧，这儿吃饭没鱼虾。'"孟尝君觉得这话传出去自己没脸面，就让人把冯谖搬到中等房间里住，给他鱼虾吃。没过多少日子，冯谖又唱了："剑啊咱们回去吧，这里出门没车马。"有人把这话报告给孟尝君，孟尝君吩咐再给他一套车马。谁知没过多久，又有人来反映说冯谖仍旧天天唱着"剑啊咱们回去吧，没钱不能养活家"。孟尝君挺生气，心想，这个人怎么这样不知足呢？不过，为了笼络更多的人，他还是派人经常给冯谖的老母亲送钱用。冯谖这才不弹不唱了。

后来冯谖通过狡兔三窟的计谋奠定了孟尝君在齐国的地位。

## 事例三

燕国国君燕昭王一心想招揽人才，而更多的人认为燕昭王仅仅是叶公好龙，不是真的求贤若渴。燕昭王始终寻觅不到治国安邦的英才，整天闷闷不乐。

后来有个智者郭隗给燕昭王讲述了一个故事，大意是有一个国君愿意出千两黄金去购买千里马，然而时间过去了三年，始终没有买到。又过去了三个月，好不容易发现了一匹千里马，当国君派手下带着大量黄金去购买千里马的时候，千里马已经死了。可被派出去买马的人却用500两黄金买来了这匹千里马的骨头。国君生气地说："我要的是活马，你怎么花这么多钱弄来了一堆马骨头呢?"

国君的手下说："陛下舍得花500两黄金买千里马的骨头，更何况活马呢?我们这一举动必然会引来天下人为陛下提供千里马。"果然，没过几天，就有人给国君送来了三匹千里马。

郭隗又说："您要招揽人才，就从招揽我郭隗开始。像我郭隗这种才疏学浅的人都能被国君重用，那些比我本事更强的人，必然会闻风而动，千里迢迢会聚燕国。"

燕昭王采纳了郭隗的建议，拜郭隗为师，为他建造了宫殿并提供优厚待遇。后来，没多久就引发了"士争凑燕"的局面。投奔而来的有魏国的军事家乐毅、齐国的阴阳家邹衍、赵国的游说家剧辛等等。落后的燕国一下子人才济济。从此以后，一个内忧外患、满目疮痍的弱国，逐渐成为一个富裕兴旺的强国。接着，燕昭王兴兵报仇，打得齐国只剩下两座小城。

## 原文

**渴时一滴如甘露，醉后添杯不如无。久住令人嫌，频①来亲也疏。酒中不语真君子，财上分明大丈夫。出家如初，成佛有余。**

## 注释

①频：屡次，多次。

## 译文

人最渴时喝一滴水都像喝甘露一样，人酒醉后再添酒还不如不添呢。长久地在人家家里住就会被人家厌烦，来往过多，亲戚也会疏远你。喝酒时不乱说话是好样的，钱财上清楚才是有作为的人。像刚出家时一样真心诚意，必有成就。

## 点评

渴时一滴如甘露，醉后添杯不如无：若帮助别人于饥饿之时，送一饭赠一酒，就会让人感激涕零；但酒足饭饱，还要殷勤过度，强行劝酒，还不如不劝的好。这两句告诉我们的处世原则是：关心人恰如其分，帮助人恰如其分，说话恰如其分，做事恰如其分。即使再要好的朋友，在一起住的时间太长也会觉得没意思，再好的亲戚频繁地往来亦会逐渐疏远。一个“度”最难把握，多数人知道过犹不及，却很少有人做到中庸之道。喝酒不醉方为妙，食色不乱是英豪。君子爱财，取之有道，忍让退步祸自消。把握好“度”，就能够尽享快意人生。

酒中不语真君子，财上分明大丈夫：在大多数人眼里，真正的君子懂得节制，他们不会喝醉酒，醉了说话也不会失言。这种说法虽然有失公允，但是对于那些嗜酒之人来说，还是不错的警戒之语。病从口入，祸从口出。很多人醉酒之后常常无所忌惮，借着酒劲儿大发牢骚，不把满腹的怨气发泄干净就不痛快，殊不知，这往往就是灾祸的前奏。

事例

## 事例一

有一年冬天，下了一场非常大的雪，天气变得十分寒冷，人们都躲在屋里避寒。

宋太宗正在皇宫中一边烤火取暖，一边品尝着各式各样的美味佳肴。当他看到窗外飘着纷纷扬扬的大雪时，忽然想起了那些可怜的穷人。宋太宗担心他们吃不饱，穿不暖，在大雪中挨饿受冻。

于是马上派出手下的官员，带上许多粮食和木炭出了皇宫，来到老百姓生活的地方，把粮食和木炭送到了那些穷人和孤苦伶仃的老人手中。

这样一来，他们就能有米做饭，有木炭生火取暖了。

## 事例二

刘文静素来与另一位大臣裴寂不睦，而恰恰李渊又重视裴寂，所以，刘文静心里感觉很不平衡，就想借酒缓解心中郁闷。一次，他和弟弟通直散骑常侍刘文起在家中喝酒，刘文静向弟弟发了一大通牢骚，越说越激愤，后来无法控制情绪，便乘着酒兴，拔出佩刀砍在屋柱上，谩骂道："我迟早要杀了裴寂！"这件事被刘文静的爱妾桃儿看到了。桃儿最近在与其他美女的争风吃醋中失了宠，对刘文静满怀怨恨，回家省亲时，便把看到的情况和哥哥讲了。她的哥哥急忙向朝廷揭发了刘文静。唐高祖李渊把刘文静兄弟俩抓进监狱，不久就被处死了。

刘文静的酒后乱言送掉了自己的性命。要想在酒后管住自己的嘴巴，说话有分寸，饮酒就要有节制，不能率性狂饮。

## 事例三

很多人在决定做某件事情的时候，刚开始总会雄心勃勃，大有不达目的不罢休的架势，可是随着时间的流逝，新鲜感一点一点淡化，直至消失，这时很容易就会懈怠下来，最终虎头蛇尾，一事无成。这种做事态度存在于大多数人的头脑中，所以成功也总是与之无缘。其实，一件事情的难易，并不能决定它的成功指数。成功最为关键的因素就是做事的人是否有恒心、是否能坚持。想必“铁杵磨成针”的故事大家都听说过吧！

唐代著名诗人李白，小时候有一天到村口玩耍，发现一位老奶奶坐在磨刀石前的矮凳上。老奶奶手里拿着一根粗大的铁棒子，在磨刀石上一下一下地磨着，神情专注，以至于李白在她跟前蹲下都没有察觉。

李白顿时来了兴趣，问老奶奶在干什么。老奶奶告诉他在磨针。李白有些意想不到，他脱口问道：“这么粗大的铁棒能磨成针吗？那您要磨到什么时候呀？”

这时候，老奶奶才抬起头慈祥地望了望李白，说：“是的，铁棒子又粗又大，要把它磨成针是很困难的。可是我每天不停地磨呀磨，这样就总有一天会把它磨成针的。孩子，只要功夫下得深，铁棒也能磨成针呀！”

李白是个悟性很高的孩子，他听了老奶奶的话，一下子明白了许多，心想：“对呀！只要有恒心，什么事也能做成。读书也是这样，经书和史书虽然有一些读不懂的地方，但是只要我坚持多读，总有一天会读懂的。”

## 原文

**积金千两，不如明解经书。养子不教如养驴，养女不教如养猪。有田不耕仓廪①虚，有书不读子孙愚。仓廪虚兮岁月乏，子孙愚兮礼义疏。**

### 注释

①仓廪：储藏米谷的仓库。

### 译文

积攒黄金千两，也不如通晓四书五经。养儿子不教育就像养了一头蠢驴，养女儿不教育就像养了一头猪。有田不耕粮仓就会空虚，有书不读子孙就会愚笨。粮仓里空虚了日子就会难过，子孙愚笨了礼义就会生疏。

### 点评

积金千两，不如明解经书。养子不教如养驴，养女不教如养猪：教子有方、养女有道的人不会给自己的子女留下太多财产，但会给他们留下两本经书，因为精神财富才是最大的财富。读书明智，给子女的保障远比让他们衣食无忧更加牢固。钱财总有花完的一天，而学识和教养却会跟随他们，作为取之不尽、用之不竭的人生财富，让他们一辈子受益无穷。因此，从小就使子女接受教育、树立正确的人生观是非常必要的。孩子只是衣食无忧，对于文化知识和道德修养却一无所知，这样的孩子与驴、猪有何区别？对孩子的教育，就如同小树需要修剪一样，如果不管不顾，只是任其疯狂滋长，他们是永远长不成参天大树的，只有去掉弯条斜枝才能成为参天大树。修养就是对子女品行的修剪，所以，修养是一个很重要的问题，关系到每一个人的将来，应该引起大家的注意。

事例

## 事例一

疏广字仲翁，汉东海兰陵人，是汉宣帝时的太子太傅。他的侄子疏受同时为太子少傅。他们都是辅导太子的官。每次太子朝见皇帝，他们都一起陪同，太傅在前，少傅在后。五年以后，太子读通了《论语》《孝经》。疏广对疏受说："我们官也当了，名声也有了，这个时候再不引退，怕有后悔之事。我们叔侄还是辞官归故乡，以享天年，如何？"疏受叩头道："听长辈的。"于是两人辞官回乡，去过悠闲的生活。

回到家乡后，他们每日摆酒，宴请族人和以前的老朋友。过了些日子，疏广的子孙实在心疼，托人向疏广说情，让疏广买点儿田宅，以便留给子孙后代。

疏广听后，慢悠悠地说："我难道已糊涂到成为想不到自己子孙的人了吗？只因为家中原来薄有田产，子孙们如果勤奋劳作，可以享有和人家差不多的生活。倘使我现在给他们多买田产，增加他们的盈余，只会让他们变得懒惰。人，贤而多财，则损其志；愚而多财，则增其过。而且人一旦富有了，总被旁人忌妒怨恨。我既然没有什么用来教他们，总不能增加他们的过失，让他们遭人嫉恨。至于我带回来的金子，那是皇上让我养老的，我拿来和族人、朋友共同享受，不是很好吗？"

大家听了，心悦诚服。

## 事例二

孟子小的时候，父亲早早地死去了，母亲守节没有改嫁。一开始，他们住在墓地旁边。孟子就和邻居的小孩一起学着大人跪拜、号丧的样子，玩起办理丧事的游戏。孟子的妈妈看到了，就皱起眉头，说："不行，我不能让我的孩子住在这里了！"孟子的妈妈就带着孟子搬到市集靠近杀猪宰羊的地方去住。到了市集，孟子又和邻居的小孩学起商人做生意和屠宰猪羊的样子。孟子的妈妈知道了，又皱起眉头，说："这个地方也不适合我的孩子居住！"于是，他们又搬家了。这一次，他们搬到了学校附近。每月夏历初一官员都到文庙行礼跪拜，互相礼貌相待，孟子见了一一学习并记住。孟子的妈妈很满意地点着头说："这才是我儿子应该住的地方呀！"

## 事例三

郑板桥是清朝"扬州八怪"之一。他在山东潍县当县官时，把儿子小宝留在了兴化乡下的弟弟郑墨家。

小宝6岁时上学了。为了教育儿子，郑板桥专门给他的弟弟郑墨写了一封信，信中写道："余五十二岁始得一子，岂有不爱之理！然爱之必以其道，以其道是真爱，不以其道是溺爱。"

他的"道"是什么呢？他说："读书中举，中进士做官，此是小事，第一要明理做个好人。"

郑板桥自己是个读书人，他并不是看不起读书人，他看不起的是读书就是为了做官的人。

郑板桥最重视的还是儿子的品德。他对弟弟说："我不在家，我儿便由你管束，要须长其忠厚之情，驱其残忍之性，不得以为犹子而姑纵惜也。"

他主张，他的孩子和仆人的儿女应平等对待。他说："家人儿女，总是天地间一般人，当一般爱惜，不可使吾儿凌虐别人。凡鱼餐果饼，宜均分散给，大家欢喜跳跃。若吾儿坐食好物，令家人子远立而望，不得一沾唇齿，其父母见而怜之，无可如何，呼之使去，岂非割心头肉乎！"

为了教育儿子"明好人之理""爱天下农夫"，郑板桥还抄录了使小宝且念且唱、顺口好读的四首五言绝句。

二月卖新丝，五月粜新谷；
医得眼前疮，剜却心头肉。

锄禾日当午，汗滴禾下土；
谁知盘中餐，粒粒皆辛苦。

昨日入城市，归来泪满襟；
遍身罗绮者，不是养蚕人。

九九八十一，穷汉受罪毕；
才得放脚眠，蚊虫跳蚤出。

后来，郑板桥不放心小宝的成长，就把他接到身边，经常教育小宝要懂得衣食来之不易，要同情穷苦的人。由于郑板桥的严格教育和言传身教，小宝进步很快。当时潍县正值灾荒，郑板桥一向清贫，家里也未多存一粒粮食。一天，小宝哭着说："妈妈，我肚子饿！"妈妈拿出一个用玉米粉做的窝头塞在小宝手里，说："这是你爹中午省下的，快拿去吃吧！"小宝欢跳着走到门外，高高兴兴地吃着窝头。这时，一个光着脚的小女孩站在旁边，看着他吃。小宝发现了这个用饥饿眼光看他的小女孩，立刻把窝头分给了她一半。郑板桥得知小宝的举动后高兴地对小宝说："孩子，你做得对，爹爹喜欢你这样。"

## 原文

**同君一席话，胜读十年书。人不通今古，马牛如襟裾[①]。茫茫四海人无数，哪个男儿是丈夫。白酒酿成缘好客，黄金散尽为收书。[②]**

### 注释

①马牛如襟裾：语出韩昌黎《符读书城南》。意谓马牛穿上衣服华而不实。襟，衣领。裾，衣袖。

②“白酒”二句出自吕岩《题沈东老壁》。

### 译文

同你（有修养的人）一席话，胜过读了十年书，受益匪浅。人如果不读书，不懂礼义，没有知识，与牛马穿上衣服没有两样。许许多多的人当中，有几个是有作为的呢？酿白酒是因为喜欢交朋友，散尽黄金是为了买书。

### 点评

同君一席话，胜读十年书：学习需要孜孜不倦，而不是三天打鱼两天晒网。有的人踏实求学，不求攀比，每日更上一层楼。与这样的人谈话，便能聆听到智慧的声音。他们的思维变化如山中之云，思想丰富似海中之水，与他们聊天一次，便是享受一次。真有“与君一席话，胜读十年书”的功效。殊不知，这胜读十年书的一席话可是人家积累了多年的心血厚积薄发。

白酒酿成缘好客，黄金散尽为收书：除了以诗会友这种方式外，读书也是一个净化心灵的好方法。夜深人静，明月当空，我们静坐窗前，在皎洁的月光下、在柔和的灯光中，展卷而读，似乎穿越了几千年的历史空间，与无数令人敬仰的古圣先贤进行心灵的对话，那种如沐春风的感觉让我们久久沉醉。也正因为如此，很多人做出了“黄金散尽为收书”的举动。

事例

## 事例一

花蕊夫人，后蜀主孟昶的费贵妃，五代十国女诗人，青城（今四川成都都江堰东南）人。她幼能文，尤长于宫词，得幸蜀主孟昶，赐号花蕊夫人。

孟昶是个非常懂得享乐的人，他广征蜀地美女以充后宫，其中最宠爱的是花蕊夫人费贵妃。

就在蜀主孟昶与花蕊夫人不道流年，挟弹骑射，游宴寻诗的时候，中原地区的后周归德军节度使、检校太尉、殿前都点检赵匡胤发动“陈桥兵变”，取代了后周而君临天下，国号宋，改元建隆。他们整军经武，南征北战，目标逐渐指向后蜀。花蕊夫人屡次劝孟昶励精图治，孟昶总认为蜀地山川险阻，不足为虑。

宋太祖乾德二年（公元 964 年）十一月，宋太祖赵匡胤命忠武节度使王全斌率军 6 万向蜀地进攻，并命工匠在汴梁为蜀主孟昶起造住宅，谕令将士：“行军所至，不得焚荡庐舍，驱逐吏民，开发邱坟，剪伐桑柘。凡克城寨，不可滥杀俘虏，乱抢财物。”这月汴梁大雪，宋太祖在讲武堂设坛帐，衣紫貂裘帽视事，忽对左右说：“我被服如此，体尚觉寒，念西征将士，冲犯霜霰，何以堪此？”即解下紫貂裘帽，遣太监飞骑赶往蜀地赐给王全斌，且传谕全军，以不能遍赏为憾事。于是，宋军人人奋勇，14 万守成都的蜀兵竟不战而溃。孟昶对花蕊夫人说：“我父子以丰衣足食养士四十年，一旦遇敌，竟不能东向发一矢！”乾德三年（公元 965 年）元宵刚过，司空平章事李昊草拟降表，孟昶自缚出城请降。自王全斌出兵之日算起，才 66 天后蜀便灭亡，比起前蜀王衍为后唐所灭还快。两次草拟降表的都是李昊，于是有愤懑不平的人晚上在李昊的家门上写道：“世修降表李家。”

柳叶才黄的时候，孟昶、花蕊夫人与李昊一行 33 人被押赴汴梁，杜宇声声叫着：“行不得也，哥哥！”“行不得也，哥哥！”实在让人心碎。到汴梁后，孟昶被封为秦国公，封检校太师兼中书令。宋太祖赵匡胤如此优待孟昶，只因他久闻花蕊夫人艳绝尘寰，欲思一见颜色，以慰渴怀。他恐人议论，不便特行召见花蕊夫人，便想出这个主意，重赏孟昶，连他的侍从家眷也一一赏赐，因为赵匡胤料定他们必定进宫谢恩，这样就可见到花蕊夫人。果然如此，那天谢恩，孟昶的母亲李夫人之后就是花蕊夫人。太祖格外留神，觉得她才至座前，便有香味扑鼻，令人心醉。他仔细端详，只觉得花蕊夫人千娇百媚，难以言喻。等到花蕊夫人口称“臣妾费氏见驾，愿皇上万寿无疆”时，那一片娇音，如莺黄百啭，呖呖可听，方才把太祖的魂灵唤了回来，但两道目光仍停在花蕊夫人身上，一眨不眨。花蕊夫人有些察觉，便瞧了太祖一眼，低头敛鬓而退。这临去时的秋波一转，更是勾魂摄魄，直把宋太祖弄得心猿意马。七天后孟昶暴疾而终，年47岁，史家多认为是太祖毒死的。

太祖听到孟昶已死，辍朝五日，素服发表，赙赠布帛千匹，葬费尽由官给，追封为楚王。孟昶死后，他的母亲并不哭泣，但举酒酹地，说道:“你不能以一死殉社稷，贪生至此，我也因你而苟活在人间，不忍就死。现在你死了，我活着还有什么意思呢?”于是绝食数天而死。孟昶葬在洛阳，他的家属仍留在汴京，少不得入宫谢恩。太祖见花蕊夫人全身缟素，愈发显得明眸皓齿，玉骨珊珊，便乘此机会把她留在宫中，通令侍宴。花蕊夫人在这时候身不由己，只得婉转从命。饮酒中间，太祖知道花蕊夫人能诗——在蜀中时，曾作宫词百首，便要她即席吟诗，以显才华。花蕊夫人吟道：“初离蜀道心将碎，离恨绵绵，春日如年，马上时时闻杜鹃。三千宫女皆花貌，共斗婵娟，髻学朝天，今日谁知是谶言。”

吟罢，她说道：“这词是当日离开蜀国，途经葭萌关时写的，写在驿站的墙壁上。”还说:“当年在成都宫内，蜀主孟昶亲谱‘万里朝天曲’，令我按拍而歌，以为是万里来朝的佳谶，因此百官竞执长鞭，自马至地，妇人竞戴高冠，皆呼为‘朝天’。及李艳娘入宫，好梳高髻，宫人皆学她以邀宠幸，也唤作‘朝天髻’，哪知道却是万里崎岖，前往汴京，来见你宋主，万里朝天的谶言，却是降宋的应验，岂不可叹吗?”宋太祖赵匡胤听罢长久不语，连饮三杯，说道你再作一首新的。花蕊夫人沉思片刻，再启朱唇：“君王城上树降旗，妾在深宫哪得知。十四万人齐解甲，更无一个是男儿。”

## 事例二

天下何其大，男儿何其多，可是真正有作为的男子，从古到今，又有几个呢？“茫茫四海人无数，哪个男儿是丈夫”充满了感慨的意味。

班超是东汉时期人，他家祖上几代都是做学问的。班超起初跟父亲班固学习写文章、整理史料，可是他心里总想着要为国家干一番大事业。后来，他听说北方的匈奴联络了西域的几个国家，经常到汉朝边界上掠夺居民和牲畜，气愤得再也坐不住了，说：“大丈夫应该到塞外去立功，怎么能老闷在书斋里写文章呢？”然后，他把笔一扔，从军去了。

那时候，汉朝执掌兵权的人是窦固。他采用汉武帝的办法，先去联络西域各国，斩断匈奴的臂膊，再全力对付匈奴。公元73年，他派班超为使者，带着随从和礼物去结交西域各国。

班超先到了鄯善，鄯善王虽然归附了匈奴，向匈奴纳税进贡，可匈奴还不满足，不断勒索财物，鄯善王很不高兴。他一见汉朝的使者来了，就殷勤接待。班超住了几天，忽然发现鄯善王的态度变了，不像开始那么恭敬了。班超一打听，原来是匈奴的使者也到了，鄯善王怕得罪匈奴，才故意冷淡他们。

班超把手下的三十六个随从召集起来，说：“你们跟我千辛万苦来到西域，想的就是为国立功，没想到匈奴的使者才来几天，鄯善王的态度就变了。要是他把咱们抓起来交给匈奴，咱们连尸骨都还不了乡了，怎么办呢？”大伙儿说：“你说咋办就咋办。”班超说：“不入虎穴，焉得虎子。如今只有一个办法，趁着黑夜去袭击匈奴人的帐篷。他们不知道咱们的底细，一定会慌，只要杀了匈奴的使者，鄯善王就一定会归顺汉朝。大丈夫为国立功就在今夜。”大伙儿都说：“对，就这么拼一下！”

到了半夜，班超带领手下偷偷地摸到匈奴使者住的地方。班超让十个人拿了鼓，埋伏在帐篷后面，对他们说：“你们只要看到火光，就敲鼓呐喊。”然后，他带着其余的人来到门前，顺着风向放起火来。顿时，鼓声、喊声响成一片，睡意正酣的匈奴人以为外面来了大批人马，吓得纷纷逃命。班超冲上前去，奋勇砍杀，匈奴人都吓跑了。

第二天早晨，鄯善王听说匈奴使者被杀了，既高兴又害怕。他亲自来见班超，表示从此以后要真心同汉朝和好，还让他的儿子跟班超到汉朝的都城洛阳去学习汉朝的文化。

班超回到洛阳，向汉明帝报告了结交鄯善的经过，汉明帝很高兴。他派班超再去出使于阗，还让他多带些人马。班超说："于阗地方大，路途远，要想争取他们不在人多，只要能帮助他们抵抗匈奴，让他们信服咱们就行了。我还是只带36个随从吧。"

班超带着原班人马到了于阗，正巧匈奴有个将领也在这里，于阗王不知该依靠哪边，就找了个巫师，让他算个卦。这个巫师心里向着匈奴，他故意说，天神要吃班超骑的马。班超让巫师自己来牵马，等巫师一过来，班超立刻拔出宝剑把他杀了。然后，他义正词严地对于阗王说："你如果同汉朝和好，对两国都有利，要是想勾结匈奴侵犯汉朝，巫师的下场就是你的下场。"于阗王再也不敢三心二意了，连声说："愿意听从汉天子的吩咐。"还表示要学鄯善王的样子，把儿子送到洛阳学习。班超把携带的礼物拿出来送给了于阗王，于阗王非常感激。

于阗和鄯善都是西域的大国，他们同汉朝交好，其他国家也都跟着过来了，只有龟兹和疏勒站在匈奴一边。龟兹王是匈奴立的，他还仗着匈奴的势力进攻疏勒，杀了疏勒王，并立龟兹人兜题为疏勒王。班超断定疏勒人不会服气，就带着十几个人到疏勒，出其不意地把兜题抓起来。然后，班超又召集疏勒的官员和百姓，对他们说："匈奴杀了你们的国王，你们怎么不为他报仇，反而投降敌人呢？"那些官员说："我们没有力量反抗。"班超说："我是汉朝的使者，愿意帮助你们主持公道。"于是疏勒也归顺了汉朝。为了帮助疏勒人抵抗匈奴和龟兹，班超在疏勒住了下来。

公元75年，汉明帝死了，汉章帝即位。有人对他说，在西域驻兵，花费大，得利少。汉章帝就发出一道诏书，让班超撤回来。

班超上书汉章帝说："西域各国忍受不了匈奴的欺负，把汉朝当靠山。如果我走了，他们没有了依靠，只好再投降匈奴，那样他们又会成为汉朝边界上的祸患。我情愿留在西域，帮助他们抵抗匈奴。"汉章帝被班超的赤胆忠心感动了，就答应了他的请求。

班超为了维护西域各国同汉朝的友好睦邻关系，情愿远离家乡，长期驻守在荒凉偏远的西域。西域各国的官员和老百姓都非常钦佩他。经过几年的努力，班超使西域的五十多个小国全都归附了东汉。他把这些国家的兵力集中起来，共同抵抗匈奴的侵略。从此之后，匈奴兵再也不敢来骚扰百姓了。

班超在西域一直住了三十一年，直到七十多岁才返回中原。他为了国家和人民的利益，甘愿牺牲个人的一切。他为打通西域，密切汉族同西北各少数民族的联系，加深相互的了解做出了不可磨灭的贡献。

## 事例三

1933年5月15日，我党北方组织的创始人之一邓中夏，不幸在上海的帝国主义租界被捕。由于他当时化名施义，敌人也没有掌握他的任何证据。因此，他就利用这个有利条件，在法庭上同敌人展开了斗争。虽然被严刑拷打，但始终没有屈服。后来，由于叛徒的出卖，敌人知道了邓中夏的身份。

国民党机关派出大员，花三十多万元现大洋，把邓中夏从上海法租界引渡到了南京。

敌人为了收买他，采用了软硬兼施的办法。有个国民党中央委员来到狱中，别有用心地对邓中夏说："你是共产党的老前辈，现在受从莫斯科回来的那些小字辈儿的欺压，我们都为你打抱不平啊！中共现在已日暮途穷了，你这样了不起的政治家，何必要白白地为他们送命呢？"邓中夏看穿了敌人挑拨离间的阴谋，当即痛斥说："我要问问你们，一个害杨梅大疮到第三期已无可救药的人，是否有权讥笑那些偶感伤风咳嗽的人呢？我们共产党人从不掩盖自己的缺点，也能克服一切缺点和错误。而你们呢？背叛革命，屠杀人民，犯了不可饶恕的罪行。你们还有脸来说别人的缺点和错误，真是不知人间有羞耻事！"

有一天，又有一名国民党的要员来劝降了。他对邓中夏说："你这样强硬，难道不想出去，不想获得自由吗？"邓中夏哈哈大笑道："我未进来前，倒想到有一天会进来。现在进来了，却从未想到会出去。你们活着和狂吠的日子也不多了，中国人民和英勇的红军会结束你们的一切罪行！"

还有一个国民党中央委员自称是搞政治的，要与邓中夏谈论理论问题。

经过两三个小时的激烈争辩，邓中夏对他说："请你寄语你们的中央委员会，假如你们认为自己有理，我邓中夏有罪，请你们在南京公开审判我。我可以与你们订一个君子协定，你们全体中央委员都可以上席，我不要辩护律师。最后谁情亏理输，便要自动向对方投降。"接着又嘲讽地说："量你们蒋委员长也不敢这样办！"那个家伙无言以对，气急败坏地叫道："那么，要关你10年！"邓中夏冷笑一声说："哼！我看你们在南京也坐不了几年了。"

就这样，邓中夏以他坚如磐石的革命信念和冷峻犀利的言辞，击败了敌人的一次又一次进攻。

邓中夏知道自己的生命已经快走到尽头了，但一点儿也不悲观。在狱中，他除有时和难友下棋外，大部分时间仍用在宣传和学习上。他对难友们说：

“一个人不怕短命而死，只怕死得不是时候、不是地方。为了勤劳大众的利益而死，虽死犹生，比泰山还重。”

在就义前两天，他给共产党组织写了最后一封信，坚决而深情地说：“同志们，我快要到雨花台去了，你们继续努力奋斗吧！最后的胜利终将是我们的！”1933 年 10 月，邓中夏在南京雨花台英勇就义，牺牲时年仅 39 岁。

## 原文

**救人一命，胜造七级浮屠①。城门失火，殃及池鱼。庭前生瑞草，好事不如无。**

### 注释

①浮屠：佛塔。

### 译文

救人一条命，胜过建一座七层的佛塔。城门着火，用护城河水救火，水中的鱼儿也会跟着遭殃。庭前长出吉祥的草，这种好事不如没有。

### 点评

救人一命，胜造七级浮屠：这句话告诫人们与其花费时间精力去修建宝塔积累功德，还不如救助那些处于危难之中的人。这不仅是在做一件惠及别人的大好事，对自己来说也有无穷的益处。

城门失火，殃及池鱼：平时人们常讲“管闲事，生闲气”就是因为自己的心境没有放平和。在管闲事的过程中，希求得到一些利益，从而无意间得罪了别人或者自己的要求没有得到满足，从而产生了怨言。若心态平和没有任何企图，不管什么事都心存感激，是不会生闲气的。

## 事例

### 事例一

潘美是北宋初年名将。宋灭南汉、南唐、北汉时，他都担任大将，后官至宣徽南院使、开府仪同三司、三交都部署、同平章事。潘美战功显赫，但为人残忍好杀。他手下有一名行刑手叫李超，是冀州人，应募为禁军士卒，一直跟随在大将潘美的左右。每次潘美盛怒杀人，李超就竭力拖延处刑，等到他怒气平息以后，再想办法劝解。由此，李超保全了很多人的性命。人们都认为他好人必有好报。

果然，李超的儿子官至右司郎中，枢密直学士。他的两个孙子一个官至翰林院侍读学士，一个官至天章阁待制，这两个人都精于辞章，成为名显一时的文臣儒士。

想必这个故事流传至今，已经被很多人当作劝人行善的好教材，在鼓励人做好事方面起到了不小的积极作用。虽然，我们今天很清楚地知道，把李超后人的成就归功于李超的广积阴德太过牵强，也没有科学依据，但是不能否认李超的善行对其子孙后代的影响。他的善行已经在潜移默化中教育了他的家人，在他的感化下，子孙会自觉约束自己的行为，努力上进，最终取得功名。有位圣人说得好："为善，最乐。以实待人，非惟益人，惟己尤大。"

### 事例二

曹操的小儿子叫曹冲，从小就很机灵，而且还很善良。有一天，小曹冲在院子里玩耍时，忽然听到一阵哭声，他赶紧循着哭声找了过去，原来是管理仓库的一个下人在哭泣。曹冲走过去关心地问："你怎么了？为什么坐在这里哭啊？"下人回答说："我刚刚发现仓库里的老鼠把马鞍咬烂了。这是你父亲出门要用的东西，我不敢去报告，他一生气会杀了我的！"小曹冲听了，对下人说："这件事情你先不要去报告，等我去想个办法。"

回到了自己的房间，曹冲找出一件最喜欢的衣服，用剪刀把衣服剪出几个小洞，并使小洞看起来就像是老鼠咬的那样，然后他就抱着衣服坐在房间里发呆。用人看见了，赶忙去报告曹操。曹操一听自己最心爱的儿子有点儿怪异，赶紧过来看他。曹操问："孩子，你怎么了?"小曹冲故意叹了口气，说："父亲你看，可恶的老鼠把我最喜欢的衣服咬烂了。"曹操听了松了口气，说："原来是这样一件小事。咬坏了就再做一件新的，不要不高兴啊!"曹冲说："可是屋里有老鼠我却不知道，没有及早做防备。"曹操听了哈哈大笑说："老鼠咬坏东西不是经常发生的事情吗?谁都不能怪。"

正在这时，仓库的下人慌张地来报告说，仓库里的马鞍被老鼠咬坏了。曹操看到来人吓得哆哆嗦嗦的样子，就挥挥手说："算了，这不怪你。别说仓库了，就连房间里也有老鼠，冲儿的衣服也被咬烂了，你们想办法抓老鼠去吧!"下人听了曹操的话，知道是曹冲用这个办法救了自己的性命，感激得连连磕头。

## 原文

**欲求生富贵，须下死工夫。百年成之不足，一旦败之有余。人心似铁，官法如炉[①]。善化不足，恶化有余。**

### 注释

①官法如炉：指国家法度如炉火无情。

### 译文

要想得到富贵，必须要用气力、下功夫。经过多年努力也许不能成功，毁掉它却可以在旦夕之间完成。人心如铁石，国家的律法如熔炉。向善的教化不够，变恶变坏的就会很多。

### 点评

欲求生富贵，须下死工夫：这句话宣扬争做人上人，求得富贵，并且要为此做出努力，这是一种狭隘的思想，是不可取的。

善化不足，恶化有余：这一句讲法制的威严和教化的重要性。俗语说，学坏容易学好难。人如不严格约束自己的行为，终究难逃法律的惩治。

事例

## 事例一

朱熹是南宋著名的理学家，他出生在一个世代书香的家庭之中。他的父亲朱松是早年受业于理学大师程颢、程颐的再传弟子。其父亲除了精心钻研儒家经典之外，一有闲暇便亲自教朱熹读书。朱熹从小接受的就是儒家的教育。

4岁那年，有一天，父亲指着天空对朱熹说："这是天。"他便问道："天的上面是什么东西呢？"这令父亲大为惊异。

朱熹从小就显露出好问、好思考的性格。自五六岁时起，他就一直思考"天是什么""天的上面是什么东西"之类的问题。8岁时，父亲教他读《孝经》，朱熹在书上题道："不这样去做，就不能算是人。"



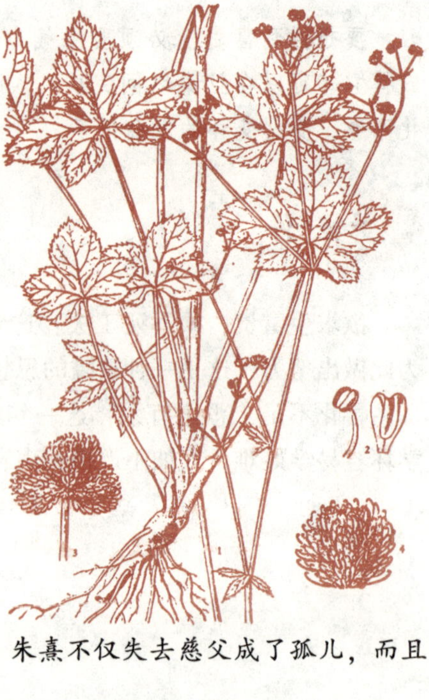

在父亲的教诲与启发下，朱熹自幼便培养起了对儒家圣贤之学的强烈兴趣。朱熹十几岁开始读《孟子》，当他读到"圣人与我同类者"一句时，心里十分激动，觉得做圣人并不是十分困难的事。因此，他在心中便暗暗立下志向，将来一定要做圣人！

朱熹的父亲虽然是儒家的信徒，但他一向兴趣广泛，对于当时社会上广泛流行的道家及佛学的思想并不一概排斥。这种包容平和的态度直接影响着少年朱熹。

朱熹自幼悟性极高，加之在父亲的指导下读了那么多典籍，学业进步很快。可是，当他14岁时，父亲突然去世。朱熹不仅失去慈父成了孤儿，而且失去了一位良师，这让他心中悲痛万分。

父亲死后，朱熹的大部分时间是在自学中度过的。朱熹读书十分刻苦用心，他总是力图用心去体会圣人所讲的道理。其他同龄的孩子能读书、识字、背诵就已十分满足了，而朱熹则要求自己一句句地领会书中的道理。当他被一句话困扰，就食不甘味，夜不安寝；而每当他领会了书中的道理，便高兴得手舞足蹈。

他自己回忆幼时读《中庸》的情景：当读到“人一己百、人十己千”一章时，觉得吕与叔解释此段的含义十分精彩，高兴得几乎跳起来，并工工整整地将其抄录下来作为警励自己奋发的座右铭。

朱熹早年广泛阅览群书，为日后的学术研究打下了坚实的基础。如果没有这个“博学”的时期，或许他日后的“专思”就不会结出那样丰硕的成果。

朱熹一生著作极多。在他的著作中，每一段文字、每一句注解都是他多年独立思考的结果，是心血的结晶。他用自己毕生的精力为儒家的四部经典做了精辟的注解。

## 事例二

在一个寒冷的冬天，西北风呼呼地刮着，路上几乎没有一个行人。

一条蛇不幸被冻僵了，蜷缩着身子躺在路旁不能动弹。这时，一个好心的农夫拿着一把锄头路过这里，无意中发现了那条快要被冻死的蛇。农夫看着奄奄一息的蛇，觉得它非常可怜。于是，他悄悄地走到蛇的身旁，缓缓地伸出双手抱起它。农夫用手轻轻地抚摩着它，甚至还怜惜地将它往自己温暖的怀里送。打算用自己的身体来温暖它冰冷的身躯，使它苏醒过来。那蛇得到温暖以后，果然苏醒了。它渐渐地睁开眼睛，缓慢地活动了一下身躯。醒来以后，蛇就立刻露出了它的本性，它说：“你好事做到底吧。我就喜欢咬人，不咬人我就不舒服。”说完它就狠狠地咬了农夫一口。农夫忍着钻心的疼痛，悔恨地说：“我救了你，你不但不感激我，反而要狠心地咬我。早知道这样，我真不该救你呀！”蛇没有理会农夫，自顾自地走了。农夫受到了致命的伤害，砰的一声摔倒在地，不能动了。他在自己快要死的时候，对着天空万分悔恨地说道：“只怪自己当初不该可怜那个坏东西，不知道分辨好坏，结果害了自己，让自己遭受这样的报应。”说完之后就紧闭双眼，躺在那里一动不动。

正好这时，有一个从山上采药回来的老爷爷经过这里，老爷爷发现躺在地上的农夫，脸呈紫色，就知道他中了蛇毒。老爷爷马上用嘴巴把草药嚼碎，敷在农夫的伤口上。他又从箩筐里拿了几片草药，放在嘴里嚼了几下，再把嚼碎的草药放进农夫的嘴里。过了一会儿，农夫醒了。农夫惊喜地发现自己没有死，他摸了摸自己的脸和身体，大声喊道："我没死，我没死。"突然，农夫看见一个老爷爷正用慈祥的目光看着自己。然后，那个老爷爷用轻柔的声音对他说："你怎么会被蛇咬到胸口呀？"农夫摇了摇头，后悔地说："唉，只怨我自己太傻，我好心救蛇，蛇却恩将仇报咬了我一口。"老爷爷笑了笑说："救别人虽然是做好事，但不应该救那些本来就很坏的人。"农夫听了，默默地点了点头。

## 原文

**水至清则无鱼，人至察则无徒。[1]知者减半，省者全无。在家由父，出家从夫。痴人畏妇，贤女敬夫。**

### 注释

①“水至”二句语出《大戴礼记·子张问入官》。

### 译文

水如果太清澈了就不会有鱼，人如果太明察了就不会有朋友。读书有知识的人少了，明白事理的人会更少。女子未出嫁时听从父亲的，出嫁后则应服从丈夫。愚人怕老婆，贤良的妇女尊敬丈夫。

### 点评

水至清则无鱼，人至察则无徒：凡事不可走极端，自然界如此，人类社会也是如此。做人太极端了，便会让人感到不正常。“人至察则无徒”，有的人做事过于严格，一丝不苟，结果亲近他的人反而越来越少，为他出谋划策的人就更少了。因为对细节的过度关注，会让人觉得精神紧张。越是追求完美的人，其实自己本身就是最不完美的；越是苛求别人的人，其实自己本身就是苛刻的。过于苛刻是没有容人之量的体现。

在家由父，出家从夫。痴人畏妇，贤女敬夫：这种思想是对女性的禁锢，反映的是封建社会男尊女卑的夫权思想。这种思想并不符合现代社会的发展观念，应该摒弃。女性的智慧并不输于男性，古代的才女有薛涛、谢道韫等，女将有花木兰、梁红玉等。现在女性更是在社会上扮演着重要角色，很多政府要员、集团骨干都是女性，所以有人说“这个世纪将是女性领导的世纪”。德国总理、美国国务卿都是女性，现在女性的作用越来越大了，那种鄙视女性的封建思想早该遗弃了。

事例

## 事例一

与人交往，要始终怀着宽容的心态，不能对别人太过苛求。金无足赤，人无完人。每个人身上都有或多或少的缺点，哪怕是被大家尊为圣贤之人，也不是事事都做得无可挑剔。

管仲，字夷吾，是颍上地方的人。年轻的时候，有一个经常来往的朋友叫鲍叔牙。鲍叔牙很了解管仲的贤能。当时管仲家里很贫穷，常常占鲍叔牙的便宜，但是鲍叔牙毫不在意，始终对管仲很好。后来，鲍叔牙做了齐国公子小白的家臣，管仲做了公子纠的家臣。等到小白成为齐桓公的时候，公子纠被杀，管仲被囚禁。于是鲍叔牙就向齐桓公推荐了管仲。管仲被任用当了齐国的宰相后，齐国大治，齐桓公称霸诸国，九次会合诸侯，辅佐周朝天下。这些成绩大部分靠管仲的谋略。

管仲说:“我当初不得志的时候，曾经与鲍叔牙合伙做买卖。分利润时，我都会多分一些。鲍叔牙不认为我贪婪，而是知道我贫困。我曾经替鲍叔牙谋划事业，但是事业发展却更加不顺利，鲍叔牙不认为我愚蠢，而是知道我做事的外部条件不具备。我曾经数次当官又数次被国君驱逐，鲍叔牙不认为我无德无才，而是知道我是没遇到好的君主。我曾经多次在打仗时不积极参战，鲍叔牙不认为我胆小，而是知道我挂念老母亲。公子纠败了，召忽为公子纠死了，我却忍受囚禁的屈辱不自杀，鲍叔牙不认为我没有羞耻之心，而是知道我不在意小节，在意的是能否平定天下。生我的人是父母，真正了解我的人是鲍叔牙啊!”鲍叔牙推荐了管仲之后，把自己官职放在管仲之下来辅助他。后来鲍叔牙的子孙世代都在齐国做官，有封地的就达十几代，而且有很多都是著名的政治家。

## 事例二

东汉人梁鸿，字伯鸾，原籍平陵（今陕西咸阳西北），年轻时家里很穷，由于刻苦好学，后来很有学问。但他不愿意做官，和妻子依靠自己的劳动过着俭朴而愉快的生活。

梁鸿的妻子是和他同县的孟家的女儿，名叫孟光，生得皮肤黝黑，体态粗壮，喜爱劳动，没有小姐的习气。据说，孟家当初为这个女儿选对象很费了一些周折，导致她 30 岁了还没出嫁。主要原因倒不在于一般少爷嫌她模样不够娇，而在于她瞧不起那些少爷的一副娇模样。她自己提出要嫁个像梁鸿那样的男子，她父母没办法，只得托人去向梁鸿说亲。梁鸿也听说过孟光的性格，便同意了。

孟光刚嫁到梁鸿家里的时候，作为新娘，穿戴得不免漂亮些，梁鸿一连七天都不理睬她。到了第八天，孟光绾起发髻，拔去首饰，换上布衣布裙开始勤劳操作。梁鸿大喜，说道："好啊，这才是我梁鸿的妻子呢！"

据《后汉书·梁鸿传》载，梁鸿和孟光婚后隐居在灞陵（今陕西长安东）的深山里。后来，迁居吴地（今江苏苏州）。两人共同劳动，互助互爱，彼此又极有礼貌，真可谓相敬如宾。据说，梁鸿每天劳动完毕，回到家里，孟光总是把饭菜都准备好了，摆在托盘里。她双手捧着托盘举得齐自己的眉毛那样高，恭恭敬敬地送到梁鸿面前，梁鸿高高兴兴地接过来，于是两人愉快地吃起来。这就是"举案齐眉"的故事。

## 事例三

清代才女王贞仪是一位在天文学、数学、气象等学术方面都取得杰出成就的女子。虽然当时妇女学习科学文化知识是不被允许的，但是这并不能阻挡这位怀有"足行万里书万卷，尝拟雄心胜丈夫"的奇女子。她在既无老师传授知识，也无同学共同探讨，甚至连简单的科学仪器都不具备的情况下，只凭借自己的勤奋努力，刻苦自学，反复实践，冲破了当时的重重阻挠，研究出了日食和月食的关系，并对月食这一自然现象做出了正确解释，写出了《月食解》这样的科学论文。此后她又写出了《星象图解》《地圆论》等天文数算书和单篇文章。不仅如此，王贞仪还改编了清朝初年著名数学家梅文鼎一本有关数学历法的书《筹算原本》。王贞仪将书中深奥的道理改用通俗浅显的文字和简便易懂的方程式编写，使初学的人一看就懂，便于掌握。

总之，王贞仪在天文、数学、气象学以及医学方面都颇有建树，这令那些须眉男子也自愧不如。随着人类社会的不断进步和发展，妇女的社会地位逐渐提高，她们在社会发展中发挥的作用也越来越大。

## 原文

**是非终日有，不听自然无。宁可正而不足[1]，不可邪而有余。宁可信其有，不可信其无。**

### 注释

①足：充足，足够。

### 译文

是非每天都会有，不去听自然也就消失了。宁肯为人正派而生活贫困，也不可为富裕而走歪门邪道。有些事情宁可信它有，不可信它没有。

### 点评

是非终日有，不听自然无：在我们周围可能有一些喜欢搬弄是非、专门散布流言蜚语的无聊小人，他们总喜欢在人前人后说人坏话，挑起事端。他们的兴风作浪肯定有着不可告人的目的。对于这些人的造谣诽谤，你越是表示反感，他越是得意，因为他们就是想看见你义愤填膺的表情。你怒不可遏的反应正中他们的下怀，他们造谣势头会越来越猛。所以，最好的办法就是对于中伤自己的言语不予理睬。

宁可正而不足，不可邪而有余：正直的人在社会中永远都是被人尊重的，在与别人相处时，要安守本分、为人坦荡。是是非非总是有的，我们不能轻信流言，要坚持走自己的路，让那些空穴来风的事情随风而去吧！对于道听途说，我们要保持一颗清醒的头脑，提高警惕。在不能证实它是否真实的情况下，还是暂且相信它是存在的吧，但同时也要加以防范。上天总是保佑善良的人，那些邪恶之人，尽管一时顺利，但恶果终究要自己承担，报应迟早会降临到他们的头上。

事例

## 事例一

从前有个父亲带着儿子要去市场卖驴子。驴子走在前面，父子俩随行在后，村里的妇女看了都觉得很可笑。

“真傻啊！让孩子骑着驴子去多好，父子俩却在这沙尘滚滚的路上漫步。”

“对啊，说得对啊！”父亲觉得很有道理。

“孩子，骑上驴子吧！我会跟在旁边，不会让你掉下来的。”父亲让孩子骑在驴子上，自己则跟在旁边走着。

这时，对面走来两个父亲的朋友。

“喂！喂！让孩子骑驴，自己却徒步，算什么。现在就这么宠孩子将来还得了！为了孩子的品行和健康，应该让他走路才对。”

“对呀！是有道理。”于是父亲让孩子下来，自己则骑上驴背。孩子跟在驴子后面，蹒跚地走着。走着走着，碰见一个挤牛奶的女孩。

女孩用责备的口吻说：“哎哟！世间竟有这么残酷的父亲，自己轻轻松松地骑在驴背上，却让那么小的孩子走路！瞧，那孩子多痛苦，东倒西歪地跟在后头，实在可怜啊！”

“是啊，你说得有理！”父亲点头赞同。于是，父亲让孩子也骑到驴背上，朝着市场的方向前进。驴子同时要载两个人，渐渐地举步非常吃力，它呼吸急促，腿摇摇晃晃在发抖。

可是父亲并没有发觉，他一边轻轻松松地哼着歌曲，一边在驴背上摇晃。

驴子好不容易走到教堂前，喘了一大口气，想要休息一下。

教堂前面的一位牧师叫住了他们，说：“喂！喂！请等一下，让那么弱小的动物载两个人，驴子太可怜了。你们要去哪里呢？”

"我们正要带这匹驴子去市场卖!"

"啊!这更有问题。我看你们还没走进市场,驴子就先累死了,恐怕还卖不出去呢!信不信由你。"

"那么,该怎么办呢?"

"把驴子扛着去吧!"

"好!有道理。"

父子俩立刻从驴背上跳下来,然后把驴子的脚绑起来,再用棍子扛着驴子。这样扛着当然非常重,所以父子俩涨红了脸,摇摇晃晃地喊着:"怎么这么重呢!"

看见这情景的人都呆住了,他们说:"真是奇怪的人啊!"

扛着驴子的父子不久走到一座桥上。"孩子,市场快到了,再忍耐一会儿吧!"父亲虽然这么说,可是自己和孩子都已经累得筋疲力尽了。

驴子毕竟是驴子,被倒吊着反而痛苦得不得了,它不但口吐白沫,还粗暴地扭动起来。

"嘿,乖一点儿啊!"父亲严厉地斥骂着,可是驴子不听,扭动得更厉害了。结果,棍子啪的一声折断了,绳子也弄断了,驴子倒栽葱似的掉进了河里。很不凑巧,雨后河水暴涨,驴子在瞬间就被急流吞没,看不见踪影了。

"啊!怎么会这样呢?这都是一味听从别人的意见产生的后果啊!"父子俩只好垂头丧气地回家了。

## 事例二

有一个山东人,名叫丁戍,客游北京,途中遇一壮士,名叫卢强。丁戍见卢强义气慷慨,说话投机,便结为兄弟。

原来卢强是个强盗。过不久,盗情事发,卢强被关进了监狱。丁戍到狱中探望,卢强对他说道:"卢某不幸犯罪,无人相救。承兄弟平日抬爱,有句心腹话,要与兄说。"

丁戍道:"感蒙不弃,若有所托,我必当尽心。"卢强便说道:"我有白金千余,藏在某处,兄可去取了,用来营救我出狱。万一不能救出,便只求兄照管我狱中衣食,不使缺乏。他日死后,只要兄埋葬了我,剩下的白金任凭兄取了。只此相托,再无余言。"说罢泪如雨下。

丁戍道:"且请宽心,自当尽力相救。"于是,便告别卢强,依着卢强所说,到某处取得了千金。丁戍见钱眼开,便想独吞,但又一想:"若不救他,他若让人问我,无可推托;把他惹恼了,万一攀扯出来,我这钱财得也得不稳。何不结果了他，落得干净？”于是，他便送给两个狱吏30两银子，说卢强是自己的仇人，要他们借机杀了卢强。

丁戍白白地得了千金，又无人知其来历，舒舒服服地在北京受用了三年。用去了七八成之后，他便下了潞河，想搭船回家。

他到了船中，与同船之人正在舱里说着闲话。忽然，丁戍跌倒了，一会儿爬起来，睁开双眸，大喝道：“我乃北京大盗卢强也。丁戍得我千金反害我性命，现在还我命来！”

同船之人，听他声色与先前不同，又说出这些话来，晓得丁戍有负心之事，便好言劝慰了一番，并求丁戍不要死在船上，免得害同船之人不得干净，要吃没头官司。

丁戍歇息一下，回到家里。他终因做贼心虚，船上那毛病又复发了，并且比先前更严重了。

丁戍谋财害命，这件有愧良心的事情虽然做得神不知，鬼不觉，但是终究逃不过自己良心的审判。这件事情始终是他心中一个打不开的死结，最后终于不堪良心的谴责，结果了自己的性命。

## 事例三

汉十年九月，刘邦率军北征陈豨。韩信乘机暗通陈豨，欲谋为乱。吕后闻知后，在萧何的帮助下设计擒杀了韩信。刘邦得知后遣人返回长安，拜萧何为相国，加封五千户，并赐500人卫队。众臣闻讯，纷纷前来祝贺，独召平前来相吊。召平来到相府，对萧何说：“公将自此惹祸了！”萧何一惊，忙问：“祸从何来？”召平道：“主上连年出征，亲冒矢石，唯公安守都城，不冒风险。今韩信刚欲反长安，主上就生疑心。给公加封，派卫队卫公，名为宠公，实则疑公，这不是大祸将临了吗?”萧何听后，急问:“君言甚是，但如何才能避祸?”召平说:“公不如让封勿受，并将私财取出，移作军需，方可免祸。”萧何点头称是，遂只受相国职衔，让还封邑，并以家财佐军。刘邦听后，疑心稍解。

汉十一年七月，淮南王英布反，刘邦又移兵南征英布。其间，多次派使回长安，问相国近做何事。使臣回报说:“因陛下忙于军务，相国在都抚慰百姓、筹办军粮等。”一客闻知此事，找到萧何说:“公离灭族不远了。”萧何顿时大惊失色。客又接着说:“公位至相国，功居第一，无法再加了。主上屡问公所为，恐公久居关中，深得民心，若乘虚而动，岂不是驾出难归?今公不察上意，还勤恳为民，则更加重了主上的疑心。试问如此下去，大祸岂不快要临头了吗?现为公计，不如多购田宅，强民贱卖，自毁贤名，使民间稍稍谤公。如此，主上闻知后，公才可自保，家族亦可无恙。”萧何照计施行，刘邦得知后，方安下心来。

## 原文

**竹篱茅舍风光好，道院僧堂终不如①。命里有时终须有，命里无时莫强求。道院迎仙客，书堂隐相儒。庭栽栖凤竹，池养化龙鱼。**

### 注释

①不如：表示前面提到的人或事物等比不上后面所说的。

### 译文

农家田园风光是很好的，恐怕连寺院也比不上（农家田园）。命里有时肯定会有，命里没有的就不必强求了。寺院里经常迎接仙客出入，宰相之才的人隐居在书斋之中。庭院里种植着凤凰栖息的竹子，池塘里饲养着能够化龙的鲤鱼。

### 点评

竹篱茅舍风光好，道院僧堂终不如：自家的篱笆墙、茅草屋虽然简陋、土气，但毕竟是自己的家，自己能和亲人在里面团聚，共享天伦之乐。寺院道观虽然高墙大院、青砖碧瓦、雕梁画栋，但出家之人别亲离乡，晨钟暮鼓，黄卷青灯，加之各种清规戒律，生活煞是清苦，哪里比得上安居乐业的寻常百姓家？“昼出耘田夜绩麻，村庄儿女各当家。童孙未解供耕织，也傍桑阴学种瓜。”宋代范成大的这首诗描绘了一幅生动的竹篱茅舍生活的画卷。

命里有时终须有，命里无时莫强求：这句话是典型的宿命论思想。古人把一个人的功名、利禄、福寿、吉凶，都认为是命中注定的，甚至有无儿女也认为是命里确定的，这种说法毫无道理。在阶级社会里，这种说法迎合了统治阶级的需要，也被当作被压迫阶级的麻醉剂和安慰剂。此外，这种说法也反映了一部分人的不求进取、无所作为的思想。无论从个人进步还是社会发展看，人生都应该奋斗，都应与命运抗争。“将相本无种，男儿当自强”是一个人应该有的积极的人生态度。

事例

## 事例一

刘禹锡的《陋室铭》如今早已成了家喻户晓的文章，但其实这篇名文却是被“气”出来的。据说当时刘禹锡被贬至安徽和州当刺史，和州知县见他被贬而来，便对他横加刁难。和州知县先是安排他住在城南，面江而居。刘禹锡不但没有埋怨，反而还撰写了一副对联贴于房门：“面对大江观白帆，身在和州思争辩。”这个举动可气坏了知县，于是他将刘禹锡的住所由城南调到城北，并把房屋从三间缩小到一间半。新宅临河，杨柳依依。刘禹锡触景生情，又写了一副对联：“杨柳青青江水边，人在历阳心在京。”知县见他仍悠然自得，又把他的住房再度调到城中，而且只给他一间仅能容下一床、一桌、一椅的房子。半年时间，刘禹锡连搬三次家，住房一次比一次小，最后仅是斗室，想想这县官实在是欺人太甚，于是便愤然提笔写下了《陋室铭》。

《陋室铭》流传千古，陋室亦因之而名闻天下。如今，刘禹锡当年的陋室位于安徽和县城中。三幢九间呈品字状的房屋，斗拱飞檐，白墙黑瓦，典雅古朴，静谧灵秀。石铺小院绿茵遍地，松竹迎人，含英蕴秀，令人似乎嗅到浓郁的翰墨馨香。院内东侧小巧精致的亭内，立有《陋室铭》碑石，碑石上刻着流传千年的《陋室铭》全文，字为书法家孟繁青所书，字体风骨端凝，清秀悦目。主室正中，有刘禹锡立像一尊，潇洒庄重，上悬“政擢贤良”匾额。陋室占地不广，踱步其间，似觉人与自然在此得到净化。

《陋室铭》通篇81字，情与景合，事与心谐。细读此铭，不觉此室之陋，但觉此室之雅：环境之雅，“苔痕上阶绿，草色入帘青”；人文之雅，接纳文人墨客，“谈笑有鸿儒，往来无白丁”；心境之雅，“可以调素琴，阅金经。无丝竹之乱耳，无案牍之劳形”。《陋室铭》抒发了作者旷达致远，不同流俗的可贵气质。刘禹锡为官，清廉无私，勤于政务，关心民生；为文，超世出尘，大智大睿，为后人留下许多朗朗上口，富含哲理的诗歌和散文。

## 事例二

苏秦，战国时东周洛阳人，字季子。

苏秦自从和张仪于鬼谷子门下学到了纵横术之后，就想凭着自己的学识和口才出去弄个一官半职。他想先去见周显王，可是没人愿意在大王面前推荐他，于是就改变了主意，到秦国去了。谁知道秦惠王自从杀了商鞅之后，就不大喜欢外来的客人，于是挺客气地回绝了他。苏秦碰了钉子还不死心，仍想得到秦王的重用。他费了好多工夫，写了一封长信献给秦惠王。秦惠王草草地看了看，就搁在一边不理了。苏秦耐着性子在秦国等了一年多，眼看家里带来的盘缠将花光，身上的衣服也破旧了，再待下去连吃饭的钱也没有了，只好扫兴而归。

家里人看到苏秦如此憔悴、狼狈，都奚落他没有出息。妻子不下织机，

嫂嫂不给做饭，爹娘也不愿认他这个儿子。苏秦感到十分伤心，他独自琢磨着:“难道我这辈子就没有出头之日了吗？秦国不用我，还可以去找其他六国。我拿利害去打动六国君王，难道他们就没有一个肯用我的？”苏秦一心想施展自己的抱负，就开始研究兵法。他有时念书念累了，眼皮黏到一起怎么也睁不开，他就骂自己不争气，拿起锥子在大腿上刺一下，血都流出来了。这下子精神又来了，他接着念下去。这就是所谓的“刺骨”。据民间传说，苏秦有时读书太累了，趴在案头上打瞌睡，他就拿根绳子一头吊在房梁上，一头吊住自己的头发，要趴到案头上去时，绳子就会揪住头发，这么一揪就把他揪醒了。这就是所谓的“悬梁”。苏秦就这么悬梁刺股，刻苦用功，熬了一年多，读熟了姜太公的兵法，记熟了各国的地形、政治情况和军事力量，并且研究了诸侯的心理状态。

经过这一番准备，苏秦于公元前334年开始游说六国，终于得到六国君王的重用，佩挂六国相印。

## 事例三

陶渊明的一生都与东园菊圃息息相关，东园中的五柳、青松和盛开的菊花成了陶渊明人品风格的象征。

陶渊明原籍鄱阳，西晋平吴之后，迁徙到庐江的寻阳（时治江北古兰城，今湖北黄梅西南），后来由于其曾祖陶侃在平定杜韬叛乱中立下赫赫战功，被朝廷封为柴桑县侯，食邑四千户，于是将家迁到了寻阳柴桑（今江西九江），从此陶氏世代居此，远近享名。陶氏旧宅在柴桑城西五里之处的上京里，这里背山面水，土地肥沃，环境幽雅。据说陶侃自鄱阳迁居，移址建宅之时，曾请术士相地。术士绕寻阳一周，最后选定上京里，说这里的山水秀美大气，日后当出贵人。当时，陶侃一心忙于政事，也没有大兴土木，仅建了二十几间平房。此后，陶侃戎马倥偬，很少回乡，他的诸子大多追求荣华富贵，不满这里荒僻简陋，故陶氏旧宅一直没有被重建和修葺。直到陶渊明的祖父陶茂回乡隐居，才使旧宅重现荣光。

陶宅正门的东侧大约10丈以外是一个有着数亩水面的大池塘。池塘靠近住宅的一边有1棵青松和5棵两人合抱的倒垂杨柳，前方则是一片平整的农田。这5棵垂柳本为陶渊明父亲陶敏年轻时所栽，经历了几十年的风雨，长得枝繁叶茂，浓荫蔽地。每到仲春时节，柳叶吐新，鲜嫩翠绿，镶嵌在柔软细长的枝条上。柳枝倒垂于水面，随风荡漾，划出层层涟漪。密叶繁条丛中，

黄雀、翠鸟的鸣叫婉转悦耳。陶渊明第一次投军未成，从广陵回到上京里后，已经过去了十几年的时间，可他仍然没有找到出仕的机会。为了排解心中的烦闷，他在柳树下修整出七八丈见方的平地，安置了一张石桌，外加几张石凳。每每晨曦初出，斜阳将倾，他总爱在此闲坐，或观赏景致，或开卷读书，或即兴赋诗，或弹琴抒情。当时陶渊明有一个好友名叫庞遵，字道之，住在上京里东南七八里处的南里，他也是寻阳一带颇为著名的文士。陶渊明与他志趣相投，年龄又相近，因而常常互相往来。他们或喝酒清谈，或议论时事，或探讨玄言哲理，或弹丝品竹，或赋诗作文。一天庞遵来访，陶渊明命人将酒食挑到五柳树下，陶渊明说："道之兄，今日就在这棵柳树下痛饮一番如何？"庞遵答："好极了！在柳树下开怀畅饮，天地人融为一体，抛掉一切烦恼，可称为人生快意之举。兄简直可以称为'五柳先生'了。"陶渊明心中为之一振，兴奋地说："就是它，五柳先生！五柳先生！"接着提笔饱蘸浓墨，写下了《五柳先生传》。从此渊明就自号"五柳先生"。

东园菊圃始建于陶渊明前妻陈氏逝世之后。陶渊明的前妻陈氏，知书达理、温柔贤淑，而且肤色白皙、面貌姣好。她与陶渊明结婚六年，育有四子（其中有一对双胞胎）。由于生育过密，加之平日操劳过度，她的身体虚弱不堪，在一个灾荒之年的暮秋季节，陈氏香消玉殒。陈氏的早逝，使中年丧妻的陶渊明悲痛得几乎难以自制，他含泪作了一篇《闲情赋》，表达了对爱妻的一片真情。作完这篇《闲情赋》之后，他迈着沉重的步履来到东园。秋意已经很浓了，一阵西风吹来，使他感到了些许寒意，他下意识地走到青松之下，猛然间，他见西侧院墙的一角有一棵盛开的菊花。花枝上缀着三四朵硕大的花朵，几只色白背青的凤蝶正在花朵周围飞舞盘旋，菊花与飞蝶相映成趣，组成了一幅颇为自然和谐的景象。这景象使他想起了昨晚的梦境，昨晚他又与夫人在梦中相会。在一番缠绵之后，夫人对他说："我乃天上御花园中的菊花仙子。如今我俩尘缘已了，我又重新回到天界，而今天地两隔，望夫君多多保重，勿以我死伤悲。”梦醒后，陶渊明的心里空落落的。现在见了这东园中的菊花，眼睛突然一亮，他想：“那不就是我那位身材苗条、神采夺目的娇妻吗?”他快步走到菊花旁边，在它的四周垒起了一个小小的花坛，心中默默许愿：“菊花啊，让我这一生与你永远相依相伴吧!”

从此，陶渊明迷上了菊花，在东园辟了个花圃，专门用来栽培菊花。凡经过陶渊明亲手侍弄过的菊花，株株健壮，枝枝挺拔，花色艳丽，更奇妙的是一般菊花通常是春生夏长，秋季开花，而陶渊明的菊圃之中，几乎一年四季都有菊花在盛开，一茬接着一茬，可以说是长盛不衰。每当轻风吹来，东园中的菊花竞相开放，花朵黄白相间，青红错杂，引得满园蜂蝶纷飞。一些倾慕者又给渊明加了一个雅号，尊称他为“菊仙”，也有人暗地里称他为“菊痴”。

## 原文

**结交须胜[1]己，似我不如无。但看三五日，相见不如初。人情似水分高下，世事如云任卷舒。会说说都是，不会说无礼。磨刀恨不利，刀利伤人指。求财恨不得，财多害自己。知足常足，终身不辱。知止常止，终身不耻。**

### 注释

①胜：超过，占优势。

### 译文

结交朋友应该找超过自己的人，和自己差不多或不如自己的人不如不交。不信你短短观察几天，再相见时就不如初次的印象好了。人情面子像水一样可分高下，世上的事像天上的云一样变化无常。会说的海阔天空讲事理，不会说的只能家长里短讲身边小事。磨刀都想着要磨得锋利，但刀锋利会伤人的手指。寻求财富的时候总嫌少，但钱多了也会害人的。知足者常乐，终身不为金钱受侮辱。凡事要有节制，适可而止，这样一辈子也不会遭到耻辱了。

### 点评

结交须胜己，似我不如无：交友和识人永远是人们涉世和提升自我必须掌握的一门学问。交友必须要有选择性，不能盲目地乱交。交友很易，因为狐朋狗友比比皆是；交友很难，因为良友益师并不多见。人需要进步，而那些水平与自己差不多的人对自己的提高是没有多大帮助的，所以这些人不需要去结交。对于如流水般的人情，我们不要去计较，任之来任之去吧。我们应该把精力用在提高自己的知识水平、社会阅历上，使自己的知识丰富，思维敏捷，成为一个能谈论国家政治并有独到见解之人。

孔子曰："见贤思齐焉。"人要想把自己的自身修养、文化水平、知识见解提高一个层次，就要多接触那些比自己水平高的人，尤其是要结交一些高层次的朋友，把他们作为自己前进的榜样。人人都有虚荣心，如果自己身边结交的朋友都是积极乐观、勤奋上进、学识渊博，比自己优秀的人，无形之中你会努力向他们靠近，会不自觉地留意他们身上的优点，倾听他们的谈话，学习他们的做事方法，揣摩他们对事物的独特见解……时间一长，你会发现自己的生活态度变得更加积极，视野变得更加广阔，分析事物变得更加透彻，提出的见解也颇有新意，这些都得益于这些好朋友。所谓近朱者赤就是这个道理。

事例

## 事例一

后魏人李崇和气温厚，善于决断，但是生性贪婪，喜欢接受贿赂，并通过买卖聚集财产。当时孝明帝灵太后视察左藏库，让随从人员尽力背布匹，能背多少就赏赐多少。李崇和章武人王融背得最多，都摔倒了。李崇为此伤了腰，王融折了脚。时人说："陈留章武，伤腰折脚。贪婪之人，侮辱明君。"

李崇、王融二人为了占有更多的布匹而伤腰折脚的贪婪行为已经让人瞠目结舌，而春秋末年当权贵族智伯更是让人触目惊心，他甚至因为贪心而落得灭亡的下场。

春秋末年，晋国有一个当权的贵族叫智伯。他自己本来有很大一块封地，还嫌不够大。有一回，他平白无故地向魏宣子索要土地。

魏宣子也是晋国的一个贵族，他很讨厌智伯的这种行为，不肯给他土地。

他的一个臣下叫任章，很有心计。任章对宣子说："您不如给智伯土地。"宣子不理解，问："我凭什么要白白地送给他土地呢？"任章说："他无理求地，一定会引起他人的恐惧，大家都会讨厌他。他如此利欲熏心，一定会不知满足，到处伸手，这样便会引起整个天下的忧虑。您给了他土地，他就会更加骄横，以为别人都怕他。这样，他也就更加轻视他的对手，更肆无忌惮地骚扰别人。那么其他人就会因为害怕他、讨厌他而联合起来对付他，那他便不能这样长久下去了。"宣子非常高兴，马上改变了主意，割让了一大块土地给智伯。

智伯尝到了甜头，接下来便伸手向赵国要土地。赵襄子不答应，他便派兵围困晋阳。这时，韩魏联合，趁机从外面打进去，赵在里面接应，里应外合，内外夹攻，智伯便灭亡了。

拥有越来越多的财富是很多人梦寐以求的事情，但是凡事要有节制。钱财虽好，但它毕竟不是生活的全部。生活中还有更多有意义的事情，人们如果贪婪无度，最终就会为金钱殉葬。

## 事例二

相传宋仁宗年间，深泽某村，一家只有母子二人相依为命。母亲年迈多病，不能干活。儿子王妄，30岁，没讨上老婆，靠卖草来维持生活。母子二人日子过得很苦。

有一天，王妄照旧到村北去拔草，拔着拔着，发现草丛里有一条七寸多长的花斑蛇。这条蛇浑身是伤，动弹不得。王妄动了怜悯之心，小心翼翼地把它带回了家，并为它冲洗涂药。一会儿工夫，蛇便苏醒了，它冲着王妄点

了点头，表达它的感激之情。母子俩见状非常高兴，赶忙编了一个小荆篓，小心地把蛇放了进去。从此母子俩精心护理，蛇伤逐渐痊愈。蛇长大了，而且总像是要跟他们说话似的，很可爱，给母子俩单调寂寞的生活增添了小小的乐趣。日子一天天过去，王妄照样打草，母亲照样守家，小蛇整天在篓里。有一天，小蛇觉得闷在屋子里没意思，就爬到院子里晒太阳。它被阳光一照变得又粗又长，像根大梁，这情形被王妄的母亲看见了，她惊叫一声昏死过去。等王妄回来，蛇已回到屋里，恢复了原形。它着急地说："我今天失礼了，把你的母亲给吓晕了。不过别怕，你赶快从我身上取下三块小皮，再弄些野草，放在锅里熬成汤，让她喝下去就会好。"王妄说："不行，这样会伤害你的身体，还是想别的办法吧！"花斑蛇催促道："不要紧，你快点儿，我能顶得住。"王妄只好流着眼泪照办了。母亲喝下汤后，很快苏醒过来。母子俩又感激又纳闷，可谁也没说什么。王妄回想每天晚上蛇篓里放金光的情形，更觉得这条蛇非同一般。

话说宋仁宗整天不理朝政，感觉宫里的生活日复一日，就觉得厌烦。他想要一颗夜明珠玩玩，就张贴告示，谁能献上一颗夜明珠就封官受赏。这事传到王妄的耳朵里，他回家对蛇一说，蛇沉思了一会儿说："这几年你对我很好，而且对我有救命之恩，我总想报答，可一直没机会，现在总算能为你做点儿事了。实话告诉你，我的双眼就是两颗夜明珠。你将我的一只眼睛挖出来，献给皇帝，就可以升官发财，你的母亲也就能安度晚年了。"王妄听后非常高兴，可他毕竟和蛇有了感情，不忍心下手，说："那样做太残忍了，你会疼得受不了的。"蛇说："不要紧，我能顶住。"于是，王妄挖了蛇的一只眼睛。第二天到京城，王妄把它献给了皇帝。满朝文武从没见过这么奇异的宝珠，因此都赞不绝口。到了晚上，宝珠发出奇异的光彩，把整个宫廷照得通亮。

皇帝见此情景非常高兴，就封王妄为官，并赏了他很多金银财宝。

皇上看到宝珠后很喜欢，就占为己有了。西宫娘娘见了宝珠也想要一颗。不得已，宋仁宗再次下令寻找宝珠，并说把丞相的位子留给第二个献宝的人。王妄想，如果我把蛇的第二只眼睛弄来献上，那丞相之位不就是我的了吗？于是，他到皇上面前说自己还能找到一颗宝珠，皇上高兴地把丞相的位子给了他。可万万没想到，王妄的卫士去取第二只眼睛时，蛇无论如何都不给，说只有见到王妄才能给，王妄只好亲自来见蛇。蛇见了王妄直言劝道："我为了报答你，已经献出了一只眼睛。你也升了官发了财，就别再要我的第二只眼睛了。人不可贪心。"王妄早已官迷心窍，哪里还听得进去。他无耻地说："我不是想当丞相嘛！你不给我另一只眼睛我怎么能当上丞相呢？况且，这事我已跟皇上说了，皇上把官位也给了我，你不给我眼睛这事不好收场呀！你就成全我吧！"他执意要取第二只眼睛，蛇见他变得这么贪心残忍，早气坏了，就说："那好吧，你拿刀子去吧！不过，你要把我放到院子里再取眼睛。"王妄早已等不及了，对蛇的话也不细想就一口答应了。命人把蛇放到了有阳光照射的院子里，然后回屋取刀子。等他拿刀子出来挖蛇眼时，蛇身已变得像大梁一般粗。蛇张着大口冲他喘气，王妄吓得魂都散了，想跑已来不及，蛇一口就吞下了这个贪婪的人。

## 原文

**有福伤财，无福伤己。差之毫厘[1]，失之千里。**

### 注释

①毫厘：比喻非常细小的差别。

### 译文

有福的人受伤害无非是损失点儿钱财，无福的人受伤害却要损害自己的身体。开始时差别虽很小，但造成的后果却很严重。

### 点评

差之毫厘，失之千里：原句出自《礼记·经解》“差若毫厘，谬以千里”。《大戴札记·礼察》也有“君子慎始，差若毫厘，谬之千里”之句。此句告诫人们，做任何事情都要求真务实，严谨求实，切莫马虎从事。“想当然”“可能”“大概”“差不多”的说法是不行的，特别是在科学技术飞速发展的今天，真是“差之毫厘，失之千里”，一个小的过错也会造成意想不到的严重后果。如卫星定点发射、航天飞船发射，那是一丝一毫也马虎不得的。

事例

## 事例一

很久以前，在喜马拉雅山的雪山脚下，有一位西藏僧人在那里过着平静的修行生活。

有一天，这位僧人出门的时候，忽然发现门口躺着一只冻僵的小老鼠，于是就把它抱进屋子里，用双手温暖它。小老鼠渐渐地苏醒过来，恢复了健康，从此和僧人生活在一起。它白天到外面晒太阳、玩耍，晚上回到屋子里躺在温暖的羊毛毯子上听这位慈祥的喇嘛讲故事，生活还算愉快。

喇嘛的家里有一只猫，虽然猫不伤害小老鼠，但它每次见到猫时都感到非常惊恐。

于是，有一天，小老鼠对喇嘛说："慈悲的修行者，我和您生活在一起感到非常快乐，但是有一件事情我想请求您的帮助。"喇嘛微笑着说："那是什么事情呢？""当我每次看到您家里的猫的时候，都感到莫名的恐惧。我想请求您，能不能把我变成一只猫呢？"喇嘛答应了它的要求，把它变成了一只猫。

小老鼠变成猫以后，以为万事大吉了。刚一出门却碰到了一条凶猛的狗，它吓得连滚带爬地回到了屋子里。然后，它对喇嘛乞求说："麻烦您，能不能把我变成一条狗？"喇嘛答应了它的要求。

这下变成了狗的小老鼠大摇大摆地走出了家门。突然有一只老虎经过它的身边，它吓得拼命地跑回家里，很沮丧地对喇嘛说："请您再把我变成老虎吧！"喇嘛依然答应了它的要求，把它变成了老虎。变成了老虎的小老鼠一见到在厨房里的猫，还是尖叫了一声惊恐万分地跑回喇嘛的身边。

小老鼠百思不解，困惑地对喇嘛说："慈悲的喇嘛啊，我为什么变成了老虎后还是害怕猫呢？"

喇嘛哈哈大笑起来，然后对它说："你有什么样的身体和外观不重要，重要的是你有什么样的心。你的心还是小老鼠的心，怎会不害怕猫呢？"

## 事例二

杰里是个饭店经理，他的生意总是很红火，而周围几家饭店却生意惨淡，于是大家直夸他比别人幸运，有福气，总是受上帝的青睐。杰里说，幸运都是靠自己争取的。于是，他讲了自己大难不死的一次经历。

有一天，杰里忘记了关后门，被三个持枪的歹徒拦住了。歹徒朝他开了枪。

幸运的是，事情发现较早，杰里被送进了急诊室。经过十八个小时的抢救和后续的精心治疗，杰里出院了，只是仍有小部分弹片留在他的体内。

六个月后，有位大学生见到了他，并问他近况如何。他说："我快乐无比。想不想看看我的伤疤?"那位大学生看了伤疤，然后问当时他想了些什么。杰里答道："当我躺在地上时，我对自己说有两个选择：一是死，一是活。我选择了活。医护人员都很好，他们认为我会好的。但在他们把我推进急诊室后，我从他们的眼中看到了'他是个死人'。我知道我需要采取一些行动。"

"你采取了什么行动?"

杰里说："有个护士大声问我有没有对什么东西过敏。我马上答，有的。这时，所有的医生、护士都停下来等我说下去。我深深吸了一口气，然后大声吼道：'子弹！'在一片大笑声中，我又说道：'请把我当活人来医，而不是死人。'"杰里就这样活下来了。

是杰里把自己从死亡的边缘拉回来的，如果在医护人员放弃了他的同时，他也放弃了自己，那他一点儿生还的希望都没有。实际上，很多被人们称作有福气的人、幸运的人都是如此，他们相信自己是有福之人，并且为此做出了不懈努力，所以他们才能得到上帝的保佑。

## 事例三

不管干什么事情都要小心谨慎，不能有丝毫的疏漏，否则会造成很大的损失。这并不是危言耸听。这里有一个流传很广的因一个铁钉失了一个国家的故事，也许会对大家有所警醒。

理查三世和亨利准备决一死战，这场战斗将决定谁来统治英国。战斗开始前的一天早上，理查派马夫备好自己最喜欢的战马。"快点儿给它钉掌，"马夫对铁匠说，"国王希望骑着它打头阵。""你得等等，"铁匠回答，"前几天给所有的战马都钉了掌，铁片没有了。”“我等不及了。”马夫不耐烦地叫道。

铁匠埋头干活，从一根铁条上弄下四个马掌。钉了三个掌后，他发现没有钉子来钉第四个掌了。“我缺几个钉子，”他说，“需要点儿时间砸几个。”“我告诉过你我等不及了。”马夫急切地说。“我能把马掌钉上，但是不能像其他几个那么牢固。”“能不能挂住?”马夫问。“应该能，”铁匠回答，“但我没把握。”“好吧，就这样，”马夫叫道，“快点儿，要不然国王会怪罪的。”

两军交锋，理查国王冲锋陷阵。突然，一只马掌掉了，战马跌倒在地，理查也被掀翻在地。受惊的马跳起来逃走了，国王的士兵也纷纷转身撤退。亨利的军队包围了上来。理查气愤地大喊道:“马！一匹马！我的国家倾覆就是因为这一匹马。”

于是，从那个时候起人们就传唱这样一首歌谣:“少了一个铁钉，丢了一只马掌。少了一只马掌，丢了一匹战马。少了一匹战马，败了一场战役。败了一场战役，失了一个国家。”

## 原文

**若登高必自卑，若涉远必自迩[1]。三思而行，再思可矣。**

## 注释

①迩：近。这里是浅薄的意思。

## 译文

若想登高必定从低处开始，若想去远方必定从近处起步。思考多次才行动，其实思考两次就行了。

## 点评

若登高必自卑，若涉远必自迩：《尚书·商书·太甲下》中有“若升高，必自下，若陟遐，必自迩”，《墨子·经说下》有“行者必先近而后远”的说法。这两句都是讲无论做什么事情，都要遵循事物内部的规律，一步一步扎扎实实做起，不可急于求成。小学的课程学不好，便不可能学好中学、大学的课程；连士兵都没有当过的人，不可能成为将军。万丈高楼平地起，千里之行，始于足下，要成就大事业就要从平凡小事做起，这是事业成功的必由之路。做事情之前，人们首先要深思熟虑，做出周密的计划，然后才可以一步一步地执行。事情是否可行？它将会造成什么样的结果和影响？这些都是做事之前需要思考的。无论是思考两次还是三次，在决定之前一定要慎重，以免因一时冲动或考虑不周做出令自己后悔的事情。真理和谬误往往只有一步之遥，一时的疏忽可能会造成无法挽回的损失。

三思而行，再思可矣：《论语·公冶长》中写道：“季文子三思而后行。子闻之曰：‘再，斯可矣。’”季文子，即季孙行文，是春秋时期鲁国的正卿，为官廉俭持重，遇事三思而后行。上句话意思是：季文子遇事常三思而后行。

孔子听说后，讲道："再思，就可以了。"其实三思也好，再思也好，无非是告诉人们遇事要先思而后行，不要草率从事。特别是处理复杂的事情时，一定要冷静思考。做事情之前要想到方方面面的情况，分析出有利和不利条件，考虑到几种解决方案，预测可能出现的后果。遇事不冷静，缺乏周密思考，往往会把事情弄糟。当然思考不是犹豫不决或当断不断，而是使行动有充分的思想准备。凡事不加思考便贸然行动，肯定办不好。但若想得太多，瞻前顾后，犹豫不决，最终也会误事。

事例

## 事例一

千里之行，始于足下。任何一件事情的成功，都不是一蹴而就的，都是要经历一个过程，都是在做好一件件小事的基础上，量变引起质变，从而取得成功的。

小鹰对老鹰说："妈妈，总有一天，我要做一件世人交口称赞的事。""什么事？""飞遍全球，发现前人未发现的东西。""这太好了！不过你必须先学习和掌握各种飞行技术，以免疲劳时无法继续飞行。"

小鹰苦练飞行技术，专心致志，对其余的事一概不闻不问。

几天过后，老鹰对小鹰说："咱们一起去觅食吧！"小鹰不耐烦地说："妈妈，您去吧，我没有工夫干这种没有价值的事！"母亲吃惊地说："这是什么话？""是您让我集中精力进行训练，为什么又用这些毫无意义的小事来分我的心呢？"

老鹰循循善诱地说："孩子，你认为这是一件小事，但对于长途飞行来说却是一件大事。你不会寻找食物，起飞的第一天就要挨饿，第二天就无力升空，第三天就会饿死。"

小小的寓言故事揭示了一个深刻的道理：世上无小事，许多所谓的小事其实是在为日后打基础。没有打好稳固的地基，又怎能盖起坚实的大厦呢？

柏拉图说过："如果没有小石子，大石头是不会稳稳当当地躺着的。"

万丈高楼平地起，每一个小石子都会为你的地基填满一个空隙。世界上的每一件事都是从小事做起的，只有做好小事情，才能奠定大基础。你不会一步登天，但你可以逐渐达到目标。

别以为自己的步伐太小就无足轻重，重要的是每一步都踏得稳，这样才能走向成功的康庄大道。如果想成功，只要肯为此尽心尽力，走好每一步，那梦想就一定不会落空。

## 事例二

忧郁的丹麦王子为找其叔父报杀父娶母之仇而思虑再三，左右为难，因此错过了下手的大好机会，结果与敌人同归于尽。

这就是莎士比亚笔下著名的“哈姆雷特式的犹豫”。

当断不断，反被其乱。所以，遇事既要想清楚，思考后再行动，又不能优柔寡断。

季文子为人非常谨慎，凡事均要“三思而行”，对于祸福利害，计较过细，所以孔子说“再，斯可矣”。

16世纪日本江户幕府时期，军阀德川家康与武田信玄之间发生火并。武田信玄连连得胜，一路追击，将德川军队逼至滨松城内。当武田兵临城下，只见滨松城内城门大开，火光通明，一片安宁祥和。武田信玄是当时著名的军事理论家，深谙中国的《孙子兵法》。他一看便知德川在摆空城计，便想立即冲进城去。但转念一想，德川是知道自己能识破空城计的，他敢如此安排，其中必然有诈，必须慎重从事。于是武田不敢贸然攻城，就把军队安扎在城外。此时，德川的三千后备部队也已接近滨松，武田更加确信了自己的判断，认为城内必有众多伏兵，因此始终没敢攻进城去。不久，武田因劳累过度，加之露宿郊野，得肺病而死。

其实，德川家康确实是在摆空城计。他深知武田信玄熟读兵书，但这些书读得太多了反而会智者多虑，谨慎有余。另外，武田为了保全已经取得的胜利，也不会轻举妄动，德川正是利用了对手的这种心理，才化险为夷。

## 事例三

遇到事情一定要认真考虑，不要盲目地去做。若不考虑事情的后果，最终会吃大亏的。

郑国地处中原，既不如北方凉爽，又不如南方多雨，每到夏季，天气会很闷热。

有一个郑国人很胖，最怕天气热。一到暑天他就会浑身大汗淋漓，喘不上气来。炎热的夏季，折磨他好多年了。

有一年的夏天，他绞尽脑汁想出了一个躲避炎热的办法。他家院里有一棵老槐树，根深叶茂，树荫能遮盖很大的地方。早晨起来，他把一张席子铺在树荫下，躺在席子上乘凉，觉得舒服极了。他为自己能想出这样聪明的办法而感到得意。

结果从早到晚，太阳在空中移动，树荫也随着移动，他就随着树荫不断移动席子。一天过去了，他觉得很开心。他认为这种躲避炎热的办法很聪明，决定晚上还用这个办法躲避炎热。

到了晚上，月亮出来了，老槐树下又铺上了一片阴影。他仍然把席子铺在树下。月亮在天空移动，树影在地上移动，他也随着树影不断移动着席子，折腾得半宿没有合眼。

夜深了，他身上沾满了露水，又湿又凉，难受极了。他不明白为什么用同样的办法，白天过得那样舒服，夜间却过得这么难受。

他打了个呵欠，自言自语地说:"这是什么道理呢？这是什么道理呢?"

他老婆出来说:"天都快亮了，你一个人在这里唠叨什么呢?"他把自己的想法对老婆说了。

老婆听了，笑着说:"你真笨，晚上到屋子里睡，不就没有露水了吗?"

他不服气地说:"你才笨呢！我白天怕热，难道晚上就不怕热了吗?"

老婆说:"白天热是因为有太阳，晚上太阳落山了，还会热吗?"

他说:"虽然说太阳落山了，可是月亮不是又出来了吗?"

老婆摇摇头说:"你真是愚笨到家了，不可救药。"

老婆回屋以后，他实在太困了，就在大槐树下睡着了。一阵痛痒把他惊醒了，他终因受潮着凉大病了一场。

## 原文

**使口不如自走，求人不如求己。小时是兄弟，长大各乡里①。**

## 注释

①各乡里：比喻各奔东西。

## 译文

只动口说不如动手去干，求人办事不如自己亲自去办。小时候在一起，长大后却各奔东西。

## 点评

使口不如自走，求人不如求己："使口不如自走"宣扬了一种重行动、重实践的思想，有积极意义。人们需要认识世界，更需要改造世界。无论认识世界还是改造世界，都离不开自己亲身参加实践。虽然，一个人不可能事事都亲自实践，但要真正感知某种事物，光靠书本知识、靠听别人讲述是根本不够的。宋代诗人陆游有句诗说得好："纸上得来终觉浅，绝知此事要躬行。"这句话强调了亲身实践的重要性。"求人不如求己"是一种积极的人生态度，体现了人的主观能动性。一个人在学习、工作、生活当中，遇到这样那样的困难是正常的。遇到问题、困难应该积极主动地去解决、去克服，不要有依赖思想，更不要什么事情都去求人。当然，想万事不求人也是不现实的，但基本点应立足于自己去克服困难，解决问题。一个人是如此，推而广之，一个民族、一个国家也应当如此。"使口不如自走，求人不如求己"强调不管遇到什么事情，不要只动嘴皮子或是求助别人，自己应该积极主动地去解决，不要总想着把希望寄托在别人身上。不然时间长了，自己解决困难的信心就

会丧失殆尽，一旦别人不能依赖，自己就只能束手无策。所以，要谨记这句话“求人不如求己”。很多时候，当我们面对困难时，自救才是最有效、最及时的办法。而且随着一次次解决问题，自身的素质也在不断提高，办事能力也在不断加强。

小时是兄弟，长大各乡里：世界很大，有时候也很小。如果有一日你有了多年失去联系的昔日兄弟的消息，甚至在人流穿梭的街头相遇，你们肯定会欣喜若狂。虽然彼此在对方梦中一次次出现，也一次次凭记忆努力勾勒对方的容颜，心中有着诉不尽的思念，但是当对方真正出现在你面前时，你却语塞，不知从何说起，只管目光呆滞地凝视对方，用泪光、紧握的双手表达自己此刻的心情。在这种“此时无声胜有声”的情境里，已然感到虽然时光流逝，岁月不再，但是兄弟情谊一如往昔，这就足够了。因为心灵的交流早已胜过了千言万语。

## 事例

### 事例一

1947年，美孚石油公司董事长贝里奇到开普敦巡视工作。在卫生间里，他看到一位黑人小伙子正跪在地板上擦上面的水渍，并且每擦一下，都虔诚地叩一下头。贝里奇感到很奇怪，问他为何如此。黑人答，在感谢一位圣人。贝里奇问他为何要感谢那位圣人。黑人说，是他帮自己找到了这份工作，让他终于有了饭吃。

贝里奇笑了，说：“我曾遇到一位圣人，他使我成了美孚石油公司的董事长。你愿意见他一下吗？”黑人说：“我是个孤儿，从小靠锡克教会养大，我

很想报答养育我的人。这位圣人若使我吃饱之后，还有余钱，我愿意去拜访他。”

贝里奇说：“你一定知道，南非有一座很有名的山，叫大温特胡克山。据我所知，那上面住着一位圣人，能为人指点迷津，凡是能遇到他的人都会前程似锦。20 年前，我去南非登上了那座山，正巧遇到他，并得到他的指点。假如你愿意去拜访他，我可以向你的经理说情，准你一个月的假。”这位年轻的黑人谢过贝里奇后就上路了。在 30 天的时间里，他一路披荆斩棘，风餐露宿，历尽艰辛，终于登上了白雪覆盖的大温特胡克山。他在山顶徘徊了一天，除了自己，什么都没有遇到。黑人小伙子很失望地回来了。他见到贝里奇后，说的第一句话是：“董事长先生，一路上我处处留意。可直至山顶，我发现除了我之外，根本没有什么圣人。”贝里奇说：“你说得很对，除了你之外，根本没有什么圣人。”

20 年后，这位黑人小伙子做了美孚公司开普敦分公司的总经理，他的名字叫贾姆讷。2000 年，世界经济论坛大会在上海召开，他作为美孚石油公司的代表参加了大会。在一次记者招待会上，针对他的传奇一生，他说了这么一番话：你发现自己的那一天，那就是你遇到圣人的时候。每个人的一生都是自己的，走怎样的路都只能由自己决定，从没有什么圣人、高人可以帮你。善于发现自己，认识自己比什么都重要。

## 事例二

有一个年轻人，从很小的时候起就有一个梦想——希望自己能够成为一名出色的赛车手。他在军队服役的时候，曾开过卡车，这对他熟练掌握驾驶技术起到了很大的帮助作用。退役之后，他选择到一家农场里开车。工作之余，他坚持参加一支业余赛车队的技能训练。只要遇到车赛，他都会想尽一切办法参加。因为得不到好的名次，所以他在赛车上的收入几乎为零，这也使得他欠下了一笔数目不小的债务。

那一年，他参加了威斯康星州的赛车比赛。当赛程进行到一半多的时候，他的赛车位列第三，他有很大的希望在这次比赛中获得好的名次。突然，他前面的两辆赛车发生了相撞事故，他迅速地转动赛车的方向盘试图避开他们，但终究因为车速太快未能成功。结果，他撞到了车道旁的墙壁，赛车在燃烧中停了下来。当他被救出来时，手已经被烧焦，鼻子也不见了，体表烧伤面积达40%。医生给他做了长达7个小时的手术才使他从死神的手中挣脱出来。

经历了这次事故，尽管他的命保住了，可他的手萎缩得像鸡爪一样。医生告诉他说："以后，你再也不能开车了。"然而，他并没有因此而灰心绝望。为了实现那个一直以来的梦想，他决心再次为实现梦想付出努力。他接受了一系列植皮手术。为了恢复手指的灵活性，每天他都不停地练习用残余的部分去抓木条，有时疼得浑身直冒冷汗，他也坚持着。在做完最后一次手术之后，他回到了农场，用开推土机的办法使自己的手掌重新磨出老茧，并继续练习赛车。

仅仅九个月之后，他又重返赛场！他首先参加了一场公益性的赛车比赛，但没有获胜，因为他的车在中途意外地熄了火。不过，在随后的一次全程200英里的汽车比赛中，他取得了第二名的好成绩。

又过了两个月，仍是在上次发生事故的那个赛场上，他满怀信心地驾车驶入赛场。经过一番激烈的角逐，他最终赢得了250英里比赛的冠军。

他就是美国颇具传奇色彩的伟大赛车手——吉米·哈里波斯。

当吉米第一次以冠军的姿态面对热情而疯狂的观众时，他流下了激动的泪水。一些记者纷纷将他围住，向他提出了一个相同的问题："在遭受了那次沉重的打击之后，是什么力量使你重新振作起来的？"

此时，吉米手中拿着一张此次比赛的海报，上面是一辆赛车迎着朝阳飞驰。他没有回答，只是微笑着用黑色的钢笔在海报的背面写上了一句凝重的话：把失败写在背面，相信自己一定会成功！

## 事例三

春秋战国时代，一位父亲和他的儿子出征作战。父亲已做了将军，儿子还只是马前卒。

又一阵号角吹响，战鼓雷鸣，父亲庄严地托起一个箭囊，其中插着一支箭。父亲郑重地对儿子说："这是家传宝箭，佩带在身边，力量无穷，但千万不可抽出。"

那是一个极其精美的箭囊，厚牛皮打制，镶着幽幽泛光的铜边儿。再看露出的箭尾，一眼便能认定它是用上等的孔雀羽毛制作的。儿子喜上眉梢，贪婪地推想箭杆、箭头的模样，耳旁仿佛有嗖嗖的箭声掠过。伴随着箭声，儿子仿佛看到了敌方的主帅应声折马而毙。

果然，佩带宝箭的儿子英勇非凡，所向披靡。当鸣金收兵的号角吹响时，儿子再也禁不住得胜的豪气，完全遗忘了父亲的叮嘱，强烈的欲望驱使着他拔出宝箭，试图看个究竟。骤然间他惊呆了，箭囊里居然装着一支折断的箭。

“原来我一直挎着支断箭打仗呢！”儿子吓出了一身冷汗，仿佛顷刻间失去支柱的房子，意志轰然坍塌了。结果不言自明，儿子惨死于乱军之中。

拂开灰蒙蒙的硝烟，父亲捡起那支断箭，沉重地啐一口道：“不相信自己的意志，永远也做不成将军，真正的利箭在自己的心中。”

## 原文

**妒财莫妒食，怨生莫怨死。人见白头嗔[①]，我见白头喜。多少少年亡，不到白头死。墙有缝，壁有耳。好事不出门，恶事传千里。**

## 注释

①嗔（chēn）：生气。

## 译文

忌妒别人的钱财，但不能忌妒别人的吃食；别人活着时你可以埋怨，人死后就别埋怨了。别人发现头发白了生气，我见了白发却十分高兴。因为不少人年纪不大，还不到头发白就死了。墙壁透风，隔墙有耳，要时时提防。好事不容易传出去，坏事很快便传得到处都知晓。

## 点评

妒财莫妒食，怨生莫怨死：有忌妒心理的人，眼里容不得别人比他强，这种人自己干不来的事情，也不许别人去干。生活中有这种人，不能不说是件令人头痛的事。医治忌妒的办法就是教他正确看待自己，也正确地看待他人。忌妒，是一种个人私欲极强的心理意识，是人心灵上的毒瘤，所以不管是忌妒别人的财物还是其饮食的做法都是不可取的。因此，忌妒心理应该根除，否则既害人又害己。

人见白头嗔，我见白头喜：面对镜子，发现一根白发，便叹息着把它拔下，感叹自己年纪已大，老将至矣。其实，人们大可不必如此，身体衰老，是不可抗拒的自然现象。上天赐给人类的，只不过几十个春秋而已。还未尽享青春年少之乐，银丝已经出现在了我们的头上，身体也逐渐衰老，人们便着急、生气。但是，只要我们想想那些未及白头就英年早逝的人，我们就应该感到庆幸，感谢上天对自己的眷顾。老年将至并不可怕，因为此时的我们最富有，我们有成熟的见解，在做人做事方面也更稳重老练，这难道不值得我们称贺吗？

## 事例

### 事例一

李斯是楚国人，与韩非同是荀子的门下，但成绩却不及韩非。韩非到了秦国，向秦王政上书，建议打破六国合纵的盟约，阐述统一天下的策略，秦王非常高兴。

李斯不能容忍才华高于自己的韩非留在秦国，害怕韩非会取代自己的地位，就向秦王说："韩非乃韩国公子，秦王想吞并诸侯之地，韩非必定会为自己的祖国韩国打算，而不会为秦国设想，这是人之常情。现在他长期留在我国，一旦遣送回国必将危害我国。最好的方法就是杀了他。"

秦王听了他的话，逮捕韩非入狱。韩非虽想为自己辩白，却无法把自己的意思传达给秦王。李斯派人送来毒药，并附带一封信："秦国众臣对客卿甚为不满，决定将全部放逐。当然也不会让你就这么回去，自己服毒自杀吧！"韩非终于明白，于是用李斯送来的毒药解脱了一切。忌妒贤能的李斯，最终却落得千夫所指、万人唾骂的下场。

### 事例二

佛经上有一则故事。

在远古时代，摩伽陀国有一位国王饲养了一群象。象群中，有一头象长得很特殊，它全身白皙，皮肤光滑。后来，国王将这头象交给一位驯象师照顾。这位驯象师不只照顾它的生活起居，也很用心教它。这头白象十分聪明、善解人意。过了一段时间之后，他们已建立了良好的默契。

有一年，这个国家举行一个大庆典。国王打算骑白象去观礼，于是驯象师将白象清洗、装扮了一番，在它的背上披上一条白毯子后，才交给国王。国王就在一些官员的陪同下，骑着白象进城看庆典。由于这头白象实在太漂亮了，民众都围拢过来，一边赞叹，一边高喊着："象王！象王！"这时，骑在象背上的国王觉得所有的光彩都被这头白象抢走了，心里十分生气、忌妒。他很快地绕了一圈后，就不悦地返回王宫。他问驯象师："这头白象有没有什么特殊的技艺？"驯象师问国王："您指的是哪方面？"国王说："它能不能在悬崖边展现它的技艺呢？"驯象师说："应该可以。"国王就说："好，那明天就让它在波罗奈国和摩伽陀国相邻的悬崖上表演。"

隔天，驯象师依约把白象带到那处悬崖。国王就说："这头白象能以三只脚站立在悬崖边吗？"驯象师说："这简单。"他骑上象背，对白象说："来，用三只脚站立。"果然，白象立刻就缩起一只脚。国王又说："它能两脚悬空，只用两脚站立吗？""可以。"驯象师就叫它缩起两脚，白象很听话地照做。国王接着又说："它能不能三脚悬空，只用一脚站立？"驯象师一听，明白国王存心要置白象于死地，就对白象说："你这次要小心一点儿，缩起三只脚，用一只脚站立。"白象也很谨慎地照做了。围观的民众看了，热烈地为白象鼓掌、喝彩！

国王愈看心理愈不平衡，就对驯象师说："它能把后脚也缩起，全身悬空吗？"

这时，驯象师悄悄地对白象说："国王存心要你的命，我们在这里会很危险。你就腾空飞到对面的悬崖吧！"不可思议的是这头白象竟然真的把后脚悬空飞起来，载着驯象师飞越悬崖，进入了波罗奈国。

波罗奈国的人民看到白象飞来，都欢呼了起来。国王很高兴地问驯象师："你从哪儿来？为何会骑着白象来到我的国家？"驯象师便将经过一一告诉了国王。国王听完之后，叹道："人为何要与一头象计较、忌妒呢？"

## 事例三

有一对夫妻心胸很狭隘，总爱为一点儿小事争吵不休。有一天，妻子做了几样好菜，想到如果再来点儿酒助兴就更好了，于是，她就拿瓢到酒缸里去取酒。妻子探头朝缸里一看，瞧见了酒中倒映着的自己的影子。她以为丈夫对自己不忠，把女人带回家来藏在缸里，就大声喊起来："喂，你这个死鬼，竟然敢瞒着我偷偷把女人藏在缸里面，如今看你还有什么话说？"

丈夫听了糊里糊涂的，赶紧跑过来往缸里瞧，他一见是个男人，也不由分说地骂起来："你这个坏婆娘，明明是你领了别的男人回家，暗地里把他藏在酒缸里面，反而诬陷我。"

"好啊，你还有理了！"妻子又探头往缸里看，见还是先前的那个女人，以为丈夫故意戏弄她，不由勃然大怒，指着丈夫说："你以为我是什么人，任凭你哄骗的吗？你，你太对不起我了……"妻子越骂越气，举起手中的水瓢就向丈夫扔过去。丈夫侧身一闪躲开了，见妻子不仅无理取闹还打自己，也不甘示弱，于是还了妻子一个耳光。这下可不得了，两人打成一团，又扯又咬，简直闹得不可开交。

最后闹到了官府，官老爷听完夫妻二人的话，心里顿时明白了大半，就吩咐手下把缸打破。

一锤下去，只见那些酒汩汩地流了出来。不一会儿，一缸酒流光了，缸里也没看见半个男人或女人的影子。夫妻二人这才明白他们忌妒的只不过是自己的影子而已，心中很是羞惭，于是就互相道歉，又和好如初了。

我们遇到怀疑的事，不宜过早下结论，要客观、理智地去分析，才能够了解真相。尤其在生气的时候，不能像故事中的这对夫妻见到自己的影子，不能冷静地思考分析，反被忌妒冲昏了头脑而伤了和气。

## 事例四

小雨是一家唱片公司的业务员，他因工作认真、勤于思考、业绩良好被公司确定为业务部副经理候选人之一。只因他无意间透露了一个属于自己的秘密而被竞争对手柳忠义击败，因而不能被重用。

一次，小雨在洗手间和同学电话聊天，无意之间谈到了自己的一次经历："我高中毕业后没考上大学，有一段时间没事儿干，心情特别不好。有一次和几个哥们喝了些酒，回家时看见路边停着一辆摩托车。一见四周无人，一个朋友撬开锁，我把车给骑走了。后来，那个朋友盗窃时被逮住，送到了派出所，供出了我，结果我被判了刑。刑满后我四处找工作，处处没人要。想想那段时间真是郁闷……"小雨自顾自地说着，他的话恰巧被柳忠义听到，柳忠义赶紧把这一情况报告给了总经理。不久，这个事情人尽皆知，同事们对小雨真是"刮目相看"了。公司人事部也将小雨调出业务部另行安排工作岗位。

知道事情的真相后，小雨真是悔恨不已。他没有想到自己的一通电话不仅断送了自己的前程，而且成了公司里人尽皆知的丑闻。所谓“好事不出门，恶事传千里”，尤其是对别有用心的人来说，他们就喜欢专门找别人不太光彩的事情大加传播。所以，不管是自己的还是别人的隐私事，都不要轻易讲出口。

## 原文

**贼是小人，知过君子。君子固[①]穷，小人穷斯滥也[②]。贫穷自在，富贵多忧。**

### 注释

①固：固守，安宁。

②穷斯滥也：斯，就。滥，指胡作非为。

### 译文

贼虽然是小人，但他们的脑子并不笨。君子虽然穷，但能安守本分，若小人穷了的话便会胡作非为。人穷可以活得自在，钱财多了忧虑也多。

### 点评

贼是小人，知过君子：贼人的智力不一定差，只是他的智力没用到正经的地方。

君子固穷，小人穷斯滥也：一个人贫穷并不可怕，可怕的是因贫穷失志。其实，无论是贫穷还是富有，都应该堂堂正正做人，不要做违法乱纪的事。

贫穷自在，富贵多忧："贫穷自在"是一种物质生活低下的"自由自在"。穷人没有更多的物欲，衣能蔽体，食可果腹，就心满意足了。穷人家徒四壁，不必为钱财安全担忧。富贵人家则不同，有了钱还想赚更多的钱，讲吃、讲穿、讲戴、讲排场、讲应酬，没有满足的时候。居家过日子，生活贫困也好，富裕也好，都各有各的难处，想完全无忧无虑地生活是不可能的。一个人有高尚的追求，却可以在清贫的生活中活得充实，活得有意义。

君子和小人、贫穷与富裕是人们永远讨论的话题。安贫乐道，人穷志短，是君子和小人最显著的区别。当面对贫困时，便可以检验出一个人是否真正道德高尚。智商的高低，不是君子和小人的主要区别。小人的才智往往不亚于君子，只是缺乏高尚的道德。没有道德的约束是非常危险的，人们一旦把才智用于邪路将会给人类带来极大的危害。贫穷也不是最可怕的，可怕的是为了摆脱贫困而做出的种种有悖伦理、败坏道德的事情。身处困境，而内心充实，思想丰富，能乐于向道而不改其乐，这才是有气节的君子。为富贵而采用不正当的手段，这种人早晚受人唾弃。

事例

## 事例一

贫穷自在，富贵多忧。很多人可能对此都不以为然。贫穷的人每天都要为柴米油盐发愁，哪里高兴得起来？而富人就不同了，每天锦衣玉食，想干什么都能干成，还会忧愁吗？相信很多人都认为富人比穷人更快乐。果真如此吗？

一个村中相邻住着两户人家，一家是卖豆腐的，另一家是大财主。卖豆腐的这家依靠每天卖豆腐换来的少而又少的钱度日，生活过得很是拮据。虽然如此，但一家人和和美美，日子过得有滋有味。隔壁财主虽然广有土地，饶有资财，儿子做官声势显赫，城中商号财源滚滚，可他们家没有欢乐，因为儿子做官，官场险恶，整天提心吊胆；商场如战场，赔赚难测；牲畜成群，粮囤如山，害怕偷抢。因此，整天心都操不够，哪来的欢乐？

这个财主整天听到隔壁的歌声，很是生气，心想，想个办法，也让他们难过一下才好。这天，家中来了一个化缘的和尚，他与和尚谈起了此事。财主说："这卖豆腐的种着二亩薄地，食不果腹，靠起早贪黑磨豆腐卖补贴生活。他们每天粗茶淡饭，还每天唱着小曲，十分欢乐。而我家家财万贯，却没有欢乐，不知为何？"长老说："这就是古人说的'贫穷自在，富贵多忧'。"财主说："有什么办法，让他们失去欢乐？"长老说："隔墙投给他们纹银百两，他家的歌声很快会停。"财主说："天降横财，他家高兴还来不及，怎会不唱？"长老说："不信请试一下。"

财主将百两纹银隔墙抛入邻家。卖豆腐的听到响声，到跟前一看，是一包纹银。等他把银子拿到屋中，一看这么多银钱，从未见过，因此，恐慌多于高兴，立即就没了歌声。从此一连几天也不做豆腐了，他把钱放到哪里也不放心。花吧，钱不是自己挣的，也不敢花，全家整天忧心忡忡。

天降横财，不仅没有使卖豆腐的穷人更加幸福，相反却带走了他们快乐的心情，让他们过上了忧心忡忡的生活。

## 事例二

春秋时期，吴国公子季札是吴王寿梦的小儿子，受封于延陵，又称延陵季子。

吴王寿梦传位给诸樊，诸樊又传位给余祭、夷末。

这几个人都是公子季札的兄长。吴王夷末死后，传位给公子季札。但公子季札推位让国，坚决不接受王位。大臣们纷纷劝说公子季札，让他登上王位，但他说什么也不肯做国王。他决定将国王的位子让给有贤德的人，可是大臣们不允许，都说："公子仁德宽厚、体恤百姓，如果当了国君以后，一定会成为一个有作为的好国王。请公子三思。"而公子呢？死活不肯，总说自己没有什么能耐，还是让给有才能的人。

就这样，公子和大臣们争执了三天，一直没有结果。但是国不可一日无君，后来群臣只好拥戴他的侄儿姬僚即位。因为公子季札品德高尚，被各国称为"贤德公子"。

公子季札到各国游历。他来到齐国，有一天，走在大路上，发现前面有一处闪闪放光。走到跟前一看，原来是一块黄金在日光下反射出的光。

他知道这一定是行路人丢失在道路上的。他把君位王权都不放在眼里，对这块黄金更不放在心上。路边有个牧人在放牧。公子季札想，这块黄金也够牧人花半辈子，可以不为一家人的吃穿犯愁了，也不用冒着寒暑放牧了。他就高声喊："喂！放牧的老兄，这里有一块别人失落的黄金，你快来捡吧！"

牧人看到公子季札居高临下的样子，听到毫无礼貌的呼喊，心中特别反感，就说："你为什么这么小看人呢？看你的相貌像个有德的君子，可是说话为什么如此粗野庸俗呢？"

公子季札解释说："我可是一片好心，为解除你的生活困境着想啊！"

牧人说："我虽然上面有君王，却不屑去做人臣；虽然有朋友，却不肯前去巴结；在大热天还披着皮袄放牧，是习惯了这种自食其力的生活。我难道是贪财图利，捡拾黄金的人吗？"

公子季札知道他是位道德高尚的隐士，想和他交个朋友，就说："请问老兄高姓大名？"

牧人对公子季札不感兴趣，就说："你也是一个以貌取人的庸俗之辈，不值得把我的姓氏名字告诉你！"于是，牧人驱赶着牲畜走了。

公子季札呆呆地站在那里，望着牧人远去，直到看不见牧人为止。他不由得暗自惊叹：世界上真有安于贫贱，视金钱如粪土的高尚人士，今后可不能以貌取人啊！

## 原文

**不以我为德，反以我为仇。宁向直中取，不可曲中求。人无远虑①，必有近忧②。**

### 注释

①虑：考虑。

②忧：忧愁。

### 译文

不但不感谢我，说我好，反而骂我，视我为仇人。宁可正直做人获取一点儿利益，不可委曲迁就谋取更多利益。人如果没有对长远计划的考虑，很快就会遇到困难和问题。

### 点评

不以我为德，反以我为仇：心存善念，乐于救人，本来是一件好事，但是如果不仔细辨别救助对象，救的是奸诈之人，那就是好心用错了地方，因为他日后不仅会祸害他人，就是对他的恩人迫害起来也不会手软，这不能不令人警醒。人与人相处，应以德报德，不要以怨报怨，更不要以怨报德。做人应光明磊落，肝胆相照，要有骨气。不能为了一己私利而丧失了自己的人格，更不能为了侍奉权贵而卑躬屈膝。大丈夫应该做到富贵不能淫，威武不能屈，贫贱不能移。

宁向直中取，不可曲中求：要想做成一件不太容易的事情，君子和小人会选择两种截然不同的途径。小人为了取得成功，献谄献媚，巴结逢迎，重金贿赂……各种不正当的手段他都会采用。只要能达到目的，即使失去人格、尊严，也在所不惜。在他们的眼里，利益重于一切。君子不同，君子虽然也非常渴望事情能够办成，但他们的一举一动光明磊落，从来不会因为想达到目的而放弃人格。向人低眉顺眼地乞求，这对他们来说，是一种侮辱，是他们无论如何也不能忍受的。

事例

## 事例一

一只生活在草甸的老鼠最近频频出现在森林。有一天，它遇到猴子，就大英雄似的捋着胡子告诉猴子说："那天狮子被猎人网住，眼看玩完了，是我咬破网救了它。它不嫌我小，还答应跟我做兄弟呢！"

第二天，老鼠在森林遇到熊，挥着爪子告诉熊："那天狮子被猎人网住，眼看玩完了，是我咬破网救了它。它不嫌我小，还答应跟我做兄弟呢！"第三天，老鼠在森林遇到长颈鹿，用尾巴支直身子告诉长颈鹿："那天狮子被猎人网住，眼看玩完了，是我咬破网救了它。它不嫌我小，还答应跟我做兄弟呢！"几天工夫，森林里的居民都知道小老鼠救了大狮子。老鼠还想告诉风，让风把它的英雄事迹传播得更远。正在它得意扬扬地来回奔走时，伺机一旁的狮子猛扑过来。虽然它逃得快，但尾巴还是被踏断一截儿。狮子恨恨地对蹲在洞里的老鼠说："我要杀死你！"

老鼠怯生生地问："我说谎了吗？"狮子没回答，心里骂："一个无法理喻的蠢货！"见老鼠不出来，狮子无可奈何，但它发誓一定不放过老鼠。从此老鼠找食再也不敢远离洞穴。

## 事例二

公元前36年，汉元帝昭示天下，遍选秀女。王昭君为南郡首选，她聪慧异常，琴棋书画无所不精，而且美貌若仙。当时有一个画师叫毛延寿，进宫的女子需经他画像，然后呈送皇帝审阅。所以，是否能得皇帝召见，在很大程度上要靠画师的笔。而毛延寿又是一个见钱眼开的人，经常利用职务之便收取贿赂。其他入宫女子便投其所好，纷纷重礼相送，唯有王昭君不肯向毛延寿行贿，毛延寿便在她的画像上点了一颗丧夫痣。王昭君便被贬入冷宫三年，无缘面君。公元前33年，北方匈奴首领呼韩邪单于主动来汉朝，对汉称臣，并请求和亲，以结秦晋之好。汉元帝尽召后宫妃嫔，王昭君挺身而出，慷慨应诏。汉元帝亲自将她送出长安十余里。王昭君在大队车马的簇拥下，肩负着汉匈和亲之重任，别长安，出潼关，渡黄河，过雁门，历时一年多，于第二年初夏到达漠北，受到匈奴人民的热情欢迎，并被封为“宁胡阏氏”。

王昭君的美名流传下来，为后世人所敬重，不光是因为她是古代“四大美女”之一，最重要的是她为汉匈的和平做出的巨大贡献。

## 事例三

北宋的张咏任崇阳县知县的时候，当地的居民都以种植茶树为生。张咏知道后说：“种植茶叶的利润丰厚，官府将来一定会对茶叶进行垄断。我们还是尽早改种其他作物为好。”下令全县拔除茶树而改为种桑养蚕，这一举动使得百姓怨声载道。后来国家果然对茶叶进行了垄断，其他县的农民全都丢了饭碗，而崇阳县种桑养蚕的大环境已经形成，每年出产的丝绸有几百万匹之多。当地的居民感激张咏给他们带来的福利，修建了祠堂来纪念他。

宋仁宗晚年精神错乱，时有癫狂之状，宫廷内外，人心惶惶。京城开封，气氛紧张。一代名臣文彦博和另一个人品不怎样的刘沆同为宰相。这一天，文彦博等人留宿宫中，以便处理紧急事务，应付非常之变。一天深夜，开封府的知府王素急匆匆地叩打宫门，要求面见执政大臣，说是有要事禀报。文彦博拒绝了：“这是什么时候，谁敢深夜开宫门？”第二天一大早，王素又来了，报告说昨天夜里有一名禁卒告发都虞候（禁军头目）要谋反。有的大臣主张立即将这名都虞候抓来审问，文彦博不同意，他说：“这样一来，势必扩大事态，闹得人人惊慌不安。”他召来了禁军总指挥许怀德问：“这位都虞候是个什么样的人？”

许怀德说：“这个人是禁军中最为忠诚老实的一个人。”文彦博问：“你敢打包票吗？”“敢。”文彦博说，“一定是这个禁卒同都虞候有旧仇，所以趁机诬告他，应当立即将禁卒斩首，以安众心。”大家都同意许怀德的意见。

文彦博刚要签署行刑的命令，他身边有一个小吏在暗中捏了一把他的胳膊，他顿时明白过来，就软磨硬泡地让刘沆也在命令上签了名。

不久，仁宗病情有所缓解，刘沆便诬告说："陛下有病时，文彦博擅自将告发谋反的人斩首。"话虽不多，用意却十分恶毒，分明是暗示文彦博纵容谋反者，甚至是谋反者的同谋。文彦博当即拿出了有刘沆签名的行刑命令，这才消除了仁宗的疑心。幸亏刘沆签了名，否则文彦博真是有口难辩了。

## 原文

**知我者谓我心忧，不知我者谓我何求。①晴天不肯去，只待雨淋头。**

### 注释

①“知我”二句语出《诗经·王风·黍离》。

### 译文

了解我的人能说出我心里的烦恼，不了解我的人认为我还有别的需求。天气好时不愿意去，直到雨淋头了才行动。

### 点评

知我者谓我心忧，不知我者谓我何求：这句表达的是一种忧国忧民的思想。爱国是一种崇高的民族情感，正是爱国主义使中华民族世代生生不息，自立自强，屹立在世界民族之林。“位卑未敢忘忧国”“国家兴亡，匹夫有责”成为激励无数爱国人士为民族兴亡奔走呼号的精神支柱。今天，每个炎黄子孙都应弘扬爱国主义光荣传统，立爱国之志、行报国之举，为中华之崛起献上一分力量。

晴天不肯去，只待雨淋头：深谋远虑、高瞻远瞩、英明决断，是一番事业成功的必要因素。做大事，如果没有远见就会盲目，没有长远的打算，就必然会在遇到困难和问题时束手无策。把握全局，对事情有深刻的了解，这样才能确定事情的发展方向，才能使事情在发展的过程中不出现偏颇。同时，也要把握好时机，只要敏锐的眼光洞察了事物的关键，就应当当机立断，不要错过最佳时机。时机是不会出现第二次的，优柔寡断，晴天犹豫不行动，一定会遭雨淋。因此我们做事情应该当机立断，切忌瞻前顾后，犹豫不决。

很多时候机遇就是在这样优柔寡断中溜走的。尤其对于那些在商海中搏击的商人，遇事当机立断尤为重要。在苍茫商海中，要使自己在纷繁复杂的商业竞争中脱颖而出，因势利导，抓住机遇极其重要。不要因为机遇与风险并存就在面临机遇时犹豫不定，患得患失，那往往只会错失成功的大好机遇。

事例

## 事例一

有一次，吕太后欲立诸吕为王，便先去征询王陵的意见。王陵好直言，回答说："高帝刑白马歃血立盟，宣誓说：'非刘氏而王者，天下共击之。'现今立诸吕为王，即是违约。"吕太后不悦。随后再问陈平、周勃，二人皆说："昔日高帝定天下，即以刘氏子弟为王；现今太后称制，欲以吕氏兄弟子侄为王，无所不可。"太后大喜。

罢朝以后，王陵责备陈平、周勃，说："当初与高帝歃血立盟，诸君岂不在场？现今高帝驾崩，太后欲封吕氏为王，诸君却阿谀逢迎，背盟违约，日后有何面目见高帝于地下？"王陵性直，没有参透陈平的良苦用心，以为他背叛了汉朝，屈于吕氏的淫威。陈平坦然对答："今日面折廷书，我不如君；日后保全社稷，定刘氏之后，君却不如我。"王陵仍不解其意，满怀气愤，恨恨无言。

自从汉高祖刘邦死后，陈平眼见主弱臣强，又兼吕后狡诈阴狠，生性多疑。他自思才兼文武、志向远大之人必因震主之威招致疑忌，或许酿成杀身之祸。因此，他便故意装得胸无大志。在家时，他常常伴着美酒和美女，似醉非醉；在朝廷上，事事随声附和，若即若离。太后封诸吕为侯为王，陈平无不听命。他只是千方百计地把住丞相要位，留待日后举大事时好居中调度。

后来，诸吕权势日炽。陈平忧虑局面长此以往，终致力不能制，必将祸及国家，害及己身。他时常燕居深念，以致不能自已。一日，他独坐静思，竟毫未察觉陆贾走近身边。陆贾自行就座，然后打趣说："丞相的念思何其深远！"陈平骤然一惊，见是陆贾，忙问："先生猜猜我正作何想？"陆贾微微一笑，说道："足下富贵已极，想来再无贪欲；既然还有忧念，不过是顾忌诸吕。"陈平深感知音难得，连忙请教："先生所言不差，但不知如何应付？"陆贾说："天下安，注意相；天下危，注意将。将相协调，则士民依附。如此，天下虽有变，极不能分。君何不交欢于太尉？”这话正与陈平心意相投。于是，二人促膝交颈，密商起来。

事后，陈平用陆贾之计，花500金为太尉周勃祝寿。太尉也是有心之人，自然依例报答。两人借故你来我往，过从甚密，无形中使吕氏的阴谋受到阻抑。后来，丞相陈平与太尉周勃详审时势，将吕氏势力彻底摧毁。从此，西汉转入大治时期。

## 事例二

有一次，甘布士要乘火车去纽约，但事先没有订妥车票，这时恰值圣诞前夕，到纽约去度假的人很多，因此火车票很难购到。

甘布士夫人打电话去火车站询问是否还可以买到这一趟的车票。车站的答复是全部车票都已售光，假如不怕麻烦的话，可以带着行李到车站碰碰运气，看是否有人临时退票。

车站反复强调了一句，这种机会或许只有万分之一。

甘布士欣然提了行李赶到车站，就如同已经买到了车票一样。

其夫人关怀备至地问道：“约翰，要是你到了车站买不到车票怎么办呢？”

他不以为然地答道：“那没有关系，我就当作拿着行李去散了一趟步。”

甘布士到了车站，等了许久，退票的人仍然没有出现，乘客们都川流不息地奔向月台去了。但甘布士没有像别人那样急于往回走，而是耐心地等待着。

大约距开车时间还有5分钟的时候，一个女人匆忙地赶来退票，因为她的女儿病得很严重，她被迫改坐别的车次。

甘布士买下那张车票，搭上了去纽约的火车。

到了纽约，他在酒店里洗过澡，躺在床上给他太太打了一个长途电话。

在电话里，他轻松地说：“亲爱的，我抓住那只有万分之一的机会了，因为我相信一个不怕吃亏的笨蛋才是真正的聪明人。”

后来，甘布士成了全美举足轻重的商业巨子。

他在一封给青年人的公开信中诚恳地说道：

“亲爱的朋友，我认为你们应该重视那万分之一的机会，因为它将给你带来意想不到的成功。有人说，这种做法是傻子行径，比买彩票的希望还渺茫。这种观点是有失偏颇的，因为开彩票是由别人主持，丝毫不由你主观努力；但这种万分之一的机会，却完全是靠你自己的主观努力去完成的。”

## 原文

**成事莫说，覆水难收①。是非只为多开口，烦恼皆因强出头。忍得一时之气，免得百日之忧。近来学得乌龟法，得缩头时且缩头。**

## 注释

①覆水难收：倒在地上的水难以收回。比喻事情已成定局，无法挽回。

## 译文

事情已经成为事实了，就像水已经洒了不能收一样，再说什么也没用。不管什么是非都是因为话多引起的，烦恼是由争强好胜造成的。遇到生气的事情忍一忍就过去了，免得惹出以后长期的烦恼。人要像乌龟一样，情况不利时要将头缩到壳中去。

## 点评

成事莫说，覆水难收：对已成定局的事难以放手，往往就会错过发展的时机，这样的话很可能就会导致事情发生转折，甚至由顺变逆。还有，人的精力是有限的，不能把精力分散开来做一些已无法影响结果的无用之事，否则，后面的事也会被耽搁。这就告诉我们做事应当机立断，把握住时机，不要犹豫不决，贻误时机；而事情一旦做了，也不要后悔。同时我们还应养成事前周密考虑，办事谨慎的习惯。因为覆水难收，事情一旦做了，便无法挽回。

忍得一时之气，免得百日之忧。近来学得乌龟法，得缩头时且缩头："忍"字心头一把刀。忍的滋味确实不好受，但是在很多情况下又必须做到这个

"忍"字。忍住想说的冲动，忍住争强好胜之心，收敛锋芒，练就纯熟的"忍"字功夫，刚柔相济，对你为人处世有着很大帮助。很多时候，如果事情无关痛痒，强争无益，不妨学学乌龟的处事方法。但若是涉及原则性的问题，就要另当别论了。乌龟，是人们骂人的词语，但它的行为对人类也是很有借鉴意义的。它能伸头，能缩头，躲在硬硬的壳里，任外边风吹雨打，任人们任意辱骂，任他人肆意凌辱，任世人冷嘲热讽，它自泰山崩于前而面不改色，我行我之道。这是何等的胸襟和气魄！

事例

## 事例一

商朝末年，有个足智多谋的人物，姓姜名尚，字子牙，人称姜太公。因先祖封于吕，又名吕尚。他辅佐周文王、周武王攻灭商朝，建立周朝，立了大功。后来他封在齐，是春秋时齐国的始祖。

姜太公曾在商朝当过官，因为不满纣王的残暴统治，弃官而走，隐居在陕西渭水河边一个比较偏僻的地方。为了取得周族的领袖姬昌（即周文王）的重用，他经常在小河边用不挂鱼饵的直钩装模作样地钓鱼。由于姜太公整天钓鱼，家里的生计出现了问题。他的妻子马氏嫌他穷，没有出息，不愿再和他共同生活。姜太公一再劝说她别这样做，并说有朝一日他定会得到富贵，但马氏认为他在说空话骗她，无论如何也不相信。姜太公无可奈何，只好让她离去。

后来，姜太公终于取得周文王的信任和重用，又帮助周武王联合各诸侯攻灭商朝，建立西周王朝。马氏见他现在既富贵又有地位，懊悔当初离开了他，便找到姜太公请求与他恢复夫妻关系。姜太公已看透了马氏的为人，不想和她恢复夫妻关系，便把一壶水倒在地上，让马氏把水收起来。马氏赶紧趴在地上去收水，但只能收到一些泥浆。于是，姜太公冷冷地对她说："你已离我而去，就不能再合在一块儿。这好比倒在地上的水，难以再收回来了！"

## 事例二

美国迪特公司是一家经营毛料的公司。一天，一位顾客怒气冲冲地闯进了迪特先生的办公室。

他是迪特公司的一位客户，欠了迪特公司15美金。但是，他说，因为迪特公司的信托部门服务质量太差，经常打电话打扰他，所以他不但不付这笔钱，而且一辈子也不想再花一分钱购买迪特公司的东西。

迪特先生请他坐下来，让他说个痛快，然后对他说："我要谢谢你专程到芝加哥来告诉我这件事，你帮了我一个大忙。因为如果我们的信托部门打扰了你，他们就可能也打扰了别的顾客，那就太不幸了。相信我，我比你更想听到你所告诉我们的话。"

这位怒气冲冲的顾客做梦也没有想到会听到这样一个令人满意的回话。

迪特先生还对这位顾客说："我们会把这笔账一笔勾销的。您是一位非常细心的人，您只有一份账目要管，而我们的职员则要照顾好几千份账目。比起他们，你不太可能出错。既然你不能再向我们公司买毛料，我就向你推荐一些其他的毛料公司。"结果，这个顾客反怒为喜，他又签订了一笔比以前更大的订单。

后来，他成了迪特先生一生的朋友，他的儿子出生后，还给儿子起名为"迪特"，就是为了纪念和迪特先生这段不打不相识的友谊。

## 原文

**惧[1]法朝朝乐，欺公日日忧。人生一世，草生一春。黑发不知勤学早，看看又是白头翁。月到十五光明少，人到中年万事休。儿孙自有儿孙福，莫为儿孙作马牛。人生不满百，常怀千岁忧。[2]**

## 注释

①惧：害怕。这里引申为遵守。

②"人生"二句语出《古诗十九首》。

## 译文

遵纪守法时时平安快乐，欺骗公正，无视道德，只能落得天天烦恼。人活在世上要抓住好时光，因为春光易老，时间太少。年轻时不知勤学惜时，转眼间光阴逝去便会成为白发人。月亮到了十五以后会一天比一天暗，人到中年后也将不会有什么大的发展了。孩子们自然会有他们的生活和乐趣，不要为他们当牛做马枉劳神。人的寿命不会过百岁，却常常为了千年的事情忧虑。

## 点评

惧法朝朝乐，欺公日日忧：每个人都应该知法、守法，要有惧法意识，不能当法盲，更不能无法无天，知法犯法。做了坏事，触犯了法律的人，必定要受到法律的制裁，即使躲过了一时，但躲不过长远。而且做了坏事的人会惶惶不可终日，精神压力也大。自觉遵守法纪，不做违法乱纪的事，心地坦然，自然生活得快快乐乐。徇私枉法的人，因为利用自己的职权之便谋私利，害怕被人发觉受到惩罚，所以百般遮掩，每日提心吊胆，哪里还有快乐可言？秉公守法的人即使职权在手，也不会用它为自己牟取私利。因为他做到了问心无愧，所以能真正享受到人生之乐。

人生一世，草生一春。黑发不知勤学早，看看又是白头翁：无论仁人志士还是将相帝后无不感慨时光易逝。是的，人生短暂，如白驹过隙，如朝露待日晞，如流水不返。在转瞬即逝的生命中，人们往往没有过多的时间去思考人生、去思考将何去何从，更没有多余的时间去任意挥霍。纵是长久的人生也不过百年，而百年甚至千年，在宇宙中也只不过是沧海一粟而已。人若了解了这些，那么他还有什么理由去虚度光阴呢？人的一生中，青少年时代是最美好、最值得留恋的，这也正是学习、创业的最佳时机。抓住了这段光阴，你人生之伟业已成功了一半。人若珍惜自己，则要珍惜自己的青春，珍惜它的每一分、每一秒，否则当它离你而去的时候，遗憾将是你心中一抹永远不能擦去的阴影。人们称赞老年人的沉稳与老练，但这些无不来自青年时代的磨炼和积累。浮躁而空虚的青春是不会有精彩的人生的。这几句话提醒人们：学习要趁早。因为光阴易逝，人生短暂。要想自己的一生不在碌碌无为中度过，要想不为虚度年华而留下悔恨，就要从年少时勤奋学习。



## 事例

### 事例一

刘秉忠是元世祖忽必烈第一个重用的汉儒。刘秉忠在南屏山闲居时，在山间修建了一栋小屋，自己一个人住在林间。在茶饭之余，他走在山林之中，忘记了尘世的权力，终日淡然吟诗作词，过着悠闲自乐的生活。他之所以过得如此逍遥自在，是因为在他的一生中从未因为个人私事而利用手中的权力，也没有做半点儿有愧良心的事情。这和其他手握朝廷大权牟取私利的高级官员相比，犹如天壤之别。虽然在忽必烈的创业过程中，刘秉忠参与机密，献计献策，制定朝仪官制，被誉为元世祖的股肱重臣，但功成名就的他毫不贪权图利，也不居功自傲、擅用职权，而是以清廉自持，成为千百年来令人敬仰的智者。因此，当刘秉忠于至元十一年（1274年）在上都南屏山无疾而终时，忽必烈悲痛万分，对群臣说："秉忠事朕三十余年，小心谨慎，行事细密，不避艰险，正直无私，言无隐情。"这段话无疑是对刘秉忠的中肯评价。

## 事例二

霍光是西汉武帝、昭帝、宣帝时的重臣，曾任大司马大将军，可以说是三朝元老。霍光这棵根深叶茂的大树，确实也庇荫过他的后人。霍光一死，汉宣帝因为霍光“宿卫忠正，勤劳国家”“功如萧相国”而“善及后世”，让霍光的儿子霍禹沿袭了博陵侯的爵位，又封霍光的侄孙霍云和霍山分别为冠阳侯和乐平侯。然而，大树底下乘凉，尽管十分舒服，但容易使人懈怠。他们不思进取，不想建功立业，背有大树可靠，又极易有恃无恐，于是骄横处世，傲慢待人。即使自己什么本事都没有，也把什么人都不放在眼里。

霍氏后人就是这样，身居高位，“朝请”时却“数称病私出”，“朝谒”也让“苍头奴”代劳，连家奴都狗仗人势，竟因与人争道而入御史府踢大门。霍氏后人甚至连皇帝都不放在眼里，出语多有不敬。如此这般，哪能不使霍氏遭到灭门之祸？霍云和霍山后来是畏罪自杀的，霍禹则被处以极刑。这一悲惨结局，正由“君子之泽”的“庇荫”所致。

## 原文

**今朝有酒今朝醉，明日愁来明日忧。路逢[1]险处难回避，事到头来不自由。药能医假病，酒不解真愁。人平不语，水平不流。一家有女百家求，一马不行百马忧。**

## 注释

①逢：遇到。

## 译文

今天有酒今天就喝醉，明天的忧愁烦恼明天再说。行路遇到险处无论如何都要想方法通过，事情轮到头上想躲避也躲避不了。药能对假装的病起作用，喝酒却不能解除真正的忧愁。人感到公平了就不再议论，水平了就不会流动。一家有姑娘，很多人都来求娶；一匹马不走，百匹马都犹豫不前。

## 点评

今朝有酒今朝醉，明日愁来明日忧：这句讲的是一种醉生梦死、无所作为的人生态度。这是不可取的。人来到世间不过百年，人生短促，应该有所作为，应该对社会有所贡献。即使从个人角度而言，也应该体现出自己的人生价值。人要有一种责任感，个人的、家庭的、社会的责任都要有。每天以酒度日，无所事事，与行尸走肉何异？我们即使是在工作、生活上遇到挫折、不幸，也不必以酒浇愁，一蹶不振，而应调整自己的心态，振作精神，战胜挫折。人生短暂，一部分人便以此作为自己享乐的借口，让自己的一生在浑浑噩噩中度过，这种胸无大志的做法是我们最应该摒弃的。人生在世，就要干一番轰轰烈烈的事业，那样，自己的一生才过得充实、有意义。不可否认，在最初时，很多人也是雄心勃勃、意气风发，但是在经历了几次挫折之后，他们的意志逐渐消沉，甚至没有勇气面对失败，每天借酒消愁，企图用酒精来麻痹自己的神经，逃避现实。这种做法并不能从根本上解决问题。失败了并不可怕，只要有“不抛弃，不放弃”的信念，并从跌倒的地方爬起来，总结教训，勇敢前行，你的前途就会一片光明。

人平不语，水平不流：水平静了就不会流动，就不会形成对堤坝的冲击，不会给人们造成危害。人感到公平了，自然就会心态平和，没什么可抱怨的，社会就会安稳。

事例

## 事例一

魏晋，是中国历史上最为混乱和动荡的时代，也是精神史上“极自由、极解放，最富于智慧、最浓于热情的一个时代，更是酒鬼辈出的时代”。酒鬼毕卓，就是其中一个颇为典型的例子。

才华横溢的毕卓就是一个纯粹的酒鬼，酒是他的第一生命。由于酒，他做官半途而废；作文，却没有流芳百世。一个极有才华的人，却因过度饮酒而自毁前程。

毕卓，字茂世，晋鲖阳（今安徽阜阳鲖城）人。少年时豁达豪放，很有才华，所以入仕后很快就升任西晋吏部郎官，成为大权在握的高官。按说，一个文人能成为如此有权势的高官也足够了，但这个人不懂政治，还以为当官和在自己家放牛是一样的，每天喝得烂醉如泥。喝醉了酒，他却不像其他文人那样吟诗作赋，只是如乡野村夫般发酒疯。这也是毕卓为什么没有作品流传下来的原因。

某日，毕卓邀了几个狐朋狗友，弄了一条船，备了些酒菜，到湖上泛舟。他们从早喝到晚。结果，带的菜吃完了。毕卓聪明，点子也多，就让人抓了一些湖里的大螃蟹给蒸了。螃蟹形状可怕，丑陋凶狠，第一个吃螃蟹的人的确需要勇气。鲁迅先生曾称赞：“第一个吃螃蟹的人是很让人佩服的，不是勇士谁敢去吃它呢？”毕卓的勇气，一半是因为喝醉了，一半是因为还要喝，不吃螃蟹吃什么呢？有了下酒的菜，酒就可以继续喝了！醉意蒙眬的毕卓高兴地扔掉帽子，脱去外衣，站在船头，一只手举着酒杯，一只手抓着只大螃蟹，喝一口酒，咬一口螃蟹，嘴里还不住地高喊道："只要有酒喝，我愿在酒中了此一生。"这样，他们就在船上狂喝滥饮了一整天。直到月上树梢，毕卓才下了船，摇摇晃晃地打道回府。就在他快走到家门口时，扑面而来的清风中飘来一股诱人的酒香，居然又勾起了他肚子里的馋虫。这个本来还在醉酒中的酒鬼便循着酒香，一会儿便来到一个酿酒作坊旁。原来，住在他家隔壁的同僚刚刚在家里酿了一大缸酒。毕卓偷偷翻窗进入储酒处，急忙揭开缸盖，找了个碗就喝了起来。这样喝了一会儿还觉得不过瘾，就干脆将头扎进酒缸里喝起来。毕卓酒一喝多又开始发酒疯。乒乒乓乓的声音惊动了管酒的小吏，小吏见有人偷酒喝，上去两脚就把毕卓踢倒在地，结结实实地把毕卓绑了起来，准备等天亮后再交主人处理。可怜的毕卓，一个官府的高级官员，因为偷酒喝，竟然被一个小吏打翻在地。本来就烂醉如泥的毕卓被绑在酒缸旁，哪里还有力气挣扎？他就迷迷糊糊地睡着了。

第二天早晨，酒的主人一看盗酒者竟然是毕卓，慌忙松绑赔不是。毕卓呢？居然连脸都没有红一下，拉着主人又毫不客气地大喝了一场，尽兴而去。

## 事例二

一代电影大师伯格曼刚出道时，导演了电影《开往印度的船》。影片拍好后，他太相信自己的能力了，自认为这肯定是一部成功的作品，就大声叫嚷着："不准剪掉其中任何一帧！"并且，影片也不试映就首映了，结果出了大问题，糟透了。

伯格曼感觉很是痛苦，他去喝酒，喝得烂醉如泥。当他从大街的石凳上醒来看到当天的报纸中对他导演的电影的评论时，大喊一声："这下我完了。"他恨不得在脚下找条地缝钻进去。

在他最失意、孤独、痛苦的时候，一位朋友来到他身边。这位朋友说了一句令他永生难忘的话："明天照样会有报纸。"话虽幽默，但其中的深刻含义伯格曼是明白的。今天的评论将成为历史，只要吸取教训，不断学习、进步，拍出好的片子，明天的报纸就会有好的评论。经历了痛苦情绪折磨的伯格曼决心从跌倒的地方爬起来。他以极大的热情学习着一切与电影有关的技术，后来成了电影制作的专家。他随心所欲地把自己的创作理念通过电影元素表现出来，最终成为一代电影大师。

## 原文

**有花方酌[1]酒，无月不登楼。三杯通大道，一醉解千愁。深山毕竟藏猛虎，大海终须纳[2]细流。惜花须检点，爱月不梳头。大抵选他肌骨好，不擦红粉也风流。受恩深处宜先退，得意浓时便可休。莫待是非来入耳，从前恩爱反为仇。**

## 注释

①酌：斟，饮。
②纳：接受。

## 译文

有漂亮的鲜花饮酒才有意义，没有明月人们就不会登楼观赏。几杯酒喝下去什么道理都通了，如果醉了，什么忧愁烦恼也消失了。深山中必定藏有猛虎，大海终会接纳细流。珍惜鲜花必须行为检点，喜爱月色便不要“梳头”。主要是她肌肤骨骼生得好，不用涂粉也美丽风流。得到恩惠太多时应该退让，称心如意时不要过于骄傲自满。要少听或不听是非话，听多了，关系再好的人也会反目成为仇人。

## 点评

有花方酌酒，无月不登楼：饮酒赏花、登楼望月，这是文人雅士最喜欢做的事情。有花，有酒，有月，有诗兴，这就是文人心中最完美的意境。在这种氛围中，文人常常会文思如泉涌，妙语佳句脱口而出，成为人人竞相传诵的名句。

深山毕竟藏猛虎，大海终须纳细流：山深林密，才能藏猛虎；大海深阔，才能纳细流。人要有广阔胸怀，要容纳不同意见，团结不同意见的人。不要只听顺耳的话，逆耳之言也要听，因为兼听则明，偏听则暗。一人拾柴火焰少，众人拾柴火焰高，能团结人的人，方能干大事。

事例

## 事例一

范蠡，字少伯，春秋末期的政治家、军事家和经济学家。楚国宛（今河南南阳）人。他大约出生于公元前517年，约于公元前420年无疾而终，享年近百岁，被称为“中国商人圣祖”。

范蠡出身贫寒，但聪敏睿智、胸藏韬略，年轻时就上晓天文，下识地理，文韬武略，无所不精。他陪同勾践夫妇在吴国为奴三年，“忍以持志，因而砺坚，君后勿悲，臣与共勉”。范蠡辅佐勾践灭吴国，使越国成为春秋末期的强国。之后，勾践把范蠡封为上将军。范蠡认为盛名之下难以久居，应当适时而退。他在随勾践征伐邻国途经五湖时，向勾践告辞说：“君王好自勉之，臣不复入越国矣。”勾践大感意外，软硬兼施，但还是没能留住范蠡。范蠡“乘扁舟，出三江，入五湖”，从此不知去向。

后至齐，父子戮力耕作，致产数十万。齐人闻其贤，使为相。范蠡辞去相职，定居于陶（今山东定陶西北，另一说法为山东肥城陶山），经商积资巨万，称“陶朱公”。

范蠡既能治国用兵，又能齐家保身，是先秦时期罕见的智士，史书概括其平生“与时逐而不责于人”。

## 事例二

勾践灭吴之后，越军横行于江、淮，诸侯毕贺，号称霸王，成为春秋战国之交称雄于天下的佼佼者，范蠡也因谋划官封上将军。灭吴之后，越国君臣设宴庆功。群臣皆乐，勾践却面无喜色。范蠡察此微末，立识大端。他想：“越王勾践为争国土，不惜群臣之死；而今如愿以偿，便不想归功臣下。常言道，大名之下，难以久安。自己现已与越王深谋20余年，既然功成事遂，不如趁此急流勇退。”想到这里，他毅然向勾践告辞，请求隐退。勾践面对此请，不由得思虑万千，他谨慎地说道：“先生若留在我身边，我将与您共分越国，倘若不遵我言，则将身死名裂，妻子为戮！”政治头脑十分清醒的范蠡，对于世态炎凉品味得格外透彻，深知“共分越国”纯系虚语，不敢对此心存奢望。他一语双关地说：“君行其法，我行其意。”事后，范蠡不辞而别，带领家属与家奴，驾扁舟，泛东海，来到齐国。范蠡只身跳出了是非之地，又想到风雨同舟的同僚文种对自己曾有知遇之恩，遂投书一封，劝说道：“狡兔死，走狗烹。飞鸟尽，良弓藏。越王为人，长颈鸟喙，可与共患难，不可与共享乐。先生何不速速出走？”

文种见书，如梦方醒，便假托有病，不复上朝理政。不料，樊笼业已备下，再不容他展翅起飞。不久，有人趁机诬告文种图谋作乱。勾践不问青红皂白，赐予文种一剑，说道：“先生教我伐吴七术，我仅用其三就已灭吴，其四深藏先生胸中。先生请去追随先王，试行余法吧！”要他去向埋入荒冢的先王试法，分明就是赐死。再看越王所赐之剑，就是当年吴王命伍子胥自杀的属镂剑。至此，文种一腔孤愤难以言表，无可奈何，只得引剑自刎。

## 事例三

一名徒弟跟着一位名师学习技艺，几年之后，徒弟觉得自己的技术已经达到炉火纯青的地步，足以自立门户，因此收拾好行囊，准备和大师辞别。

大师得知了他的情况后问道：“你确定自己已经学成了，不需要更上一层了吗？”

徒弟指了指自己的脑袋说：“我这里已经装满了，再也装不下了。”

“哦，是吗？”大师随即拿出一只大碗放在桌上，命徒弟把这只碗装满石头，直到石头在碗中层层堆出一座小山后，大师问徒弟，“你觉得这只碗装满了吗？”

“满了。”徒弟快速地回答。

大师于是从屋外抓起一把沙子，倒入石头的细缝里，然后再问一次：“那么现在呢，满了吗？”

徒弟考虑了一会儿，恭恭敬敬地回答道：“满了。”

大师再取了案头上的香灰，倒入那看似再也装不下的碗中，看了看徒弟，然后轻声问：“你觉得它真的满了吗？”

“真的满了。”徒弟回答道。

大师没有再多说什么，只拿起了桌上的茶壶，慢慢地把茶水倒入碗中，而水竟然一滴也没有溢出来。

徒弟看到这里总算明白了师父的良苦用心，赶紧跪地认错，诚心诚意地请求大师再次收自己为徒。

## 原文

**留得五湖明月在，不愁无处下金钩[①]。休别有鱼处，莫恋浅滩头。去时终须去，再三留不住。忍一句，息一怒，饶一着，退一步。**

### 注释

①金钩：金属钓钩。

### 译文

只要有五湖在，就会有鱼钓（意思是保住了根本就好）。不要轻易离开有鱼的地方，不要留恋水浅的滩头。应该失去的，再留也不会留住。少说一句，忍住一时的愤怒，让人一着，后退一步。

### 点评

留得五湖明月在，不愁无处下金钩：人生之路不一定是平坦的大路，一定会遇到弯曲甚至坎坷的小路。碰到困难挫折，一切起起伏伏、风风浪浪都是正常的。这时，我们一定要坚定自己的信念，把目光放长远些，一如既往，万难不屈。此理如同钓鱼之理一样，五湖明月，无处不是可钓鱼之处，人生也处处皆是青山。一个人来到世上，必然有他的用武之地，但前提是选择好有利于自己、适合自己发展的条件和机会。人生可以收获的地方固然很多，但一定有收获多少的区别，对于适合自己发展的机会一定要抓住，而不适合自己的，则要敢于放弃。这也同钓鱼之理一样，浅水滩头，固然安全，没有风险，但钓的鱼一定是很少、很小的，不是钓鱼的好去处。要想钓得大鱼，就不要太贪恋安逸，要有一点儿魄力和吃苦的精神，这样才能有大收获、大回报。

忍一句，息一怒，饶一着，退一步：这一句中心意思是讲做人要学会忍让。在同事、邻里之间发生摩擦、口角时，讲忍让是对的。因为同事、邻里之间平日相互在一起工作、生活，不会有根本利害冲突，有了矛盾相互忍一忍，让一让，少说一句，多一点儿理解，有助于问题的解决，不必为一点儿小事就大动肝火。当然，忍让不是不讲是非曲直，而是通过冷静的方式求得问题的解决。

## 事例

### 事例一

有一位名叫西尔维亚的美国女孩，她的父亲是波士顿有名的整形外科医生，母亲在一家声誉很高的大学担任教授。

她的家庭对她有很大的帮助和支持，她完全有机会实现自己的理想。她从念大学的时候起，就一直想当电视节目主持人。她觉得自己具有这方面的才干，因为每当和别人相处时，即使是陌生人也都愿意亲近她并和她长谈。她知道怎样从人家嘴里“掏出心里话”，她的朋友们称她是他们的“亲密的随身精神医生”。

她自己常说：“只要有人愿意给我一次上电视的机会，我相信一定能成功。”但是，她为实现这个理想而做了些什么呢？其实什么也没做！

她在等待奇迹出现，希望一下子就当上电视节目主持人。这种奇迹当然永远也不会到来。因为在她等待奇迹到来的时候，奇迹正与她擦肩而过。

### 事例二

一休和尚一踏进门，一个年轻人便急忙对大师说：“禅师，我已经下定决心，从今天起绝对不与任何人吵架或打架了，就算有人对我吐痰，我也会默默地将它擦掉，绝对不会和那个人争吵。”

一休和尚笑着说：“很好，不过当别人向你吐痰时千万别擦掉，让它自然地在脸上风干就好。”

这个年轻人一听，心中有点儿不服气地说：“这未免太强人所难了吧！让这么侮辱人的痰在脸上自行风干，我可没有那么宽广的心胸！”

一休和尚摇了摇头说：“这一点儿也不难啊！如果你没有跟别人发生纠纷，而对方却仍然向你吐痰，那么这种人根本就是一只苍蝇。你想，苍蝇这种昆虫一向目无法纪，肆无忌惮，无论你如何责骂它也没有用啊！所以，让这种‘苍蝇人’吐了痰，一点儿也不会给自己造成耻辱，那么又何必为这种没有用的人动怒呢？”

年轻人听完后仍然一肚子疑问：“如果有人挥拳打我呢？”

禅师说：“以同样的态度对待他！”

没想到一休和尚话才刚说完，这个年轻人竟一拳挥了过来，朝着禅师的大光头上猛地给了一拳。

这个年轻人很不以为然地瞪着禅师，问道：“如何？我这么揍您，难道您不生气吗？”

一休和尚若无其事地笑了笑，说：“哈哈！我的头可是坚硬如石，你那么用力出拳，恐怕伤到了手吧！痛不痛？”

年轻人见禅师没有一点儿恼怒的神色，态度极为从容、优雅，一时间尴尬得说不出话来。

年轻人此刻才知道，一休和尚的修养极高，自己根本望尘莫及。

## 事例三

1946年5月，国际军事法庭审判日本一级战犯时，十位参与国的法官在还未开始前就因法庭座次的排列问题展开了一场争论。

中国的法官一直以来都是排在庭长左边的第二位，但是，这次却因为国力减弱，受到列强打压、排挤，被要求更改座位。

在这种不合理的情况下，代表中国出席的法官梅汝璈与其他参与国家的法官展开了一场舌战。

梅法官说：“座位的排列，理应按日本投降时各国签字的排列顺序来安排，才是最正确的。当然，各位若不赞成这个方法，我提议，不如找个体重测量器来，以个人体重的大小排定顺序，以最重者居中，而体重较轻的人坐旁边。”

当这个提议一说出来，各国法官都忍不住笑了起来。

这时，庭长笑着说：“你的建议很好，不过，这个方法似乎只适用于拳击比赛吧！”

梅法官接着说："如果你们不以受降国的签字顺序排列，那就以体重来区分吧！这样一来，即使我被安排在最角落的位置也心甘情愿，也不会被国人责难。如果有人对我的坐次有意见，那他们可以再派一位比我胖的人来交换。"

这些回答令在场人士大笑不已。

以轻松的说话方式解决争议，梅法官在国际法庭上据理力争，不仅坐定了自己的位置，也为国家、民族争取到了应有的尊严。

## 原文

**三十不豪，四十不富，五十将来寻死路。生不论魂，死不认尸。父母恩深终有别，夫妻义重也分离。人生似鸟同林宿，大限①来时各自飞。人善被人欺，马善被人骑。人无横财②不富，马无夜草不肥。**

### 注释

①大限：寿数，死期。

②横财：指非法或侥幸获得的钱财。

### 译文

三十岁没有才能，四十岁没有家产，五十岁不能做官，一生就没有希望了。活着的时候不论魂魄，死了也不认尸首。与父母恩情再深终究会离开的，夫妻之间感情再重也不会永远在一起。人们像鸟一样同宿在一个林子里，到寿命终了时却各奔西东。人善良了会被人欺负，马老实了谁都可以骑。人如果没有不义之财不会富，马夜里不加草料不会养肥。

### 点评

三十不豪，四十不富，五十将来寻死路：这一句虽然讲得有些绝对化，但其本意还是希望人们趁年轻时要有所作为，创一番家业。燕子垒窝要一口一口衔泥，家业也是一点一点积攒起来的。当然，我们今天不能只讲创个人家业，而是要干点儿事业，为社会做些贡献。往者不可谏，来者犹可追。即便是年轻时荒废了光阴，中年也是大有可为的年龄，离“死路”尚远，切莫一误再误，碌碌无为过一生。

父母恩深终有别，夫妻义重也分离：父母给了我们生命，是我们心灵的寄托，但是求学、工作、成家，必将使我们离开父母的怀抱，岁月也将使父母最终离我们远去。这些都是我们无法改变的，永远的分离是我们最大的悲痛，这是对我们感情的最沉重的打击。打击再沉重，我们终究也还是要从悲痛中走出来，继续我们的生活。相对来说，夫妻之情也许会比父母之情更长久一些，在夫妻共同生活中，我们相互扶持，共同承担，患难与共。但随着时光的流逝，当初的情感也许会逐渐减淡，走向平和，又有可能存在外来因素的介入，使原本认为牢固的感情出现裂痕并逐渐扩大，最后劳燕分飞。其实，生老病死、分合别离都是很正常的现象，有时，我们珍惜；无时，我们也不必强留。潇洒、快乐地生活就是我们成功的人生。

## 事例

### 事例一

这是个真实的故事。

故事发生在西部的青海省，一个极度缺水的沙漠地区。这里，每人每天的用水量严格地限定为3斤，这还得靠驻军从很远的地方运来。日常的饮用、洗漱、洗菜、洗衣，包括喂牲口，全都依赖这3斤珍贵的水。

人缺水不行，牲畜也一样，渴啊！终于有一天，一头一直被人们认为憨厚、忠实的老牛渴极了，挣脱了缰绳，强行闯入沙漠里唯一的，也是运水车必经的路。终于，运水的军车来了，老牛以不可思议的识别力迅速地冲上公路，军车一个紧急刹车停了下来。老牛沉默地立在车前，任凭驾驶员如何呵斥驱赶始终不肯挪动半步。5分钟过去了，双方仍然僵持着。运水的战士以前也碰到过拦路索水的情形，但它们都不像这头牛这样倔犟。

人和牛就这样耗着，最后造成了堵车，后面的司机开始骂骂咧咧，性急的甚至试图强行驱赶，可老牛不为所动。

后来，牛的主人来了，恼羞成怒的主人扬起长鞭狠狠地抽打在瘦骨嶙峋的牛背上，牛被打得皮开肉绽、哀哀叫唤，但还是不肯让开。鲜血沁了出来，染红了鞭子，老牛的凄厉哞叫和着沙漠中阴冷的酷风显得分外悲壮。一旁的运水战士哭了，骂骂咧咧的司机也哭了。

最后，运水的战士说："就让我违反一次规定吧，我愿意接受处分。"他从水车上取出半盆水——正好3斤左右，放在了老牛面前。

出人意料的是，老牛没有喝以死抗争得来的水，而是对着夕阳仰天长哞，似乎在呼唤什么。不远的沙堆后面跑来一头小牛，受伤的老牛慈爱地看着小牛贪婪地喝完水，伸出舌头舔舔小牛的眼睛，小牛也舔舔老牛的眼睛，静默中人们看到了母子眼中的泪水。没等主人吆喝，在寂静无语中它们掉转头，慢慢往回走去。

## 事例二

东汉建安年间，有一个名叫刘兰芝的少妇，她美丽、善良、聪明、勤劳。

才貌双全的刘兰芝和庐江小吏焦仲卿真心相爱，夫妻俩互敬互爱，感情深挚，不料偏执顽固的焦母却看她不顺眼，百般挑剔，并威逼焦仲卿将她驱逐出家门。焦仲卿迫于母命，无奈只得劝说兰芝暂避娘家，待日后再设法接她回家。分手时两人盟誓，永不相负。

谁知兰芝回到娘家后，慕名求婚者接踵而来，先是县令替子求婚，后是太守谴丞为媒。兰芝因与仲卿有约，断然拒绝。趋炎附势的哥哥逼她改嫁太守的儿子。兰芝不得已应允太守家婚事，其实已做了以死抗争的打算。仲卿闻变赶来，责问兰芝，兰芝道出真情，许下诺言，夫妻约定“黄泉下相见”。

结婚当日，兰芝投河自尽，仲卿听后也吊死树下。最后两家求得合葬，葬后两人双双化鸟，告诫世人。

刘焦二人双双命赴黄泉，成千古绝唱。

## 事例三

在中国历史上，有“文景之治”的说法，是讲西汉的汉文帝、汉景帝励精图治，促成西汉中兴。汉文帝是个有作为的皇帝，他敬重老臣陈平、周勃，得到了他们的有力辅佐。而陈平和周勃也互相尊重、互让相位，成为以“谦让”为做人之本的典范。

汉文帝是汉高祖的庶子，被封为代王。他为人仁慈宽厚，当残暴篡权的吕后死去，诸吕的反叛被粉碎后，朝中拥戴文帝继位。一天，汉文帝升殿，各大臣一一叩见之后，汉文帝发现丞相陈平没上朝，他问道：“丞相陈平为何不来？”

站在下面的太尉周勃站出来说道：“丞相陈平生病了，体力不支，不能叩见皇上，请皇上原谅。”汉文帝心里纳闷，昨日还见他身体好好的，怎么今天就病了？不过他不动声色，只是说:“好，知道了，退下。”

退朝后，汉文帝想派人去请陈平，但又一想，陈平是开国老臣，自己应当把他当作父亲一样对待。父亲有病，儿子只能前去探望，哪有召见之理？于是文帝便到后宫换上家常便服，到陈平家去探视他。

陈平正在家躺着看书，见汉文帝来慌忙起身行礼。汉文帝急忙把他扶起，说:“不敢，朕视卿为父亲，以后除了在朝廷上，其他场合一律免除君臣之礼。”汉文帝扫视一下屋里的陈设，又说:“今天听太尉说你病了，特地前来探望，不知是否请过御医诊视？你年岁大了，有病可不要耽搁呀！”

文帝如此关怀，使陈平非常感动。他觉得不能再隐瞒下去了，对文帝讲了心里话:“皇上太仁慈了，可我对不起皇上的一片爱臣之心，我犯了欺君之罪呀！”原来陈平并没有病，他是在装病。他为什么要装病呢？因为他不想当丞相，要把相位让给周勃。汉文帝问:“为什么？”

陈平就把他让相位的理由说了出来。原来高祖刘邦在位时，为了保证汉朝宗室的传承，规定“非刘氏者不得为王”。高祖死后，惠帝懦弱，吕后不顾高祖遗训，又立吕氏家族子弟为王。

诸吕势力越来越大，刘家的势力却日益衰微。吕后死后，诸吕结党，欲谋叛乱。丞相陈平认为时机已到，就与太尉周勃共商大计，灭掉诸吕夺取政权。陈平认为新帝继位，应记功晋爵。

周勃消灭吕氏集团功劳比自己大，自己应该把丞相的位子让给周勃。但是周勃不肯接受，认为消灭吕氏集团功劳最大的是陈平。陈平便假装有病，不去上朝，使文帝有理由任命周勃为丞相，也使周勃义不容辞地担起丞相的职务。

陈平把这一切都对文帝说清之后又诚恳地说:“高祖在时，周勃的功劳不如我；诛灭诸吕时，我的功劳不如周勃。所以我愿意把相位让给他，请皇上恩准。”

文帝本来不知消灭诸吕的细节，他是在诸吕倒台后才被陈平和周勃接到长安的。听了陈平的解释，才知周勃立下了大功，便同意陈平的请求，任命周勃为右丞相，位居第一，任陈平为左丞相，位居第二。

文帝想做个有作为的皇帝，他要亲自过问国家大事。一天上朝时。他问右丞相周勃:“现在一天的时间里，全国被判刑的有多少人？”周勃说不知道。文帝又问:“全国一年的钱粮有多少？收入有多少？支出有多少？”周勃还是回答不上来，感到惭愧至极，无地自容。

文帝看周勃答不出来，就问左丞相陈平："陈丞相，那你说呢？"陈平不慌不忙地回答说："您要想了解这些情况，我可以给您找来掌管这些事的人。"

文帝问："那么谁负责管理这些事呢？"陈平回答："陛下要问被判刑的人数，我可以去找廷尉；要问钱粮的出入，我可以找治粟内史，他们会告诉您详细的数字。"

文帝有些不高兴，脸色沉下来说道："既然什么事都各有主管，那么丞相应该管什么呢？"

陈平毫不犹豫地回答："每个人的能力是有限的，不能事无巨细，事必躬亲。丞相的职责，上能辅佐皇帝，下能调理万事，对外能镇抚四夷、诸侯，对内能安定百姓。丞相还要管理大臣，使每个大臣能尽到自己的责任。"陈平回答得有条不紊，文帝听了觉得有道理，连连点头，露出了满意的笑容。

站在一边的周勃如释重负，十分佩服陈平能言善辩、辅政有方，深感自己是个武夫，才干在陈平之下。他回到家里，心情久久不能平静。他想，自己虽说平定诸吕有功，但是辅佐皇帝、处理国政方面的才能比起陈平差远了，为了国家百姓着想，还是应该让陈平做丞相。于是周勃也假称有病，向文帝提出辞呈。

汉文帝非常理解周勃的心情，批准周勃的辞呈，任命陈平为丞相（不再设左丞相）。陈平辅佐文帝，励精图治，促成了汉朝中兴。

## 原文

**人恶人怕天不怕，人善人欺天不欺。善恶到头终有报，只争来早与来迟。黄河尚有澄①清日，岂可人无得运时。得宠思辱，安居虑危。念念有如临敌日，心心常似过桥时。英雄行险道，富贵似花枝。**

## 注释

①澄：（水）很清。

## 译文

人们对恶人都害怕，但天不怕；善良的人常常被人欺负，但天不会欺负他。行为好坏最后都有结果，只是时间推迟和提前的问题。黄河水泥沙很多，但也有水清的时候，人怎么可能没有运气好的时候呢。得到宠爱时要想到可能忍受屈辱的日子，安居乐业时要多考虑可能发生的危险。人要常警觉，处处小心谨慎，就像走路过桥一样不要大意。创造英雄业绩的人难免会遇到危险，贪图安逸富贵虽无危险却难以长久。

## 点评

人恶人怕天不怕，人善人欺天不欺：为善与作恶由天报应的思想不可取。但做善事，于他人有利，于社会有利，会受到人们的欢迎，自己心情也舒畅。做坏事，危害人民，危害社会，成为害群之马，早晚会受到正义的审判、法律的制裁和人民的唾弃，这一点是毫无疑问的。因此，为人应多做善事、好事，而且做好事也不必图回报。

得宠思辱，安居虑危：人的境遇变化无常，存在旦夕祸福。危机有时候会突然发生，如果没有应变之心，那么在危险突然来临的时候就会不知所措，自乱阵脚。那么又将如何来化解危机呢？高瞻远瞩、未雨绸缪、居安思危，无论身居朝堂还是主持家务，都应在安逸中做好面对突变的准备，否则时移事易，只能凄凉以对了。

事例

## 事例一

宋、齐、晋、卫等十二国联合围攻郑国，郑国忙向晋国求和，晋国表示同意帮忙，其余十一国因为惧怕晋国，也就停止了进攻。

郑国为了答谢晋国，赠送给晋国许多兵车、乐器、乐师和歌女。晋悼公十分高兴，于是把歌女的一半分赠给他的功臣魏绛，并对他说："这几年中你为我出谋划策，事情办得很顺利，现在让咱们一同来享受享受吧！"

然而魏绛不肯接受，他劝晋悼公说："现在您能团结和统一许多国家，这是您的能耐，也是大臣齐心合力的结果，我并没有什么功劳，怎能无功受禄呢？不过，我很愿意看到您在享受快乐的时候想到国家以后的许多事情。书上说：'安居的时候，应该想到可能发生的危险。'这样做事才会先有准备，有准备才可避免失败和灾祸的到来。"

## 事例二

丽莎是澳大利亚人，她34岁了，过惯了舒适的中产阶层生活。但是，四件重大的灾祸连续袭击了她。丈夫在事故中丧生，留下一对儿女由她抚养。不久，女儿在一次烤面包时被油脂烫伤了脸。医生告诉她，女儿脸上的伤疤永远难消，为此她伤心透了。后来她去一家小商店工作，但很快商店就倒闭了。丈夫本来留有一小份保险，但由于没来得及交最后一次保险费，结果保险公司拒绝支付保险金。这些不幸的事使丽莎绝望透顶，但如果丽莎此时陷入厄运的痛苦中不能自拔，认为自己会一路倒霉到底，那么后来的绝佳运气就不可能降临到她身上了。

经过考虑，丽莎决定再去争取一下保险补偿。此前，她和保险公司的下层员工打过多次交道都没结果，所以这次她想见经理。接待员告诉她，经理不在，站在办公室门口的丽莎不知所措。这时，接待员有事离去，丽莎果断地往里间的办公室走去。这时，她发现经理一个人正在那里坐着，看到她来了，立刻礼貌地问好。受到鼓励的丽莎一口气把索赔中的困难全部说了出来，经理让人取来她的档案，再三思索，发现虽然公司并没有承担赔款的责任，但在情理上还是可以照顾她。随后工作人员按经理吩咐给她支付了全部赔款。

丽莎的好运从此接连不断。经理没有结婚，在和她交谈时对她一见钟情，于是又打电话给她，向她推荐了一位医生。结果，女儿的伤疤竟被这位医生治愈了。然后，经理又通过一位朋友给丽莎安排了一份工作。比较起来，这一份工作比前面那份还好。数月后，她和经理结婚了，并且生活得相当美满。

## 事例三

通用公司裁员的名单已公布，有内勤部办公室的艾丽和密娜达。公司规定让她们一个月之后离岗。那天，大伙儿看她俩都小心翼翼，更不敢和她们多说一句话，因为她俩的眼圈都红红的。

第二天上班，这是艾丽和密娜达在通用公司的最后一个月。艾丽的情绪仍很激动，谁跟她说话她都很冲，像灌了一肚子的火药，逮着谁就向谁开火。裁员名单是老总定的，跟其他人没关系，甚至跟内勤部都没关系。这些艾丽都知道，可是她的心里憋气得很，又不敢找老总去发泄，只好找杯子、文件夹、抽屉撒气。砰砰，咚咚，大伙儿的心被她弄得七上八下，空气都快凝固了。

艾丽仍旧不能平息，又去找主任诉冤，找同事哭诉。“凭什么把我裁掉？我干得好好的……”她说着，眼珠一转滚下泪来。

旁边的人心里酸酸的，恨不得一时冲动让自己替下艾丽。自然，办公室订盒饭、传送文件、收发信件，原来属艾丽做的，现在都无人过问。

不久，听说艾丽找了一些人到老总那儿说情，好像都是重量级的人物，艾丽着实高兴了好几天。不久又听说这次是“一刀切”，谁也通融不了。艾丽再次受到打击，气愤地用异样的目光在每个人脸上转来转去，仿佛有谁在背后捣鬼，她要把那人用眼钩子钩出来。许多人开始怕她，都躲着她。

艾丽原来很讨人喜欢，现她人未走，大家却有点儿讨厌她了。

密娜达也很讨人喜欢。同事们早已习惯了这样对她：“密娜达，把这个打一下，快点儿！”“密娜达，快把这个传出去！”密娜达总是连声答应，手指像她的舌头一样灵巧地快速完成别人交待的人工作。

裁员名单公布后，密娜达哭了一晚上，第二天上班也无精打采，可打开电脑，拉开键盘，她就和以往一样地干活。密娜达见大伙不好意思再吩咐她做什么，便特地跟大家打招呼，主动揽活。她说："是福跑不了，是祸躲不了，反正这样了，不如干好最后一个月，以后想干恐怕都没机会了。"密娜达心里渐渐平静了，仍然勤快地打字复印，随叫随到，坚守在她的岗位上。

一个月期满，艾丽如期下岗，密娜达却被留了下来。

主任当众传达了老总的话："密娜达的岗位谁也无可替代，密娜达这样的员工，公司永远不会嫌多！"

## 原文

**人情莫道春光好，只怕秋来有冷时。送君千里，终须一别。但将冷眼看螃蟹，看你横行①到几时。见事莫说，问事不知。**

### 注释

①横行：行动蛮横。

### 译文

人们不要再说春光美好，只怕秋天来临时天气寒冷。送人送得再远，最后也要分别。用冷静的眼光盯着螃蟹，看那些横行霸道的人还能活动多久。见了什么也不表态，问什么情况也装作不知道。

### 点评

但将冷眼看螃蟹，看你横行到几时：此句常被用来表达人们对邪恶势力的不满和愤慨。当一些恶势力横行霸道，人们一时还没有力量去打击这些恶势力时，只好把愤怒暂埋心底，冷眼观看这些恶势力，而且坚信正义必定战胜邪恶，多行不义必自毙。

见事莫说，问事不知：这一句告诫人们不要乱管闲事，不要惹是生非，多一事不如少一事。只有这样，才可以平安无事。

事例

## 事例一

在万物复苏、百花争艳的季节，风景美丽，人们的心情愉快。但是李白却心情郁闷，独自“饮酒作乐”。为什么呢？原来李白的好友孟浩然这两天要到扬州办事。

为了能给孟浩然饯行，李白在黄鹤楼设宴作别。临行那天，雾笼繁花，景色很美。孟浩然赴约而来。

李白与孟浩然坐在黄鹤楼的顶层，一边饮酒，一边回忆以前的美好过往。只见李白斟满一杯酒递给了孟浩然，随后说道：“孟兄！今日一别，不知何时能与你相会。请饮此杯，祝兄一路顺风！”

“今日暂别，咱们后会有期！”孟浩然接过酒，仰头一饮而尽，“贤弟，你要多保重身体……”

“孟公子，天色不早啦！我们该启程了。”船家喊道。

孟浩然在船家一再催促下来到江边，登上船，李白也跟来了。孟浩然强忍心中的郁闷，对李白拱手说道：“贤弟，告辞。我们后会有期！”

“孟兄，后会有期。保重！”李白依依不舍地说。

孟浩然接着说：“贤弟，回去吧！送君千里，终须一别。”

“开船喽！”只听船家一声喊叫。船缓缓地离开了码头，随着江水的流动向东驶去。而李白始终伫立在江边，目送船的远去。船越驶越远，最后消失在水天相接的地方。

李白望着江水向远方奔腾，还是不肯离开。他回想着自己与孟浩然在一起的情景：春天，一起赏花，一起吟诗；夏天，在江边一边饮酒，一边论古道今……这时李白感慨万千，诗兴大发，马上回到黄鹤楼挥笔写下了一首诗：

故人西辞黄鹤楼，烟花三月下扬州。
孤帆远影碧空尽，唯见长江天际流。

## 事例二

元载，字公辅，是唐代宗时的宰相。他因对道学颇有研究而得以策入高第，被授予邠州新平尉，以后又逐步升迁。到代宗继位，元载已任天下元帅行军司马，权倾朝野，势焰可炙。他自认为没有什么可以顾忌的事情，所以把持朝政后便与中书省主书卓英倩、李侍荣相互勾结，利用权势，卖官受贿。天下带着贿金来求官的人挤满了他家门前的道路。

陈少游受任桂州刺史，兼管监察使。他觉得桂州遥远，而且又是穷乡僻壤，没有油水可捞，因此迟迟不肯动身赴任，希望能改派到比较富庶、路途较近的州郡任职。于是陈少游去拜谒元载，元载让儿子元仲武出面接待。元载要求陈少游每年献钱 10 万贯，而当时陈少游的年俸不过 1000 贯。陈少游满口答应了。陈到任后，对下面广聚厚敛，加倍搜刮民财，每年按时向元载献钱。岭南节度使徐浩贪婪奸佞，他搜刮南方的珍货奇宝，携带进京贿赂元载。元载大喜，便很快提升徐浩为吏部侍郎。原任吏部侍郎杨绾因没有贿赂元载而被撤职。面对元载的倒行逆施、横行霸道，朝野上下的正直官员以及天下的黎民百姓恨得咬牙切齿，但敢怒不敢言。

终于，元载长期把持朝政，贪污受贿，激起了公愤，大臣们纷纷上书弹劾元载。大历十二年，怙恶不悛的元载因罪下狱，被赐自杀。他的妻子王氏和三个儿子也被一并赐死，百姓无不拍手称快。

## 事例三

19 世纪早期，在德国的一个小村庄里，坐落着一个由石墙围起的古老教堂。教堂里面有精美的雕刻、彩绘玻璃和一架华美的管风琴。管风琴向来以宽广的音域和饱满的音色被赋予“乐器之王”的美称。

这一天，教堂里正在干活的一位老管理员忽然听到教堂避难所的橡木门上传来敲门声。他打开门，看到一位穿军装的士兵站在台阶上。

“先生，您可以帮我一个忙吗？”士兵说，“请允许我弹一个小时的管风琴好吗？”

“很抱歉，年轻人，”管理员回答说，“除了我们自己的风琴演奏者外，任何人不允许弹奏它。”

“但是先生，贵教堂的管风琴闻名遐迩，我远道而来，只为了能亲眼见到它、弹奏它，仅一个小时就可以了！"

老人犹豫了一下，悲伤地摇了摇头。

"好吗？"士兵请求道，"我的指挥官只允许我请假24小时。过几天我们将开拔到另外一个省，在那里将有一场残酷的战斗。恐怕这是我一生中最后一次弹奏管风琴的机会了。"

老管理员不情愿地点点头。他打开门，招手让士兵进来，然后从衣袋里取出一把钥匙递给他："管风琴锁着呢，这是钥匙。"

士兵用钥匙打开管风琴华丽的琴盖，然后弹奏起来。宏伟的音符如一排排波浪从管风琴金色的音管中翻腾而出，老管理员震撼了，他的眼中闪动着泪花，在门口的长椅上坐下来。

不到几分钟，教堂门口已经聚满了附近教区的村民。他们朝里窥视，纷纷摘下帽子踏进教堂来倾听这优美的乐曲。优美的旋律在教堂回荡了一个小时，拥有天才手指的风琴弹奏者完成最后一个音符后，双手从键盘上抬起。

士兵放下琴盖锁好，当他站起转过身来的时候，惊讶地发现教堂里坐满了人。村民们是暂时停下手中的活儿来听他演奏的。那个士兵谦逊地接受了人们的称赞，然后从走廊中央走过，把钥匙归还给老管理员。"谢谢。"年轻人感激地说。

老人起身接过钥匙。"谢谢你！"他一边回答，一边握住年轻士兵的双手，"这是我年迈的双耳听到的最动听的曲子。请问，你叫什么名字？"

"我叫费利克斯·门德尔松。"

老管理员听到这个名字时，眼睛睁大了。眼前的这个士兵，20岁以前就已经是享誉欧洲大陆最著名的作曲家了。老人注视着这个士兵离开教堂消失在村庄的小路上，他喃喃自语道："我差一点儿因为没有给他钥匙而错过这支美妙的乐曲！"

## 原文

**闲事休管，无事早归。假缎染就真红色，也被旁人说是非。善事可作，恶事莫为。许①人一物，千金不移。龙生龙子，虎生虎儿。龙游浅水遭虾戏，虎落平阳被犬欺。**

### 注释

①许：预先答应给予。

### 译文

少管闲事，无事早回家。假的绸缎即使染成真的红色，也会被别人说三道四。好事可以做，恶事不能为。答应了给别人的东西，即使用千金换也不能变。龙生下的儿子是龙，虎生下的儿子是虎。龙到浅水里会遭虾戏弄，虎落平原狗都会去欺负。

### 点评

许人一物，千金不移：信守诺言不仅是一种高尚的品德，也是任何一个想要成功的人必须坚持的信条。因为，不管你想成就多大的事业都必须要有他人的信任、支持，亲人、朋友、同学、同事、领导、下属这些生活中看似平平常常的人，却往往是我们成功路上不可或缺的人物。他们或给予动力，或给予支持，或给予理解，或给予帮助，但这些善举的前提是他们得对你有足够的信任与认可，而信任与认可的前提就是你要信守诺言。因为从没有一个人会把自己的感情、利益放到一个背信弃义的人身上。

龙生龙子，虎生虎儿："龙生龙，凤生凤，老鼠生来会打洞。"这是典型的血统论。"龙游浅水遭虾戏，虎落平阳被犬欺。"是讲有权有势的人，一旦失去权势，其境遇连普通百姓都不如。有一句话叫作“落毛的凤凰不如鸡”，说的意思与这句基本相同。用今天的眼光，这句话也要辩证地看：一是有的人原来有权有势，但欺压百姓，一旦失去权势，人们当然要出出心中的怨恨之气；二是有的人蒙受不白之冤丢官失权，这样的人就应该同情，不应该说风凉话，再雪上加霜。

事例

## 事例一

《白蛇传》中修炼了1700多年的白蛇在观音大士的指点下，在西湖断桥之上寻到了救命恩人转世的书生许仙。为了报恩，二人结为伉俪。在接下来的日子里，夫唱妇随济世救人，得到了周围百姓的一致赞扬。他们二人更是互敬互爱，是人人羡慕的一对眷侣。如果没有法海的搅扰，他们很可能就会这样幸福地生活下去。可是法海偏偏就是一个偏执狂，他见不得人家神仙美眷般的幸福生活，总是想尽办法要将白蛇收了去。虽然白蛇心地善良，普救苍生，可是法海非要管这桩闲事，最终硬是把白蛇关在雷峰塔中，把这对恩爱夫妻硬生生分开，使刚出生的孩子失去父母的疼爱。

法海的目的达到了，他坚持不懈、百折不挠的精神可真让人佩服。大概当时他不会想到20年后白蛇还会从塔里出来，而他将一辈子躲在蟹壳里不敢出来。

每当提到这个故事，人们都会为白娘子的遭遇鸣不平，都会极力谴责法海的多管闲事。鲁迅在他的《论雷峰塔的倒掉》一文里写道：“和尚本应该只管自己念经。白蛇自迷许仙，许仙自娶妖怪，和别人有什么相干呢？他偏要放下经卷，横来招是搬非，大约是怀着妒忌罢，——那简直是一定的。”

果然，法海的行径最后连玉皇大帝也看不下去了，他很生气，怪法海多事，想要拿办他。法海只好逃来逃去，最终躲在蟹壳里避祸，不敢再出来，到现在仍然如此。

## 事例二

项城有个韩云门，名叫堳，将要聘娶戚家的女儿为妻。

戚家的女儿因病双目失明了。戚家认为韩云门年纪轻轻就能诗能文，以后肯定会成大器，许配一个瞎女太委屈他了，因此戚家人纷纷劝说他退婚。

韩云门的父母准备答应退婚，但韩云门断然不肯，仍然按照礼数将盲女迎娶回家。

戚家无奈，只好陪嫁了一个美丽的婢女。韩云门说："人看到美婢就会动情，还不如不见。这样能成全家庭美满。"于是把婢女退了回去。

后来韩云门在壬子年的乡试时中举，被派去外地做了一个叫教谕的官。他带着妻子一同上任，夫妻亲密无间。河南人都称赞韩云门品行淳厚。

## 事例三

20多年前，开门办学成为潮流。某校的学农基地设在距县城80多公里的朝阳峰。农忙期间，高中学生自带干粮，分班轮流上山，为时一周。

朝阳峰顶建有红砖青瓦院落，原是寺庙。建国后几经冲击，僧侣多作鸟兽散。学生们上山时，仅有一老僧留守。他为学生们挑水扫地，炒菜做饭。老僧已蓄须发，不打坐也不诵经，衣着一如常人。学生们忙时，他来帮忙；学生们闲时，他便远远躲开。

朝阳峰海拔1100多米，山上大风不止，据说一年只刮两次风，一次半年。茅草繁茂，树木却不及人高，且奇形怪状，使人想起盆景。作物除了红薯，什么都不长。那年月就是这样，投入青春，收获红薯。

白天劳作，晚上休息。大伙儿窝到床上，伴着呼啸的西北风在黑灯瞎火中闲聊，说得最多的就是这座山、山上的这座庙以及庙里这个神秘的老和尚。有人提醒说，和尚是封建余孽，弄得大伙儿很紧张，心里想，这老僧会不会往饭菜里投毒呢？于是成立了侦察小分队，连夜行动，将老僧秘密监控。

后半夜，厨房的油灯亮了，几个学生埋伏在窗下。老僧打开库房，提出一袋大米，倒入一只大木盆中。他在盆边蹲下来，捧起一把大米，大米像水一样从他指缝漏出来。他从腰间取出一只小布袋，左手撑着袋口，右手抓米。抓了几把，布袋灌得鼓鼓的。他紧了紧袋口的绳子，松开宽大的阔裆裤，将小布袋系在裤裆中，然后淘米、生火、蒸饭。天刚刚亮，饭升腾着香喷喷的蒸汽，他用灰土盖住灶膛内的明火，准备溜了，不想在门口被学生们逮个正着。

学生们押了老僧进房，搜出满满的但不足两斤的一袋米，问："为什么偷米？"老僧目光躲躲闪闪，说："喂猫。"学生们笑了。出家人不说谎，偶尔说谎，必成弥天大谎。又问："猫能吃米吗？"学生们在大批判、大辩论的氛围中成长，长于口诛笔伐，敢于无理取闹，何况铁证如山！老僧慑于气势，双膝着地，长跪不起。“我是山东人，”他说，“我到崇阳20多年了……”他这样语无伦次地说，像是劈头盖脸淋了一盆水，他打了个寒战，突然间就平静下来了。

“我被拉壮丁当了蒋匪的兵。南京解放的前夜，我逃出城壕，与一个姓王的崇阳籍伤兵结伴同行。王是独子，父母年事已高。走出百十来里，王不行了，托我给他父母养老送终，说着就断了气，但眼睛还睁着。我替他合上眼皮，才松手又睁开了。王对我不放心呢。我说，我保证给你父母养老送终。王闭上眼，清亮的泪水从他眼角流出来，直往耳洞里流。其实，我事先和王并不认识，也不知道崇阳这个地方。我边走边问，直到次年秋天才找到王的父母。他们真的很老了，而且无依无靠。我在朝阳寺削发为僧后，在半山腰找了块背风的平地，盖了间干打垒的茅屋，把他们接来住下，这一住就是26年。我无一技之长，只能走东家串西家化些食物接济他们。你们来后，见到白花花的大米，我便生出邪念，想偷了米送去，让老人熬碗粥喝……”

太阳升起来后，大伙儿跟随老僧沿着狭窄的山路来到一间茅屋前。两位鹤发老人坐在暖洋洋的阳光下，怡然地捉着虱子。压着茅草的石块被风推动，屋顶掀开一扇天窗。

老僧爬上茅屋。这位为一个承诺坚持了26年的老僧，还将继续坚持下去吗？大伙儿望着屋顶发呆。

老僧立于屋顶，黑色的身影愈发高大，如生铁铸就的一座碑。

## 原文

**一举首登龙虎榜，十年身到凤凰池。十年窗下无人问，一举成名天下知。酒债寻常行处有，人生七十古来稀。养儿待老，积谷防饥。鸡豚狗彘之畜①，无失其时。数口之家，可以无饥矣。**

### 注释

①畜：养。

### 译文

科举考试一下子考中出了名，十年努力后就可以身居高位。十年在寒窗下苦读无人知晓，考中后一下子成了名天下人都知道。喝酒欠债的事到处都有，人活到七十岁的情况却很少。养儿是为了老有依靠，积攒粮食是为了防止挨饿。鸡、猪和狗一类家畜不错过它们的繁殖时节，这样一家老少就可以不用挨饿了。

### 点评

十年窗下无人问，一举成名天下知：“宝剑锋从磨砺出，梅花香自苦寒来。”宏图大业不是异想天开、一蹴而就的，不经一番风霜苦，哪有梅香扑鼻来？成大功、立大业者，都得经过艰苦卓绝的奋斗。几乎可以说，任何人所能取得的成就，基本上都是一点一滴积累起来的。细节上渐渐积累，战略上目光长远，进取心百折不挠，方可替自己事业的成功奠下厚实的基石。

酒债寻常行处有，人生七十古来稀：生命是短暂的，生活无时无刻不发生着变化。许多事情我们没有经历过就无法知道其中的艰辛和战胜其所需要的勇气，就如我们还没有长大时怎么也不能理解父母在抚养我们时付出的心血一样，而当自己成家立业、娶妻生子之后才能体会到父母对我们的关怀。人生无常，人们经常很难判断等待在自己前方的是什么，若安于现状，凡事不做长远打算，那便会使自己在本已被动的生活中变得更加被动。

## 事例

### 事例一

陈平（？—公元前178年），西汉阳武（今河南原阳东南）人。他足智多谋，锐意进取，屡以奇计辅佐刘邦平定天下，汉初被封为曲逆侯。汉文帝时，曾升为右丞相，后改任左丞相。陈平的一生充满了传奇色彩。

陈平少时家贫，与哥哥相依为命。哥哥见陈平喜欢游学，便承担了家中的全部劳动，使陈平有时间外出游学。为了秉承父命，光耀门庭，他不事生产，闭门读书，却为大嫂所不容。为了消除兄嫂的矛盾，面对一再羞辱，他隐忍不发。随着大嫂的变本加厉，他终于忍无可忍，离家出走，欲浪迹天涯。被哥哥追回后，不计前嫌，阻兄休嫂，在当地传为美谈。

终有一老者慕名前来，免费把他收为徒弟，向他授课。学成后，他辅佐刘邦成就了一番霸业。

### 事例二

世界上许多著名的科学家的家境是清贫的，他们在通往成功的道路上，都曾与困苦的境遇做过顽强的斗争。牛顿少年时代的境遇也是十分令人同情的。

牛顿1642年出生在英国一个普通农民家里。出生前不久，他的父亲就去世了，母亲在他两岁那年改嫁了。

童年的牛顿兴趣广泛，常常对各种自然现象很好奇。但是，他读书很不用功，学习成绩也不好，因此经常受到同学们的歧视。有一次课间游戏，大家正玩得兴高采烈的时候，一个学习好的学生借故踢了牛顿一脚，并骂他笨蛋。

牛顿受到这种刺激，愤怒极了。他想，我俩都是学生，我为什么受他的欺辱？我一定要超过他！从此，牛顿下定决心，发奋读书。他早起晚睡，抓紧分秒，勤学勤思。经过刻苦钻研，牛顿的学习成绩不断提高，不久就超过了曾欺辱过他的那个同学，在班级名列前茅。

牛顿14岁的时候，他的继父不幸去世了。母亲回到家乡，牛顿被迫休学，帮助母亲种田过日子。母亲想培养他独立谋生的能力，要他经营农产品的买卖。

一个勤奋好学的孩子多么不愿意离开心爱的学校啊！他伤心地哭闹了几次，母亲始终没有回心转意，最后他只得违心地按母亲的意愿去学习经商。每天一早，他跟一个老仆人到十几里外的大镇子去做买卖。牛顿非常不喜欢经商，把一切事务都交托老仆人经办，自己却偷偷跑到一个地方去读书。

时光渐渐流逝，牛顿越发对经商感到厌恶，心里喜欢的只是读书。后来，他索性不去镇里经商了，仅嘱咐老仆人独去。怕家里人发觉，他每天与老仆人一同出去，到半路停下，在一个篱笆下读书。每当下午老仆人归来时，他再与老仆人一同回家。

这样，日复一日，他觉得篱笆下的读书生活倒也其乐无穷。一天，他正在篱笆下兴致勃勃地读书，赶巧被路过的舅舅看见了。舅舅一看这个情景，很是生气，大声责骂他不务正业，并把书抢了过来。舅舅一看他所读的是数学书，上面画着种种记号，心里受到感动。舅舅一把抱住牛顿，激动地说："孩子，就按你的志向发展吧，你的正道应该是读书。"

回到家里后，舅舅竭力劝说牛顿的母亲让牛顿弃商就学。在舅舅的帮助下，牛顿如愿以偿地复学了。

此后，牛顿刻苦学习，专心思考，在二十几岁的时候就在数学和天文学方面有了许多重大发现，成为近代世界最伟大的科学家。

## 原文

**常将有日思无日，莫把无时当有时。时来风送滕王阁[1]，运去雷轰荐福碑[2]。入门休问荣枯事，观看容颜便得知。官清书吏瘦，神灵庙祝肥。息却雷霆之怒，罢却虎狼之威。饶人算人之本，输人算人之机。**

## 注释

①滕王阁：指《滕王阁序》，唐人王勃作。

②荐福碑：元代马致远作。写穷秀才张镐历尽千辛万苦才得以中状元的故事。

## 译文

生活好时要多想想生活差的时候，不要把不好的境况当成好日子。时运好时，风能送你到滕王阁；运气差时，雷能击毁荐福碑。到别人家里不必打听主人得意与否，看看他们的脸色也就知道了。当官的清廉，下面听差的就清瘦；庙里的神仙灵，这座庙的庙祝一定胖。不能发太大的火，不要要什么威风。能宽恕别人是做人之根本，能捐助别人也是至关重要的。

## 点评

常将有日思无日，莫把无时当有时：无论是大家还是小家，无论是官家还是农家，无论手工之家还是商贾之家，如果勤劳节俭，就没有不兴旺的；如果骄奢倦怠，就没有不衰败的。勤俭为治家之本，不但可以让家庭长久，更能教导家人子弟养成良好品德，知劳作之艰辛，从而更加珍惜现在的生活。

时来风送滕王阁，运去雷轰荐福碑：机遇永远是留给那些有准备的人的。

如果自身不求进取，只知安逸享受、坐享其成的话，那这一辈子也是没有什么出息的。虽然客观条件的作用不容忽视，但个人的努力、争取、奋斗还是起着决定性的作用。否则，即使机会来临，没有准备的你也只能与机遇擦肩而过。

事例

## 事例一

雍正帝对于清廉刚正的官员很爱惜。浙江总督李卫以严猛廉洁著称，雍正帝曾赐他御书“公勤廉干”匾额一方。李卫不苟同于官场积习，无所瞻顾，不徇私情，不避权贵，得罪了不少大员。这些人串通告状。雍正帝心中有数，指出：李卫粗率狂纵，人所共知，但他却是刚正之人。“朕取其操守廉洁，勇于任事。以挽回瞻顾因循，视国政为膜外之颓风耳！”

雍正帝虽然重用清官，但他对清官也会做具体分析。他说：“当官的若不干事或者干不好事，人品再好，也不过是个木偶，起不到治世安民的作用。”直隶吴桥知县常三乐，廉洁安分，也没有什么过错，但是他胆小软弱，以致地方好多事久拖不决，工作难有起色。直隶巡抚李维钧要把常三乐从县令职位上调开，吏部却认为常三乐没有什么劣迹而不予批准。雍正帝知道这件事后，毫不含糊地指出：“常三乐当官软弱，实属失职，应当免去官职。”由此可见，雍正帝不仅要求官员们清廉刚正，而且要有真才实干。为了造就一支高效的官吏队伍，雍正帝还命令文武百官举荐人才。

雍正帝要求官吏必须为官清廉，但同时也反对某些官员借清廉之名而沽名钓誉。为此，他指出：“取所当取不伤乎廉，用所当用不涉乎滥。固不可竣削以困民，亦不必矫激以沽誉。”就是说做官的取自己应当取的钱财不能算作不廉，用自己应当用的钱物不能算是滥用。所以，既不要剥削老百姓，也不要伪饰清廉而沽名钓誉。

在官场上，确实存在着沽名钓誉的现象。清朝曾经流行着这样的术语——名实兼收。对此，雍正帝进行了入木三分的分析：“所谓名者，官爵也；所谓实者，货财也。”他进一步指出：“今之居官者，钓誉以为名，肥家以为实，而云名实兼收。”即这些名实兼收的官僚，品行似乎公道忠诚，操守看上去廉洁无私，实际上却是善于钻营者。他们对应尽的民生职责并不尽心尽力，专以逢迎上司为能，甚至暗通关节，私受请托，巧吞钱财，很是神通广大。结果，既捞到了实惠，又博得了美名，可谓名利双收。

为了有效地推行廉政，雍正帝以实际行动号召群臣提倡节俭。雍正帝素喜清淡，御膳常常是烧豆筋、炒豆芽等几个简单的素菜，外加一碗糙米饭。掉一个饭粒他都要捡起来吃掉，未动的菜则回锅热一热下顿再吃。连李卫都感叹皇帝太寒碜，雍正帝则淡淡一笑，说："朕富有四海，贵为天子，何物不可求？何膳不可进？由俭入奢易，由奢返俭难啊！"雍正帝从未去过承德避暑山庄，也没到江南做过巡幸活动。就算他不得不去拜谒祖陵时，都不同意在沿途安放过多的临时设施。稍有花销，他就认为是过奢之举。此外，他对群臣进献的稀世珍宝也大不以为然，反倒认为："行一利民之政，胜于献稀世之珍也；荐一可用之才，胜于贡连城之宝也。"

雍正帝明确指出："世人无不以奢为耻，以勤俭为美德。若诸臣以奢为尚，又何以训民俭乎？"即世人都反对骄奢淫逸，都把勤俭当作美德。假如群臣反过来都以奢侈为时尚，那又怎么去教导百姓提倡节俭呢？

## 事例二

柏年在美国的律师事务所刚开业时，连一台复印机都买不起。移民潮一浪接一浪地涌进美国时，他接了许多移民的案子，常常深更半夜被唤到移民局的拘留所领人，还不时地在黑白两道间周旋。他开一辆掉了漆的汽车，在小镇间奔波，兢兢业业地做律师。终于媳妇熬成了婆，电话线换成了 4 条，扩大了办公室，还雇用了专职秘书、办案人员，气派地开起了奔驰，处处受到礼遇。

然而，天有不测风云，一念之差，他将资产投资股票而几乎尽亏。更不巧的是，岁末年初，《移民法》又被再次修改，职业移民名额削减，顿时他的事务所门庭冷落。他想不到从辉煌到倒闭几乎是一夜之间。这时，他收到了一封信，是一家公司总裁写的：愿意将公司 30%的股权转让给他，并聘他为公司和其他两家分公司的终身法人代理。他不敢相信自己的眼睛。他找上门去，发现总裁是个四十出头的波兰裔中年人。

"还记得我吗？"总裁问。他摇摇头。

总裁微微一笑，从硕大的办公桌的抽屉里拿出一张皱巴巴的 5 块钱汇票。汇票上面夹的名片印着柏年律师的地址、电话。他实在想不起还有这一桩事情。

“10年前，在移民局里，”总裁开口了，“我在排队办工卡，排到我时，移民局已经快关门了。当时，我不知道工卡的申请费用涨了5块钱。移民局不收个人支票，我又没有多余的现金，如果我那天拿不到工卡，雇主就会另雇他人了。这时，是你从身后递了5块钱给我。我要你留下地址，好把钱还给你，你就给了我这张名片。”

他也渐渐回忆起来了，但是仍将信将疑地问：“后来呢？”

“后来我就在这家公司工作，很快我就发明了两项专利。我到公司上班后的第一天就想把这张汇票寄出，但是一直没有。我单枪匹马来到美国闯天下，经历了许多冷遇和磨难。这5块钱改变了我对人生的态度，所以，我不能随随便便就寄出这张汇票。”

## 事例三

饶州城里有一位很有才气的穷书生。

一天，这个穷书生在署衙门前等待着求见范仲淹范大人，不多时便见到了。范仲淹从书生的谈吐中发现他很有才气，且有报国大志，也得知他的生活极为贫困，连饭都没有饱食过一餐，家中毫无分文，还想进京赶考。

范仲淹非常同情书生的处境，也很欣赏他的才华和志向，于是便想出一个主意，让随从拿出纸墨，并陪同他前往饶州城东荐福寺，拓欧阳询的碑帖去京师售卖。范仲淹还规定每本碑帖可获千钱。

按当时的规定，这个碑刻是不可随便拓印的。由于有范仲淹的手令，寺中和尚答应了给书生拓印，但因天色已晚，准备第二天再拓。

不料，这一夜雷雨大作，闪电将石碑击得粉碎。穷书生伤心地只怨自己命运不佳。

范仲淹也为此叹惜。为了使穷书生不失赶考的良机，便从自己微薄的薪水中拿出银两送给穷书生。穷书生含泪收下银两，赴京赶考去了。

## 原文

**好言难得，恶语易施。一言既出，驷马难追[1]。道吾好者是吾贼，道吾恶者是吾师。路逢侠客须呈剑，不是才人莫献诗。三人同行，必有我师焉，择其善者而从之，其不善者而改之。**

## 注释

①一言既出，驷马难追：出于《论语·颜渊》，指一句话说出了口，即使用四匹马拉的车子，也追不回来。比喻说出了口的话，难再收回。驷马指古代用四匹马拉的车子。

## 译文

说好话很难，讲坏话很容易。一句话说出口，四匹马拉的车子也追不回来。吹捧自己的人是别有用心的人，批评自己的人才是自己的老师。路上遇到侠客就呈上宝剑，遇上的不是才子就不要献诗。三个人在一起走，其中必有我可以学习的人，学习人家的好品行，摒弃人家的坏习惯。

## 点评

好言难得，恶语易施。一言既出，驷马难追：这两句说的是与人相处时要注意两点，一是说话要谨慎，要待人和气，不要出口伤人；二是讲话要守信。言出必行，恪守诺言，不能言而无信，食言而肥。这两点是与人交往必须具备的道德原则。

事例

## 事例一

春秋时，卫国有个大夫，叫棘子成。有一天，棘子成对孔子的学生子贡说："君子只要有好的本质就够了，干吗还要文采呢？"

子贡说："您这样说是不对的。四匹马拉的车子，也追不回已经说出口的话。本质和文采是同样重要的。让我拿皮草来举例解释吧！虎豹的皮和犬羊的皮，它们的区别既在本质也在花纹。如果把这两类兽皮上面的毛都拔去，那虎豹皮看来就像犬羊皮了。"

子贡认为，说话要深思熟虑，因为话说出口就不能再收回。后人就用"一言既出，驷马难追"来表示说话算数，不能反悔。

## 事例二

19世纪中叶，英国资本主义工业发展很快，棉纺就是其中之一。当时的布拉泽公司生意蒸蒸日上，纺织品涌向世界各地。这引起了日本同行的注意。

布拉泽公司位于英国某地一条热闹的大街旁，每到中午，公司的职员和工人都到对面的一家餐馆吃午饭，因为这是那条街上唯一的一家餐馆。所以尽管价格高昂，但餐馆每天还是顾客盈门，热闹非凡。

不久，在这家餐馆的附近又新开了一家餐馆，那里上至经理，下至堂倌都是清一色的日本人。这家餐馆一开业就十分惹人注意，它不仅价格比英国餐馆便宜，而且味道鲜美，服务态度极佳。时间一长，那些惯于守旧的英国人谁也经不起这些特色的引诱，于是，他们情不自禁地渐渐把就餐重心移向了这家日本人开的餐馆。最后，甚至连一些高级工程师也慕名前来。有时，某些职员或工人没带钱，在那里可以先赊账，并同样受到热情的招待。久而久之，餐馆人员和他们关系搞得极好，这家餐馆的生意也日渐兴隆。

几年后的一天，由于出售饭菜价格低廉、成本高而引起亏损，这家餐馆突然倒闭。英国这家公司的职员和工人都为之深感惋惜。与此同时，这家餐馆的经理和堂倌扬言无钱回国，并且通过各种渠道，尤其是常来光顾的食客——一些工程师及高级职员，请他们说情，协助谋求职业，以便筹集路费，返回家乡。

由于这些高级职员平时受到日本堂倌的特殊照顾，所以对于他们也格外同情，因此都极力向公司推荐。起初，公司相当谨慎，但到底经不住高级职员们屡次的担保，最后，不得不松口了。但是，公司规定所有进厂工作的日本人不许进车间，只许在车间外面做粗装工，如推筒管、运袋子、装纱等。只要他们一到车间门口，就由英国人接替。

经过一段时间的紧张观察，公司管理人员发现这些日本人忠实可靠，干活卖力，并无任何可疑之处，再加上往日的“交情”，警戒慢慢就消除了。过了一段时间，这些日本人不仅能自由进入各车间，而且有些日本人还被安排在技术部门工作。

可是，公司里上上下下做梦也没想到，这家日本餐馆的全班人马都是日本一流的纺织专家。他们一边默默地工作，一边把英国纺织机的先进设备部件、结构及作用等都牢牢地记在心里。

若干年后，这些日本人声称已积蓄了一笔存款并准备回家。他们顺利地办好了出国护照，启程返回了日本。回国后，他们经过几年的艰苦奋斗，设计出一套在当时来说相当先进的纺织机械。从此，日本的纺织工业有了一个飞跃。

日本人采用的这种手段未必磊落，但是这种为了掌握先进技术千方百计学习的精神是值得我们学习和借鉴的。

## 原文

**少壮不努力，老大徒悲伤。人有善愿，天必佑之。莫饮卯时[①]酒，昏昏醉到酉。莫骂酉时[②]妻，一夜受孤凄。种麻得麻，种豆得豆。天网恢恢，疏而不漏。见官莫向前，做客莫在后。**

### 注释

①卯时：早晨五点至七点。

②酉时：下午五点至七点。

### 译文

年纪小的时候不努力学习上进，等到年纪大了只有枉自悲伤了。人有善良的愿望，老天都会保佑的。不要一早就酗酒，这样会昏昏沉沉到傍晚。不要傍晚骂妻子，这样一夜都会饱尝孤独寂寞。种麻得麻，种豆得豆。天道广阔，虽然稀疏但绝不会漏掉什么东西；法度无边，不会放掉一个坏人。见官的时候不要靠前，做客的时候不要靠后。

### 点评

少壮不努力，老大徒悲伤：这句话讲得固然正确，但也不能一味强调时间，很多人皓首穷经，一生也没有什么成就。但也有很多人，似乎并未怎么努力，却偏有幸运女神降临在他头上，这其中除了勤奋外，更重要的还有方法。但方法和技巧在学习过程中是起辅助作用的，只强调方法和技巧，学习就流于空洞。勤奋与方法二者并用，一定会在自己的事业上高歌猛进。

人有善愿，天必佑之：这句话主要是劝人向善。人如果心存善念，多做善事，即使遇到危险也会逢凶化吉，甚至还会转祸为福。

事例

## 事例一

美国人乔治为妻子的怪病几乎跑遍了全世界，仍是久治不愈。14 年前，他听说中国的中医专治疑难杂症，于是便带着妻子来到中国看病。乔治为妻子看病几乎花光了全部的家当，但既然来到中国，怎么也得请一个翻译。那时正值暑假，乔治通过关系在北京外国语学院请了学生赵小宁。

赵小宁是来自宁夏地区的一个贫困生，母亲又多年重病，他巴不得找个差使能挣点儿钱。有外国人找他，他觉得自己真是幸运。谁想，乔治却因为没有钱，把雇用赵小宁的费用压得很低。贫困中的赵小宁觉得挣一分钱都是好的，自然接受了这份有些委屈的差使。

乔治带着病中的妻子奔波于北京，每天都很辛苦。赵小宁不但要为他们做翻译，还要替他们挂号、拿药、排队、跑腿，做一切琐碎的事。乔治不仅是雇了一个廉价的翻译，同时还是雇了一个勤杂工，真是一举两得。

都说美国人有钱，但作为美国人的乔治却没有给赵小宁留下这个印象。出门如果不是特别需要，乔治通常都是挤公共汽车。几天下来，赵小宁就看出这个美国人其实没有钱。对此，乔治很不好意思。

谁想，赵小宁刚刚给乔治和他的妻子做了几天翻译，一位同学便带着一个外国人风风火火地来找他。原来一家加拿大公司来北京谈生意，由于谈判项目增多，急需找两名翻译，报酬相当丰厚。于是，同学让赵小宁赶紧辞掉乔治这边的工作。

乔治通过加拿大人和赵小宁的对话知道了事情的大致，他只希望赵小宁走之前能尽快再给他找一名中国翻译，哪怕只会最简单的交谈。

赵小宁抬头看看乔治，又看看他病中的妻子，半天都没有说话。最后，赵小宁回绝了同学和加拿大人的请求。他说他现在已经熟悉了乔治妻子的病情，如果换个陌生人，在与大夫的交流中会对乔治妻子的病不利。急需用钱的赵小宁谢绝了同学，留了下来。乔治强忍眼里的泪花，什么也没有说。

暑假过后，赵小宁回到学校，乔治与他的妻子离开了中国。第二年，乔治的妻子离开了人世，乔治重新去照料他濒临倒闭的企业。

三年过后，赵小宁大学毕业，每天忙着找工作。两个月过去了，班上的同学只有三分之一的人有了着落。赵小宁与没有去处的同学终日惶惶不安，两眼茫然。

就在这时，从美国寄来一封信，是乔治先生的。他说赵小宁的善良与为人深深打动了他，三年来他一直对赵小宁念念不忘。如今他的公司很快就要到中国办厂，需要一名中国方面的代理人，问赵小宁愿不愿意与他合作，报酬是每月 8 万美金。

赵小宁万万没有想到在他最困难、走投无路的时候，会从大洋彼岸的美国飞来如此幸运的请求。这真是雪中送炭。

而这一切，仅仅是因为几年前他做了一点儿与人为善的事。

## 事例二

1883 年，美国得克萨斯州的骗子格林·迪克林特抛弃了一位被他玩弄的姑娘。姑娘痛苦不堪，含悲自杀身亡。她弟弟决心为她报仇雪恨。

当他举枪向格林射击时，子弹只擦伤了格林脸上的一层皮，然后射入了一棵大树干中，格林吓得应声倒地，十分庆幸自己大难不死。

30 年后，格林想锯掉那棵常常令他想起恐惧经历的大树。然而那粗大的树很难锯倒，他气急败坏地决定用炸药把树炸掉。当爆炸声响起时，那颗子弹突然从树中飞出，正击中格林的头部。格林得到了应有的下场。

## 事例三

郑庄公准备讨伐许国。战前，他先在国内组织比赛，挑选先行官。众将一听露脸立功的机会来了，跃跃欲试，准备一显身手。

第一个项目是击剑格斗。众将使出浑身解数，只见场上短剑飞舞，盾牌晃动。经过轮番比试，选出了六个人参加下一轮比赛。

第二个项目是比箭。前面五人都射完了，只见最后的参赛者是一位老人。这位老人的胡子有点儿花白，他就是颍考叔。他曾劝庄公与母亲和解，深得庄公器重。颍考叔上前不慌不忙，嗖嗖嗖三箭射去连中靶心，与前面一位将领打了个平手。

先行官的入选只剩下两个人了，庄公派人拉出一辆战车来，说："你们二人站在远处，同时来抢这辆战车。谁抢到手，谁就是先行官。"颍考叔飞速抢到了战车，成了先行官，这使那位将领怀恨在心。

颍考叔果然不负庄公之望，在进攻许国都城时，手举大旗率先从云梯冲上了城头。眼看大功告成，那位将领忌妒得心里发疼，就抽出箭来向城头射去，颍考叔被射中并从城头栽了下来。

俗话说"枪打出头鸟"。生活中，凡事都以内敛为宜，如果太张狂、太高调，则会招来众多的目光。这些目光中也许就有忌妒的目光，所以，为了更好地保护自己，学会低调行事很重要。

## 原文

**宁添一斗，莫添一口。螳螂捕蝉，岂知黄雀在后。不求金玉重重贵，但愿儿孙个个贤。一日夫妻，百世姻缘①。百世修来同船渡，千世修来共枕眠。杀人一万，自损三千。伤人一语，利如刀割。**

## 注释

①姻缘：婚姻的缘分。

## 译文

宁为家里多添一斗粮，不要饱后再加饭。螳螂一心捕蝉，哪知黄雀在它后边。不求金银财宝越多越好，但愿子孙个个都有出息。一天的夫妻，是百世修来的姻缘。修炼百世才能同船渡水，修炼千世才能同床共枕。杀一万敌人，自己也会损失三千人。说一句伤人的话，就好像用刀割人一样。

## 点评

一日夫妻，百世姻缘：夫妻关系是家庭和睦的基础。两人能相识相知，结为夫妻，是非常难得的事情，所以要相互珍惜、相互谅解。

杀人一万，自损三千。伤人一语，利如刀割：这句话意在劝人为善，不做害人事，不说伤人话。有句话叫作："良言一句三冬暖，恶语伤人六月寒。"说伤人话，在刺痛别人的同时，自己也会伤痕累累。

事例

## 事例一

吴王准备出兵攻打楚国，遭到了一些大臣的反对。大臣们认为，攻打楚国虽然取胜的希望很大，但如果其他诸侯国乘虚而入，后果将不堪设想。可是吴王固执地说："谁敢来劝阻我，我就处死他！"

有一位侍奉吴王的少年听了大臣们的议论，想去劝说吴王。可是吴王已经下了死命令，怎么办呢？

第二天早晨，他拿着一只弹弓在王宫的花园里转来转去。露水沾湿了他的衣裳和鞋子，他也毫不介意。就这样，他一连转了三个早晨。

少年终于被吴王发现了，吴王问道："你早晨跑到花园里来干什么？看你的衣裳都被露水沾湿了！"

少年回答说："禀报大王，我在打鸟。"

吴王问："你打着鸟了吗？"

少年说："我没有打着鸟，却见到一件挺有意思的事。"

吴王来了兴趣，问："什么事？"

少年说："花园里有一棵树，树上有一只蝉。蝉高高在上，悠闲地叫着，自由自在地喝着露水，却不知道有只螳螂在它的身后；那螳螂弓着身子，举起前爪，要去捕蝉，却不知道有只黄雀在它的身后。"

吴王夸奖说："你看得真仔细！那黄雀要捉螳螂吗？"

少年接着说："是的，黄雀伸长脖子正要啄食螳螂，却不知道我拿弹弓在瞄准它呢。蝉、螳螂、黄雀，它们都一心想得到眼前的利益，却没顾到自己身后正潜伏着祸患呢！"

听了少年这番话，吴王恍然大悟，连声说："对，对，你讲得太有道理了！"于是吴王打消了攻打楚国的念头。

## 事例二

人为财死，鸟为食亡。把钱财看得比任何东西都重要的人往往会为钱财所害；而视钱财如粪土的人，能够救人于危难之中，并大多都能因此得福。但人生在滚滚红尘之中，能无视钱财，非有大度量之人所不能为。

唐朝时的严震就是个屡次慷慨解囊，以捐财助国为乐的人。他家资财雄厚，富甲乡里，在代宗时曾多次出资帮助边疆。他在任凤州刺史时，为严武赏识，升为山南西道节度使。后来严震又派人诱斩了叛贼，还在战乱之中救驾，诸功并赏，任户部尚书，封冯翊郡王，晋同中书门下平章事。他不仅捐资助国，对人所求也无不回应。据记载，严震镇守山南道时，有人向他乞300钱以维持生活，严震让儿子公弼等人详细询问是怎么回事。公弼说："这是跟风的，父亲大人不必搭理他。"严震立即大怒，手指着公弼说："你一定会败坏我家的门风的！你只能劝我力行善事，怎么能劝我吝惜金帛财物呢？况且此人钱财不凑手，向我借300钱，有什么不可？这个人也是不容易的。"命左右如数给了这个人所要的钱财。

因为严震心甘情愿借钱救济素不相识的人，三川之士都很敬重他的为人，争先恐后归附于他。冯梦龙就此事评说道："天下无穷不肖事，皆从舍不得钱而起。天下无穷好事，皆从舍得钱而做。自古无舍不得钱之好人也。"

## 原文

**枯木逢春犹再发，人无两度再少年。未晚先投宿，鸡鸣早看天。将相胸前堪走马，公侯肚里好撑船。①富人思来年，穷人思眼前。世上若要人情好，赊去物件莫取钱。死生有命，富贵在天。**

### 注释

①“将相”二句：形容一个人宽宏大量。

### 译文

枯木到了春天会再次发芽，但人不会拥有两次少年时光。出门在外，天还没黑就要找到地方休息，鸡鸣时就要起来看看天是否亮了。将相开阔的心胸可以容得下马跑，公侯的肚里也能撑船。富裕的人考虑来年的事情，贫穷的人常考虑眼前。如果你想要得到好的人缘，就把东西给了别人不要钱。人的生死是命里注定的，富贵是上天安排的。

### 点评

枯木逢春犹再发，人无两度再少年：这两句是劝青少年珍惜青春年华的名句。青少年时期正是一个人一生当中最为宝贵的时期。青少年朝气蓬勃、风华正茂、精力充沛，应该好好把握青少年时期的大好时光。人要早立志，立大志，勤学习，苦奋斗，干出一番事业来。古往今来，凡有所作为的人，大都在青少年时期就已崭露头角。

富人思来年，贫人思眼前：富贵之人往往有长远打算，而贫贱之辈却只考虑眼前利益，这也是富人富贵、穷人贫穷的原因所在。

事例

## 事例一

宋朝宰相王安石中年丧妻，后来续娶了一个年方十八的妾，叫姣娘。

姣娘出身名门，琴棋书画无所不通。由于王安石身为宰相，整天忙于朝中之事，经常不回家。姣娘正值妙龄，独居空房，便跟府里的年轻仆人私下偷情。

这事传到了王安石那儿，入夜，他来到卧室外窃听，果然听见姣娘与仆人在床上调情。他气得火冒三丈，但忍字让他冷静下来，转念一想，自己是堂堂当朝宰相，为一女如此动怒实在犯不上。他把这口气咽了回去，转身走了。不料，他没留神撞上了院中的大树，一抬头，见树上有个老鸹窝。他灵机一动，随手抄起一根竹竿，捅了老鸹窝几下。老鸹惊叫而飞，屋里的仆人闻声慌忙跳后窗而逃。事后，王安石装作若无其事。

一晃到了中秋节，王安石邀姣娘花前赏月。酒过三巡，王安石即席吟诗一首:“日出东来还转东，乌鸦不叫竹竿捅。鲜花搂着棉蚕睡，撇下干姜门外听。”

姣娘是个才女，不用细讲，已品出这首诗的寓意。她知道自己跟仆人偷情的事被老爷知道了，想到这儿她顿感无地自容。可她灵机一动，跪在王安石面前，也吟了一首诗:“日出东来转正南，你说这话够一年。大人莫见小人怪，宰相肚里能撑船。”

王安石仔细一想，自己已年过花甲，姣娘正值豆蔻年华，偷情之事不能全怪她，还是来个两全其美吧。过了中秋节，王安石赠给姣娘白银千两，让她跟那个仆人成亲，一起远走他乡生活。

这事传出去后，人们对王安石忍字当头的宽宏大量深感敬佩。“宰相肚里能撑船”这句话也就成了宽宏大量的代名词。

## 事例二

有一个人在沙漠走了两天，途中遇到了暴风沙。一阵狂沙过后，他已辨不出正确的方向。正当快撑不住时，突然，他发现了一间被废弃的小屋。他拖着疲惫的身子走进了屋内。这是一间不通风的小屋子，里面堆了一些枯朽的木材。他近乎绝望地走到后院，竟意外地发现了一架抽水机。

他狂喜地上前汲水，可是怎么抽也抽不出半滴水。他颓然坐地，却发现抽水机旁有一个用软木塞堵住瓶口的小瓶子，上面贴了一张泛黄的纸条，纸条上写着:“你必须用水灌入抽水机才能引水，但是不要忘了在你离开前，请再将水装满!”他急忙拔开瓶塞，发现瓶子里果然装满了水。他的内心开始激烈地交战。如果自私点儿，只要将瓶子里的水喝掉他就不会渴死，就能活着走出这间屋子；如果照纸条说的做，把瓶子里仅有的水倒入抽水机内，万一抽不出水来，他就会渴死在这个地方……到底要不要冒险?

最后，他决定把瓶子里仅有的水，全部灌入那架看起来破旧不堪的抽水机，然后用颤抖的双手汲水——水真的源源不断地涌了出来!

他喝足水后，又把瓶子装满水，用软木塞封好。他想了想，又在原来那张纸条后面加了他自己的留言：请相信我，真的有用，在获得之前，要先学会付出。

## 事例三

美国畅销书作家罗伯特·福格姆讲过这样一个故事。19世纪，当美国人约翰·皮尔彭特从著名学府耶鲁大学毕业时，遵照祖父的愿望，选择了教师作为自己的职业。他的生活看上去充满希望。

然而，命运似乎有意捉弄他。皮尔彭特对学生总是爱心有余而严厉不足，为当时保守的教育界所不容，结果很快就结束了他的教师生涯。

但他并不在意，依然信心十足。不久，他当上了律师，准备为维护法律的公正而努力。但他没想到，正是他的这一美好愿望最终毁掉了他的律师事业。作为一名律师，他似乎一点儿也不理解当时美国流行的“谁有钱就为谁服务”的原则。他会因为当事人是坏人而推掉找上门的生意，把优厚的酬金让给别人；相反，如果是好人受到不公正的待遇，他又不计报酬地为之奔忙。

这样的一个人，律师界感到难以容忍，皮尔彭特先生只好又离去，成为一名纺织品推销商。然而，他好像没有从过去的挫折中吸取教训，他看不到竞争的残酷，在谈判中总让对手大获其利，而自己却落得个吃亏的下场。于是，他只好再改行，最终当了牧师，试图为人们的灵魂向善而努力。然而，他又因为支持禁酒和反对奴隶制而得罪了教区信徒，被迫辞职。

1886年，皮尔彭特先生去世了。他在81年的人生中，似乎一事无成。

读到这儿，你也许会问，这也算是畅销书作家所写的文章吗?福格姆为什么要写皮尔彭特的一生？

福格姆在文章中充满深情地做了回答。1987年冬天，在华盛顿州的山谷中，天空晴朗，屋外的积雪厚达3英尺。雪橇已经准备好了，挂在红缰灰马上的铃铛叮当作响。福格姆和同伴们一起出发了，一路上留下了这样的歌声："冲破大风雪，我们坐在雪橇上，快奔驰过田野，我们欢笑又歌唱，马儿钟声响叮当，令人心情多欢畅……"

这首《铃儿响叮当》的歌曲的作者，就是皮尔彭特先生。在一个圣诞节的前夜，作为礼物，他为邻居的孩子们写了这首歌。歌中没有耶稣，没有圣诞老人，有的只是风雪弥漫的冬夜，穿越寒风的雪橇上清脆的铃铛声，还有一路欢笑歌唱、不畏风雪的年轻朋友美好的心灵。

皮尔彭特先生或许没有想到，他一生中偶然为之的作品竟产生了如此大的影响，被越来越多的人传唱。在今天，它已成为西方圣诞节里不可或缺的歌声。

## 原文

**击石原有火，不击乃无烟。为学[①]始知道，不学亦徒然。莫笑他人老，终须还到老。但能依本分，终须无烦恼。君子爱财，取之有道。贞妇爱色，纳之以礼。善有善报，恶有恶报。不是不报，日子未到。**

## 注释

①为学：做学问，求学。

## 译文

石头碰击就会冒出火星，不去碰击连烟都不会冒。人学习才会明白事理，不学习什么也不知道。不要笑话别人老，自己总有一天也会老的。只要能本分做人，一生都不会有烦恼。君子喜欢财富，但来路要正当。贞洁的女性也喜欢美貌，但妆饰要符合礼的要求。干好事有好的结果，干坏事有坏的报应。不是没有报应，只是时间还没到。

## 点评

击石原有火，不击乃无烟：生活中，很多人都是思想的巨人，行动的矮子。他们可以把事情谋划得天衣无缝，但是却迟迟未见行动，所以成功便无从谈起。成功不仅仅需要周密的计划，更需要通过一步步地实践，所以说：“付诸行动比空想计划更重要。”

但能依本分，终须无烦恼：一个人在社会上应该踏踏实实做事，堂堂正正做人，这样就不会有烦恼缠身。

事例

## 事例一

窦燕山出身于富裕的家庭，他家是当地有名的富户。据说窦燕山为人不好，以势压贫。有贫苦人家借他家粮食时，他是小斗出大斗进，小秤出大秤进，明瞒暗骗，昧心行事。由于他做事缺德，所以到了三十岁还没有子女，窦燕山也为此着急。一天晚上做梦，梦到死去的父亲对他说："你心术不正，心德不端，恶名彰著天曹。如不痛改前非，重新做人，不仅一辈子没有子嗣，还会短命。你要赶快改过从善，大积阴德，只有这样，才能挽回天意，改过呈祥。"

从此，窦燕山暗下决心，痛改前非，缺德的事再也不做了。一天，他在客店中捡到一袋银子，为找到失主，他在客店里整整等了一天。失主回到客店寻找，他原封不动地将一袋银子归还给了失主。窦燕山还在家里办起了私塾，请名师教课。有的人家因为没有钱送孩子到私塾读书，他就主动把孩子接来上学，免收学费。总之，从那以后，窦燕山就像是换了一个人似的，周济贫寒，克己利人，广行方便，大积阴德，广泛受到人们的称赞。

后来他的妻子连续生下了五个儿子。他把全部精力用在教育儿子身上，不仅时刻注意他们的身体，还注重他们的学习和品德修养。在他的培养教育下，五个儿子都成为有用之才，先后登科及第：长子中进士，授翰林学士，曾任礼部尚书；次子中进士，授翰林学士，曾任礼部侍郎；三子曾任补阙；四子中进士，授翰林学士，曾任谏议大夫；五子曾任起居郎。当时人们称他们为"窦氏五龙"。

## 事例二

小猫长大了。

有一天，猫妈妈把小猫叫来，说："你已经长大了。3 天之后你就不能再喝妈妈的奶，要自己去找东西吃。"

小猫惶恐地问妈妈："妈妈，那我应该吃什么东西呢？"

猫妈妈说："你要吃什么食物，妈妈一时也说不清楚，就用我们祖先留下的方法吧！这几天夜里，你躲在人们的屋顶上、梁柱间、箱笼里、陶罐边，仔细地倾听人们的谈话，他们自然会教你的。"

第一天晚上，小猫躲在梁柱间，听到一个大人对孩子说："小宝，把鱼和牛奶放在冰箱里，小猫最爱吃鱼和牛奶了。"

第二天晚上，小猫躲在陶罐边，听见一个女人对男人说："老公，帮我个忙，把香肠、腊肉挂在梁上，把小鸡关好，别让小猫偷吃了。"

第三天晚上，小猫躲在屋顶上，从窗户看到一个妇人对自己的孩子念叨："奶酪、肉松、鱼干吃剩了要收好，不然，小猫的鼻子很灵，明天你就没得吃了。"

就这样，小猫每天都很开心。它回家告诉猫妈妈："妈妈，果然像您说的一样，只要我仔细倾听，人们每天都会教我该吃些什么。"

靠着听别人谈话，学习生存的技能，小猫终于成为一只身手敏捷、肌肉强健的大猫。它后来有了孩子，也是这样教导孩子："只有仔细学习，你才能懂得更多的东西。"

## 事例三

有句话叫作"若要人不知，除非己莫为"，做恶事的人行事鬼鬼祟祟，以为神不知鬼不觉，但是纸终究包不住火，其恶行终有一天会大白于天下。

王莽依仗着姑母王政君的地位，再加上他虚伪奸诈，善于钻营，由黄门郎位至掌握军政大权的大司马，并先后窃取"安汉公""宰衡"的封号。王莽拥有的封号与权力可以说是空前的了，但有着篡权野心的他并没有得到满足。他暗中指使亲信、党羽网罗一批人上书朝廷，对他进行无耻地吹捧。

元始五年（公元 5 年）平帝生病，王莽于十二月十八日以进椒酒为名，将这位 14 岁的小皇帝鸩杀了。为掩人耳目，王莽没有立即登上龙座，而是立了一个年仅2岁的宗室子弟刘婴为皇太子，作为他篡汉自立的过渡。与此同时，王莽派出亲信四处散布他应该做皇帝的种种谣言。四月，汉宗室安众侯刘崇在南阳起兵讨伐王莽，被王莽派兵剿灭。事后，王莽的党羽造出舆论，说刘崇敢于起兵叛乱，是因为王莽位卑权小，为了能够稳定全国局势，必须给他更高的权位。于是，五月元后下诏，同意王莽称“假皇帝”。王莽篡权的罪行已昭然若揭。

王莽以血的代价谋取了帝位。但新朝建立以后，民众逐渐看清了王莽的真面目，认识到他篡权与改制加深了他们的苦难。于是，各地农民纷纷起来反抗，他们汇成了一股巨大的洪流，向王莽政权发动猛烈冲击。公元23年，起义军攻入长安，王莽这个窃国大盗被愤怒的百姓杀死。

## 原文

**人而无信[①]，不知其可也。一人道好，千人传实。凡事要好，须问三老[②]。若争小可，便失大道。年年防饥，夜夜防盗。学者如禾如稻，不学者如蒿如草。遇饮酒时须饮酒，得高歌处且高歌。因风吹火，用力不多。**

## 注释

①信：诚实，不欺骗。

②三老：指古代教化的乡官。

## 译文

一个人不讲信用，真不知道他该怎么办。一个人说好，千人相传就是真的好了。凡事要办好，必须向有学问、有道德的人请教。在一些小事情上争争夺夺，便会失去大的道理。每年都要防饥荒，每天夜里都要防备有盗贼。学习的人像禾苗庄稼一样十分有用，不学习的人像蒿草一样只能当柴烧。只要有机会喝酒就喝，只要有玩的地方就玩，及时行乐。凭借风力吹火，用不了多少力气。

## 点评

人而无信，不知其可也：人靠诚信立命，只有言而有信，才能获得别人的尊重。无论是什么人、什么企业，若想获得成功，都离不开诚信。信誉是产品获得永久生命力的源泉，是人成功的保障。李嘉诚在讲到自己成功的秘诀时，只讲到“诚信”二字，有了诚信才有源源不断的客户。若靠欺诈，是永远做不成大事业的。做小生意偶然得利，只是因为一次交往，第二次若还用同样的方式是绝不会成功的。

年年防饥，夜夜防盗：民以食为天。备粮防荒是百年大业、千年大计，时刻疏忽不得。居家过日子也要克勤克俭，不要铺张浪费。夜夜防盗，是讲要时刻警惕盗贼，不可一时疏忽。小偷、窃贼善钻人们的空子，如果家家都扎紧篱笆，野狗也就很难进来了。

事例

## 事例一

英国著名的小说家瓦尔特·司各特是一个诚实守信的人，虽然他很贫穷，但是人们都很尊敬他。

司各特为人正直，他的一个朋友看见他的生活很困难，就帮他办了一家出版印刷公司。可是他不善于经营，公司不久就倒闭破产了。这使原本就很贫穷的作家又背上了6万美元的债务。

司各特的朋友们商量，要凑足够的钱帮助他还债，可是司各特拒绝了。他说："不，凭我自己这双手我能还清债务。我可以失去任何东西，但唯一不能失去的就是信用。"

为了还清债务，司各特像拉板车的老黄牛一样努力工作。朋友们都非常佩服他的勇气，都说他是一个真正的男子汉，是一个正直高尚的人。

多家报纸报道了司各特企业倒闭的消息，有的文章中对他充满了同情和遗憾。他把这些文章统统扔到火炉里，在心里对自己说："瓦尔特·司各特不需要怜悯和同情，他有宝贵的信用和战胜困难的勇气。"在那以后他更加努力地工作，学会了许多以前不会干的活儿。他经常一天跑几个单位，变换不同的工作，累得又黑又瘦。

有一次，司各特的一个债主看了他写的小说后，专程跑来对他说："司各特先生，我知道您很讲信用，但是您更是一个很有才华的作家，您应该把时间更多地花在写作上。因此，我决定免除您的债务，您欠我的那一部分钱就不用还了。"

司各特说："非常感谢您，但是我不能接受您的帮助，我不能做没有信用的人。"

这件事之后，他在日记本里这样写道："我从来没有像现在这样睡得踏实和安稳。我的债主对我说，他觉得我是一个诚实可信的人，他说可以免掉我的债务，但我不能接受。尽管我的前方是一条艰难而黑暗的路，但却使我感到光荣。为了保全我的信誉，我可能因困苦而死，但我却死得光荣。"

由于繁重的劳动，司各特曾经病倒过。在病中，他经常对自己说："我欠别人的债还没还清呢，我一定要好起来。等我赚了钱，还了债，然后再光荣而安详地死。"

这种信念使司各特很快从病中康复了过来。两年后，他靠自己的劳动还清了债务。

## 事例二

战国时代，魏国的太子被送到赵国的都城邯郸做人质，随同的人员中有魏国的著名大臣庞恭。

临行前，庞恭对魏王说："要是现在有个人跑来说，热闹的街上出现了一只老虎，大王您相不相信?"

"当然不相信!"魏王立刻答道。

"如果有两个人同时跑来说，热闹的街上有一只大老虎，您相信吗?"庞恭又问。

"会怀疑，但一般不会相信。"魏王回答道。

"那么要是三个人异口同声地说街上有只老虎，您会相信吗?"庞恭接着问。

魏王想了一会儿回答道："我会相信。"

于是庞恭就劝诫魏王："街市上不会有老虎，这是很明显的事。可是经过三个人一说，好像真的有了老虎。现在赵国国都邯郸离魏国国都大梁比这里到街市远了许多，议论我的人又不止三个。希望大王明察才好。"

魏王道："一切我自己知道。"可是，庞恭走后，毁谤他的人太多了。庞恭陪太子回国后，魏王果然没有再召见他。

## 事例三

周瑜看到诸葛亮挺有才干，心里很忌妒。

有一天，周瑜请诸葛亮商议军事，说："我们就要跟曹军交战。水上交战，用什么兵器最好?"诸葛亮说："用弓箭最好。"周瑜说："对，先生跟我想的一样。现在军中缺箭，想请先生负责赶造10万支箭。这是公事，希望先生不要推却。”诸葛亮说：“都督委托，当然照办。不知道这10万支箭什么时候用？”周瑜问：“10天造得好吗？”诸葛亮说：“既然就要交战，10天造好，必然误了大事。”周瑜问：“先生预计几天可以造好？”诸葛亮说：“只要3天。”周瑜说：“军情紧急，可不能开玩笑。”诸葛亮说：“怎么敢跟都督开玩笑。我愿意立下军令状，3天造不好，甘受惩罚。”周瑜很高兴，让诸葛亮当面立下军令状，又摆了酒席招待他。诸葛亮说：“今天来不及了。从明天起，到第三天，请派500名军士到江边来搬箭。”说完，诸葛亮喝了几杯酒就走了。

鲁肃对周瑜说：“10万支箭，3天怎么造得成呢？诸葛亮说的是假话吧！”周瑜说：“是他自己说的，我可没逼他。我得吩咐军匠们，让他们故意迟延，造箭用的材料，不给他准备齐全。到时候造不成，定他的罪，他就没话可说了。你去探听一下，看他怎么打算，回来报告我。”

鲁肃见了诸葛亮。诸葛亮说：“3天之内要造10万支箭，得请你帮我的忙。”鲁肃说：“这都是你自己找的，我怎么帮得了你的忙？”诸葛亮说：“你借给我20条船，每条船上要30名军士。船用青布幔子遮起来，还要1000多个草把子，排在船的两边，我自有妙用。第三天管保有10万支箭。不过不能让都督知道。他要是知道了，我的计划就完了。”

鲁肃答应了。他不知道诸葛亮借了船有什么用，回来报告周瑜，果然不提借船的事，只说诸葛亮不用竹子、翎毛、胶漆这些材料。周瑜疑惑起来，说：“到了第三天，看他怎么办！”

鲁肃私自拨了20条快船，每条船上配30名军士，照诸葛亮说的，布置好青布幔子和草把子，等诸葛亮调度。第一天，不见诸葛亮有什么动静；第二天，仍然不见诸葛亮有什么动静；直到第三天四更时候，诸葛亮秘密地把鲁肃请到船里。鲁肃问他：“你叫我来做什么？”诸葛亮说：“请你一起去取箭。”鲁肃问：“去哪里取？”诸葛亮说：“不用问，去了就知道了。”诸葛亮吩咐把20条船用绳索连接起来，朝北岸开去。

这时候大雾漫天，江上连面对面都看不清。天还没亮，船已经靠近曹军的水寨。诸葛亮下令把船尾朝东，一字摆开，又让船上的军士一边擂鼓，一边大声呐喊。鲁肃吃惊地说：“如果曹兵出来怎么办？”诸葛亮笑着说：“雾这么大，曹操一定不敢派兵出来。我们只管饮酒取乐，天亮了就回去。”

曹操听到鼓声和呐喊声，就下令说：“江上雾很大，敌人忽然来攻，我们看不清虚实，不要轻易出动。只让弓弩手朝他们射箭，不让他们近前。”他派人去旱寨调来6000名弓弩手，到江边支援水军。10000多名弓弩手一齐朝江中放箭，箭好像下雨一样。诸葛亮又下令把船掉过来，船头朝东，船尾朝西，仍旧擂鼓呐喊，逼近曹军水寨去受箭。

天渐渐亮了，雾还没有散。这时候，船两边的草把子上都插满了箭。诸葛亮吩咐军士们齐声高喊："谢谢曹丞相的箭！"接着让 20 条船驶回南岸。曹操知道上了当，可是这边的船顺风顺水，已经飞一样地驶出了 20 多里，要追也来不及了。

20 条船靠岸的时候，周瑜派来的 500 名军士正好来到江边搬箭。每条船大约有五六千支箭，20 条船总共有十万多支箭。鲁肃见了周瑜，告诉他借箭的经过。周瑜长叹一声，说："诸葛亮神机妙算，我真比不上他！"

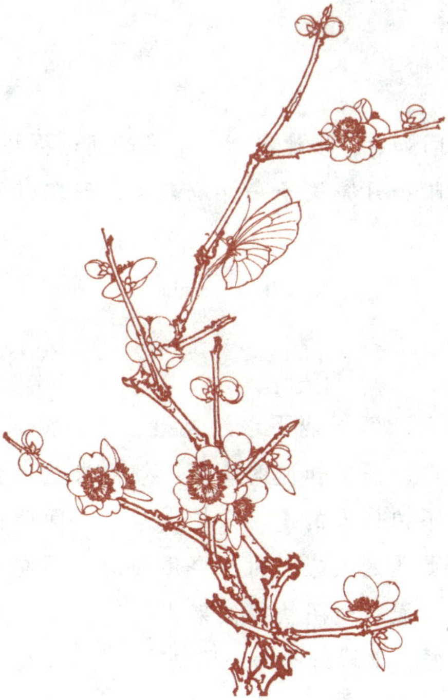

## 原文

**不因渔父引，怎得见波涛。无求到处人情好，不饮从他酒价高。知事少时烦恼少，识人多处是非多。入山不怕伤人虎，只怕人情两面刀。强中更有强中手，恶人须用恶人磨。会使不在家豪富，风流不用着衣多。光阴似箭①，日月如梭②。天时不如地利，地利不如人和。**

## 注释

①光阴似箭：时间如箭，迅速流逝。形容时间过得极快。光阴，时间。

②日月如梭：太阳和月亮梭子一样地来去。形容时间过得很快。梭，织布时牵引纬线的工具。

## 译文

不凭借渔翁的帮助，怎么能下水经风浪。不到处求人的人，人缘就好；不到处饮酒，随便酒价多高。知道的事情少烦恼自然也会少，认识的人多可能是非也会多。上山不怕伤人的虎，只怕人与人之间两面三刀。强人外边还有强人，恶人自会有更恶的人来对付。会用钱的人不在乎家里是否富有，漂亮的人不在乎穿什么衣服。光阴快得像射出的箭，日月走得像织布机上的梭子。时机好不如地域好，地域好不如人团结。

## 点评

无求到处人情好，不饮从他酒价高：在推动人类历史进步这方面，人类的欲望有着不可磨灭的贡献。所以，人类还是要有欲望的，只不过对自己的欲望要有节制，不能任其膨胀，变成一种贪得无厌的索取。

知事少时烦恼少，识人多处是非多：人与人之间需要交往，这是正常的。一个人不能总离群索居，落落寡合，那样岂不成了孤家寡人？认识的人多，从人际关系上讲也是好事。只要正常与人相处，就不存在招惹是非的问题。即使相处中有了矛盾也不足为怪，不能怕招惹是非就画地为牢，把自己与世隔绝起来。

事例

## 事例一

在两千多年以前的战国时期，秦国有一个叫薛谭的青年歌手，为提高唱歌本领，投在秦国歌唱家秦青的门下学习声乐艺术。

薛谭还没有学尽秦青的技艺，就盲目自认已经全部学到，踌躇满志地要去独闯江湖，于是向秦青提出要结束学习，告别老师回家去。面对自满的学生，秦青没有批评，没有制止，不仅同意了薛谭的请求，还郑重地为薛谭举办了结业仪式。秦青亲自出城送别，在郊外的大道设宴为薛谭饯行。

眼看薛谭就要离去，不知何日能再聚，想起薛谭学艺以来的时光里，师生进行艺术传承，相互融洽，相互尊重，秦青胸中泛出不舍之情。秦青取出随身携带着的叫“节”的打击乐器，拍拍打打地敲了起来，并紧随着敲打出来的节奏，纵情高歌，把自己对离别的伤感倾注在歌声里。

但见，秦青激昂的歌声把大道附近的大树震得枝摇叶晃。秦青高亢的歌声，直插九霄云天。

薛谭第一次目睹自己的老师歌唱本领如此高超，技艺如此绝伦，发自肺腑地钦敬。薛谭幡然醒悟，明白自己肤浅的技艺与老师已经登临高境的艺术天差地别。薛谭当即向老师认错，恳求老师准许他重返师门继续学习。

秦青谅恕了薛谭，师生皆是欢喜。从此以后，薛谭安心学艺，不敢再说自己要毕业回家的话。

## 事例二

一个探索者多年苦苦寻觅真理却毫无成果，有人对探索者说，他应该到一个洞穴里去，在那里他会发现一口井，并向他建议说：“你问那口井，什么是真理？它会告诉你答案。”于是，探索者找到那口井后，便问了那个最重要的问题。从井底传来了井的回答：“去村庄的十字路口。在那儿，你就能找到答案。”

满怀着信心和希望，探索者跑到了十字路口，结果只看见那里开着很难引起人们兴趣的三家商店。第一家出售金属条，第二家出售木材，第三家出售的则是金属丝。那里似乎没有什么东西和人与真理有关。

探索者带着失望回到井边，要求它给出解释，但井仅仅告诉他说：“将来你就会明白的。”探索者觉得自己仿佛被愚弄了——至少他当时是那么想的。他愤怒地大声抗议，可答复他的只有怒吼的回音。

然而，探索者依然没有放弃，他继续为寻找真理四处奔走。几年的时间过去了，有关井的那段经历在他的记忆中已渐渐消失，直到有一天夜晚，当他在月光下散步时，远处传来的锡塔尔琴声引起了他的注意。多么优美动听的曲子啊！琴艺如此高超，琴声如此令人兴奋。

被这美妙的音乐深深打动的探索者不由自主地走到了演奏者身边。他看到琴弦上的手指娴熟地舞动着。从锡塔尔琴中，他似乎明白了什么道理，然后，他突然高兴地大声喊了起来。锡塔尔琴是由铁丝、金属条和木材制成的，它们正是他曾经见过的那三家商店所出售的商品，而当时他却以为这没有什么特别的意义。

最后他终于明白了那口井所说的话中蕴含的道理：我们已经被赐予了所需要的一切，我们的任务是把它们聚集起来，而后再用恰当的方法加以利用。

当我们仅仅去感知独立的个体时，它们并不具有深远的意义。可是，一旦把独立的个体集合到一起，一个新的实体就形成了，而它的自然属性只通过独立的个体是无法预知的。

## 事例三

古时候，有个老汉日子过得挺好，乡亲们都佩服他有办法，纷纷登门求教。老汉没有说话，只是用手朝正屋墙上的一块朱红匾指了指，这匾上写着“勤俭”两个大字。乡亲们明白了，原来“勤俭”两字就是老汉过好日子的办法。

后来，老汉得了病。他把两个儿子叫到跟前说：“儿啊，我死后，你们兄弟俩要照匾上的字好好过日子。”不久他就死了。

转眼兄弟俩长大成人，由于不团结，兄弟俩分了家，他们分得可真彻底，一家分一间偏房，连正屋中间也打上竹篱笆，抹层泥，一家一半。匾也被分成两半了。

哥哥住西边，只能看见匾上的“勤”字；弟弟住东边，只能看见匾上的“俭”字。可兄弟俩并没有忘掉父亲的嘱咐，只是老大光顾“勤”字而忘掉了“俭”字，老二光顾“俭”字而忘掉了“勤”字。

老大夫妻俩起早摸黑，上山种田，成天忙忙碌碌，手脚不停。屋前养着鸡兔，后塘养着鹅鸭，栅栏里还圈着肥壮的大猪，架上豆角棚上瓜，收的也不少。可是他们不注意节俭，大手大脚，刚开春，米桶肉罐就空了。幸而还没有碰上荒年，要来个荒年可怎么得了呀！“到底爸爸说得对不对呢?”老大夫妻俩总是闷闷不乐地想着。

老二夫妻俩计算着吃又计算着穿，从不浪费一点儿。身上总是穿着补补缝缝的旧衣裤，连巴掌大的布片也都缝起来做裤衩穿。吃的又是什么呢？该吃稠的喝稀的，该喝稀的喝口汤，一小块盐巴也砸开分几颗吃。可是他们俭而不勤，刚到开春，米桶肉罐都空了。这还没碰上荒年呢，要来个荒年该怎么办呢？“到底爸爸说得对不对呢?”老二夫妻俩也总是闷闷不乐地想着。

一天，舅公来一看，哎哟，不对不对！怎么每个人都耷拉着脑袋呀？一问，哦，原来抱怨爸爸呢。他想了想，不觉哈哈一笑，把四个人拉到门口，指着正屋中间的匾说:“勤是摇钱树，难填无底洞；俭是聚宝盆，没余聚不成。勤俭兄弟匾，一字不能少；要勤又要俭，团结家业盛。”两兄弟一听，连连称是，两妯娌也羞得满脸通红。于是舅公领着大家拆去隔墙，把匾洗刷干净，安放好。从此，兄弟俩齐心协力，既勤又俭，日子越过越好，后来人们就把勤俭匾称为“兄弟匾”了。

## 原文

**黄金未为贵，安乐值钱多。世上万般皆下品，思量①唯有读书高。世间好语书说尽，天下名山僧占多。为善最乐，为恶难逃。羊有跪乳之恩，鸦有反哺之义。你急他未急，人闲心不闲。隐恶扬善，执其两端。**

## 注释

①思量：考虑。

## 译文

黄金没什么可贵的，安静快乐的生活才是最重要的。世界上一切都是次要的，考虑一下只有读书最重要、最高尚。世界上的好话让各种书籍都说尽了，天下有名的山多数都让僧侣占去了。多做好人、多做善事使人快乐，做坏事、有恶行罪责难逃。羊羔有跪着吃奶的感恩之心，小乌鸦有衔食哺母的情义。你着急他不着急，人没什么事做了，心却闲不住。不讲别人的坏话，多想别人的好处，避免过与不及的状态。

## 点评

为善最乐，为恶难逃：做善事的人，看见别人因为自己的帮助而摆脱了困境，心中会有说不出的喜悦，也会有很大的满足感，这是一种积极的情绪，它会给人的身心带来长时间的愉悦。

羊有跪乳之恩，鸦有反哺之义：该句强调了“孝道”的重要。“仁”“孝”是儒家思想的核心，孝是仁的一种体现，孔子反对鬼神，但对祭祀却异常看重，因为祭祀是孝的一种体现。中国人对孝道的重视超过了其他所有国家，主要是因为儒家思想的广泛传播。

事例

## 事例一

保罗出身于一个殷实的家庭，这一年的圣诞节，他的哥哥送给了他一件了不起的圣诞礼物——一辆崭新的蓝鸟牌轿车。

平安夜，兴奋的保罗独自开车出门兜风，当他停在街头买可口可乐时，发现一个与自己年龄不相上下，棕色皮肤，像街头小流氓一样的家伙正瞪着一双大眼睛不停地打量着这辆闪闪发光的新车。见保罗走过来，他有几分羡慕地问："你自己的？"

保罗点一下头，故作轻松地说："是哥哥送给我的圣诞礼物。"

小伙子吃惊地瞪圆双眼："你，你是说，你哥哥送给你的，没花你自己一分钱？"

保罗得意地闭了一下眼，算是个肯定的回答。

"天哪！"小伙子大声叫道，"我真希望……"

保罗当然知道他希望的是什么——他希望自己也有一个那样的哥哥。

可小伙子的话却让保罗大吃一惊。

"我真希望自己是一个那样的哥哥！"

保罗愣了片刻，待他确定自己没听错这句话时，突然说："你上来开一段。"

"真的？"小伙子十分惊喜。

保罗二话没说，为他打开车门。小伙子坐在车里，高兴而小心翼翼地摸摸这里，碰碰那里，然后有几分不好意思地问："能开到我家门前吗？"

"没问题！"保罗知道，他准是想让他的同伴们看看自己能坐在这样一辆漂亮的车上。

经小伙子指引，保罗把车开到一栋破旧的公寓楼前。

小伙子抑制不住满脸的喜气，又问："你能在这儿等我一小会儿吗？"

"当然。"

小伙子快步跑进楼里，不一会儿，他架了一个双腿残疾，不能行走的十四五岁的男孩出来。看模样，是这小伙子的弟弟。

小伙子把弟弟放在台阶上坐好，指着保罗的车说："看！就是他，就是这辆车！他哥哥把这辆车送给他做圣诞礼物，没花他自己的一分钱！好弟弟，你等着吧，以后总有一天，我也要送给你一件这样的圣诞礼物。你可以自己开着上街看看，圣诞的夜晚多美好呀！再不用总是坐在窗前听我给你说了……”

保罗的双眼湿润了，他满怀敬意地下车，一字一顿地说：“请上车，我们现在就一块儿去看圣诞夜景。”

其实，并不是只有金钱才能得到快乐，有时候简单安定的生活就是一种无形的财富。

## 事例二

很早以前，一只母羊生了一只小羊羔。羊妈妈非常疼爱小羊，晚上睡觉的时候让它依偎在身边，用身体暖着小羊，让小羊睡得又熟又香。白天吃草的时候，又把小羊带在身边，形影不离。遇到别的动物欺负小羊，羊妈妈用角抵抗，保护小羊。

一次，羊妈妈正在喂小羊吃奶。一只母鸡走过来说：“羊妈妈，近来你瘦了很多，吃的东西都喂养给了小羊。你看我，从来不管小鸡们的吃喝，全由它们自己去扑腾。”

羊妈妈讨厌母鸡的话，就不客气地说：“你多嘴多舌，搬弄是非，到头来犯下拧脖子的死罪，还得挨一刀，对你有啥好处？”

气走母鸡后，小羊说：“妈妈，您对我这样疼爱，我怎样才能报答您的养育之恩呢？”

羊妈妈说：“我什么也不要你报答，只要你有这一片孝心就心满意足了。”

小羊听后，不觉泪下，扑通跪倒在地，表示难以报答慈母的一片深情。从此，小羊每次吃奶都是跪着的。它知道是妈妈用奶水喂大它的，跪着吃奶是感激妈妈的哺乳之恩。

## 事例三

一个山坡上有几棵老杨树，在高大的树上有许多用树枝搭的鸟窝，今天从其中一个说起。

早春刚过，乌鸦爸爸妈妈就回到这里开始修缮它们的窝了，因为经过一冬的风吹，很多树枝已经掉落，为了将来它们的小宝宝能安全地成长，它们要尽快修建好这个家。乌鸦爸爸从树林里捡来了好多树枝修补房子的外面，乌鸦妈妈找来了松软的茅草和羽毛，要在床铺上重新铺一层厚厚的垫子，好在上面孵化小乌鸦。

乌鸦爸爸妈妈不到一周的时间就把家修建好了，乌鸦妈妈先后产了5枚卵后开始孵化小乌鸦。这时乌鸦爸爸也没闲着，飞到远处去寻吃的，等把吃的东西叼回来就喊乌鸦妈妈出去吃东西，乌鸦爸爸进窝继续孵化小乌鸦，等乌鸦妈妈吃完东西，活动活动休息一会儿再进窝里替换乌鸦爸爸。这样坚持几个星期的时间才能把小乌鸦孵化出来。

小乌鸦出壳了，乌鸦爸爸妈妈更忙了，5张小嘴要吃东西。乌鸦妈妈在近处打食，顺便照看小乌鸦，乌鸦爸爸则到远处寻找食物。有时候乌鸦爸爸妈妈也会互换一下，使过于疲劳的那个休息一下。乌鸦爸爸妈妈的勤劳很快就看到了成效，小乌鸦长得很快，看个头都快追上爸爸妈妈了。

小乌鸦要出窝了，爸爸妈妈就引导它们飞行，一两天的时间就都能飞出窝了，然后就带领它们飞更高更远的路，目的是让它们尽快长硬翅膀，同时教它们怎么捕食。

小乌鸦长大了，完全能自己捕食了。这个时候爸爸妈妈非常疲劳，需要在窝里脱毛休息，等换上新装后再回到远方的家（迁徙）。这个时候小乌鸦就承担起给爸爸妈妈打食的任务，这也是它们报答爸爸妈妈的好机会，再大些，它们就有自己的家，没时间照顾爸爸妈妈了。

小乌鸦用稚嫩的翅膀在荒野中飞来飞去，为了让爸爸妈妈吃得饱些，它们兄妹几个谁也不偷懒，它们在努力报恩。

过了一个月左右，乌鸦爸爸妈妈的羽毛长齐了，自己能够出去打食了，就带领小乌鸦去更远的地方捕食，目的是吃得更饱，翅膀练得更硬，过些日子好飞回温带地区越冬。

这个时间你再看，飞在前面的小个的是爸爸妈妈（羽毛还没长到最长，显得个小），飞在后面的大个的是小乌鸦，小乌鸦已经长大了，与刚出窝时正好相反。

又过了一段时间，乌鸦全家飞走了，回到它们越冬的地方去了。

## 原文

**妻贤夫祸少，子孝父心宽。既坠釜甑[①]，反顾无益。翻覆之水，收之实难。人生知足何时足，人老偷闲且是闲。但有绿杨堪系马，处处有路透长安。见者易，学者难。莫将容易得，便作等闲看。**

## 注释

①甑（zèng）：古代炊具。

## 译文

家里有贤惠的妻子，丈夫烦心事就少；儿子如果孝顺，父亲就可以放宽心了。釜甑已经掉到了地上，再看也没有用了。水已经洒了，再收回来实在很难。人一辈子也不会知足，老了能挤点儿时间就挤点儿时间清闲一下吧。哪里都有拴马的树，条条路都可以通向长安。在旁边看人家觉得容易，轮到自己学和做就觉得难了。不要把容易得来的东西，看成平常的事。

## 点评

既坠釜甑，反顾无益。翻覆之水，收之实难：做错的事情，悔之已晚，但亡羊可以补牢。应该从中吸取教训，前事不忘后事之师，失败和错误是人生的老师，会使人成熟起来。诚然，我们无论做什么事情，都应三思而后行，都要经过充分的思考和准备，要考虑到事情发展的几种可能，考虑到事情的后果。做事不顾后果，往往会铸成大错。一个人活在世上，想一点儿错误不犯，一点儿错事不做是不可能的。但一个人要力求少犯错误，犯了错误，做了错事，应尽快改正，吃一堑，长一智，不再犯类似的错误。

人生知足何时足，人老偷闲且是闲：人很容易回顾反思自己的过去，老年人更是如此。对他们来说，自己的人生之路已经走出去很远了，需要对自己人生做一次总结了。因而，老年人不自然地就会回忆起自己的少年时期、青壮年时期发生的一些事情，不由自主地回顾一下自己今生的成就，不知不觉地清点一下自己的功劳过失。如果这一生自己觉得还算满意，还算充实，他们会从心底露出满足的笑容，而如果他们觉得自己过得不够充实，自己以前做的事太过荒唐，就会生出无限的感伤。老来只有懊悔，何谈满足感呢？

事例

## 事例一

吉姆和休斯都是陶瓷艺人。十多年前听说城里人喜欢用陶罐，两人就决定做最好的陶罐拿到城里卖。在反复实验中，十多年过去了。他们认为自己烧制出了最好的陶罐，可以卖到城里了。于是他们就雇了一艘轮船，装上亲手烧制的陶罐，到远离家乡的大城市去卖。装好船，他们就向大城市出发了，船越靠近目的地，他们就越兴奋。他们希望很快能带着卖陶罐得来的钱回到家乡，过上富足的日子。可是，一场突如其来的风暴把轮船打得摇摇摆摆。风暴过后，船虽然靠了岸，陶罐却全破了。看着满地的破陶罐，吉姆难过极了，休斯则失声痛哭。他们的致富梦化为了泡影。好一阵儿，吉姆才回过神来。他劝慰休斯，陶罐已经都碎了，再哭也无益，还是先找个地方住一晚，然后再到城里找找看有没有什么补救的办法。后来他们意外发现，城里人装饰墙面的东西与他们的破陶罐的材料一样，于是他们把陶罐碎片稍加整理做成马赛克，销路很好。两人反亏为盈。

## 事例二

美国汽车大王亨利·福特从小就对车子有一种莫名的热爱，早在人们还把车子当成一种奢侈品，认为是有钱有闲后才能享受到的“玩物”时，福特就已经洞悉先机，比别人早一步发现车子的便利性，并觉得车子成为日常生活的必需品是时势所趋。

因此，他全力以赴，率先制造了两款新型的赛车，并且以流线型的外观击败了所有的对手，赢得高额奖金，随后一手创办了福特汽车公司。

福特积极地开发市场，生产最耐用的小汽车，以低廉的价格吸引了许多小家庭与年轻人。他打破传统，致力于增强车子的实用性而不讲求排场，所以一举在市场上闯出响亮的名号。

福特并不因此自满，他乘胜追击，不断地研发、改进自己的生产线，并扩大生产规模，到了20世纪30年代初期，便已赚进亿万美元了。

接二连三的胜利增强了福特的信心，但也冲垮了他的危机意识。

任何人的意见对他而言都是耳边风，他认为事实摆在眼前，只有自己的决策是永远正确的，使得一些有理想有想法的下属在这里完全没有施展抱负的机会，于是纷纷跳槽到别家公司。

福特公司的人才逐渐凋零，面对竞争对手不断地推陈出新，福特公司不知所措，欲振乏力。最后，福特公司面临巨大的亏损，多年来的苦心经营差点儿毁于一旦。

## 事例三

陈尧咨擅长射箭，当时世上没有人能和他相比，他也凭着这一点自夸。

有一次，他在自家的园圃里射箭，有个卖油的老翁放下挑着的担子，站在一旁，不在意地斜着眼看他，久久地不离去。老翁见到陈尧咨射出的箭十支能中八九支，他也只不过微微地点点头以示赞许。

陈尧咨看到了，跑过来问道："你也会射箭吗？我射箭的本领难道不是很精湛吗？"

老翁说："没有什么别的奥秘，只不过是熟能生巧罢了。"

陈尧咨听后生气地说："你怎么敢轻视我射箭的技术？"

老翁说："凭着我倒油的经验就可知道这个道理。"

于是老翁取过一个葫芦立在地上，用铜钱盖在它的口上，慢慢地用勺子把油倒进葫芦，油从铜钱的孔中注进去，却不沾湿铜钱。

老人说："我这点儿手艺也没有什么别的奥秘，只是熟能生巧罢了。"陈尧咨见此，只好笑着将老翁打发走了。

## 原文

**用心计较般般错，退步思量事事难。道路各别，养家一般。从俭入奢①易，从奢入俭难。知音说与知音听，不是知音莫与弹。点石化为金，人心犹未足。信了肚，卖了屋。**

## 注释

①奢：用钱没有节制，过分享受。

## 译文

只要用心想想，就觉得每件事情都做错了；退一步考虑，就觉得每件事情都很难做。走的道路也许各有不同，但维持生活的道理都是一样的。从勤俭到奢侈、享受很容易，但要从享受再到俭朴中去就很难适应了。知音只说给懂的人听就行了，对不了解的人就不要弹琴给他听。把石头都变成金子，但有的人尚不满足。随着肚子的食欲，就是把房子卖了也无济于事。

## 点评

用心计较般般错，退步思量事事难：一个人对个人的事情、个人的利益不必过多计较。太计较了，整天想自己这个吃亏了，那个占便宜了，就会活得很累。有些人为了蝇头小利斤斤计较，挖空心思到处算计，到头来还是竹篮打水一场空。

知音说与知音听，不是知音莫与弹：知音当然要与知音弹琴赏乐，钟子期只给俞伯牙弹奏，因为只有他才能理解钟子期音乐中的韵律，才能感知钟子期的心迹。再美妙的音乐，没有知音欣赏，也会索然无味；再好听的歌曲，没有热情的听众，也燃不起一丝激情。有的人怀揣阳春白雪的高雅却流落于草莽之间，找不到知音，寻不到同伴，孤独苦闷。对无赖演奏《霓裳》，对白痴倾诉衷肠，如此一来，你便成了一个无赖、白痴。不是知音莫与弹，弹了之后，非但不被理解，亦会遭人嘲笑。

事例

## 事例一

毛主席要求别人时自己首先做到。他一生粗茶淡饭，睡硬板床，穿粗布衣，生活极为俭朴，一件睡衣竟然补了73次，穿了20年。经济困难时期，他自己主动减薪，降低生活标准，不吃鱼、肉、水果。20世纪60年代，有一次，他召开会议到中午还没有结束，于是留大家吃午饭，餐桌上是一大盆熬白菜、几小碟咸菜，主食是烧饼。伟人在勤俭节约方面为国人做出了表率。

当年，美国记者斯诺在延安看到毛主席等中共中央领导人吃的是粗糙的小米饭，穿的是用缴获的降落伞改制的背心，住的是简陋的窑洞，他感慨地称赞这是存在于共产党人身上的“东方魔力”，并断言这种力量是“兴国之光”。

毛主席的管家吴连登这样描述主席的节俭生活：“我从1964年开始到1976年主席去世，一直在主席家里管这个家。主席的家要说好管，主席一分钱不拿，也不过问你怎么花；要说不好管，该花钱的地方必须花，主席买盒火柴、买包手纸都要花钱，一分钱都不少花，主席在外面喝一杯茶我都要去结账的，在大会堂也一样。主席的工资原来是610元，后来国家遇到了前所未有的困难，主席带头把工资降下来了。当时主席的工资是404.80元，主席有几大项开支。一大项开支是吃饭，100元左右，包括他请客，如民主人士，主席的民主人士朋友特别多，请黄培炎、章士钊等这样的客人都是主席自己掏钱。另一大项开支是抽烟等，每个月将近100元，还要有几十元的茶叶钱。那时李敏、李讷上学，费用都从这边出。原本一个孩子一个月15元，随着物价的上涨，提高到了30元，花起来很严格，这个月花多了，要从下个月扣回来。还有一项开支是老家来人，有经济困难要补贴的，有来看病的，他们的交通费、伙食费，走时还要给一点儿。钱很紧张，所以我说这个家不好当。钱不够用，怎么办呢？只好从稿费中开支。主席的稿费是单独管理的，我要用时得打报告，后面附上账单，一笔笔，清清楚楚，主席签上字，我才能到中央特别会计室去取钱。

“我管主席的家12年，在这12年里，主席仅买书就花了8000元，所以我手里的钱一直比较紧张，但不管怎么说，首要的任务是主席吃饭，要保证老人家的健康。主席从来不吃补品，不吃山珍海味，就是普通的一日三餐。从他一生的吃饭上也可以看出他是人民的领袖。他有个小灶，他对他的家里人说：‘小灶是人民给我安排的，你们都无权享用。’他的女儿、姐姐，都和我们一样到中南海的食堂排队打饭，他们家每个星期六晚上团聚一次，主席的子女不是那么好做的，主席严格要求他们。每次吃饭时，在社会上听到什么要讲给主席听，读了什么书也要讲出来，如果主席有看法就交流一下，紧接着布置任务，还要读什么书，下个礼拜再来讲。这顿饭一般吃的时间比较长。主席吃饭四菜一汤，一个荤菜，一个鱼是必需的，一个半荤半素，一个全素。主席有两难：吃饭难、睡觉难。你不叫他，他不吃饭，文件没看完，他不放下。你说：‘主席，吃饭了。’‘等一下。’他还跟你商量，‘再等一会儿吧。’你不能干扰主席的思路，这一等就没准儿了，菜就凉了，又不能反复热。后来，我们专门定做了瓷器，盘子、碗上加个盖，保温，也卫生。后来有人传言主席有专用的瓷器，其实不是那么回事。我们要求主席的碗要轻，他捧一天的书了，手很累。主席原来用的碗都是景德镇的，有一次他说：‘我们湖南有个醴陵，那个地方的瓷器很不错。’我们很快订了醴陵的瓷器，他们让最好的工匠来制作，一个碗重124克，很轻很薄，透明的，里外有花，以红为主。主席第一次拿这个碗很高兴：‘这好啊！’乡情啊！主席很爱他的家乡。主席吃饭跟国内外形势也有关，一有大事，以素为主，这时主席吃不下饭，荤的肯定不行。

“主席喜欢吃鱼头，另外喜欢吃鱼杂、鸡杂。如果中南海打了大鱼，我们就去买来，把鱼头弄下来，鱼身子再去卖给食堂，我们就这么管理，一分钱都不能浪费。主席爱吃小鱼小虾，爱吃肉皮，他没有补过钙，吃得很简单，有时我们说：‘主席，加点儿菜吧。’‘我吃这个很好了，很多人还吃不饱饭呢。’他说，‘中国不缺我毛泽东吃的，但如果我拿了国家的钱，部长们、省长们、村长们都可以拿。’他用自己的行为践行了廉政的作风。他没有一杯茶是不付钱的，吃的用的都是照价付款。困难时期是怎么度过的？跟老百姓一样，谁能想到主席的腿也肿？他不吃肉，有一次上了点儿肉，主席发脾气。主席也有供货本、布票、油票，北京市民是多少，主席就是多少。他的粮食定量17斤，如果有余下，就给孩子们补贴。为什么困难时期能度过？主席就是这样过来的，这就是人民的领袖。送给主席的礼品很多，吃的用的都有，这些礼品我们不可能不给他看。他每天晚上要出来散步，换空气，我们就把这些礼品摆上，写上数量给他看，吃的东西数量多的送到食堂去，再把钱给人家寄回去。数量少就送给司机班，或是别的地方。没有一次听说是送给李敏、李讷的。那时，录音机、手表——金手表、瑞士的、罗马的，很稀罕，还有金银首饰，看着也喜欢，谁不喜欢呢？他的孩子也会过来，拿起来看一看，然后再放回去，从来没有拿过贵重的礼物。”

## 事例二

从前，有一个神仙，会各种各样的法术。有一天，神仙下凡，想找个不贪心的人，帮助他也成为神仙。他怕找错了人，于是想出一个办法来考验世上的凡人。

神仙会一种法术，只要手指一点石头，石头就变成了黄金。他每遇到一个人，就把石头点成金子送给他，想看看有没有不贪图金钱的人。但是让他失望的是，不管他走到哪里，碰到什么样的人，人们都会很高兴地拿走金子。

后来，神仙又遇到了一个人，他想再试试，于是神仙点中了一块石头说：“我是神仙，这块石头点成的金子送给你吧。”那人摇摇头没有说话。神仙心想：“看来这个人不贪心，正是我要找的人。”谁知那个人伸出手指对神仙说：“神仙大人，我什么也不要，就只要你刚才点石成金的那根手指头。您就施个仙法，把那根手指头换到我手上吧！到时我就有数不清的金子用了。”神仙听完，叹了口气，心想：“这人的贪心更重。”于是不再理他，转身离去了。

## 事例三

秦始皇统一六国后，被胜利冲昏了头脑。集天下财富于一身的他，欲望并没有得到满足，而是不断地变本加厉。为了满足自己的奢欲，他在都城附近大兴土木，建立阿房宫，修造骊山墓，所用民夫竟达 70 万人以上。据记载，阿房宫的前殿东西宽达 1000 多米，南北差不多 400 米，殿门用磁石砌成，目的是防止来人带兵器行刺秦始皇。除此以外，秦始皇在咸阳周围建造宫殿 270 多座，在关外的行宫竟有 400 多座，关内有 300 多座。

修建这样庞大的工程必然需要大量的人力、物力、财力。据估算，当时服兵役的人数远远超过 200 万，占当时壮年男子人数的 1/3 以上。庞大的工程开支加上庞大的军费开支，造成了“男子力耕，不足粮饷，女子纺织，不足衣服，竭天下之资财以奉其政”的悲惨局面。当时，民不聊生，百姓过着“衣牛马之衣，食犬口之食”的痛苦生活。最终，他的万世皇帝梦只维持了短短15年。

## 原文

**他人观花，不涉你目。他人碌碌，不涉你足。谁人不爱子孙贤，谁人不爱千钟粟[1]。莫把真心空计较，五行不是这题目。**

## 注释

①千钟粟：五谷丰登，良田千顷，粮食满仓。在这里特指官员的俸禄，形容高官厚禄。千，形容数量很多。钟，中国古代计量单位。粟，一年生草本植物，子实为圆形或椭圆小粒。北方通称“谷子”，去皮后称“小米”。在这里泛指五谷。

## 译文

他人看花，与你的眼睛无关。他人忙忙碌碌，不关你的事。哪个不喜欢儿孙孝顺，谁不喜爱高官厚禄。不要多去计较和操劳，须知道你的命里根本就没有这样的运气。

## 点评

他人观花，不涉你目。他人碌碌，不涉你足：这两句话用来告诫那些爱管闲事的人。这些人很热心，对别人的事情出奇地关心，即使是与自己毫不相干也要横插一杠子。这些人就是唯恐世界不乱的人，许多看似没什么的小事情，经过他们的起哄、掺和，反而会越闹越大，所以这类人非常令人厌烦。

事例

## 事例一

从前，有个棋手叫秋，由于棋艺高超，别人叫他弈秋。有一次，弈秋收了两个学生，为他们两个同时上课。他一心想把自己的棋艺教给他们，就非常仔细地给他们讲解。

一个学生听讲非常仔细认真，一心一意地注意弈秋的讲解和分析，对旁边的事全都不加理会。

而另一个学生呢，看上去他也坐在那里，实际上却是心不在焉。他一会儿看看窗外的田野和树林，一会儿又听听天上的雁鸣。当他发现有好几只天鹅飞过，便想："要是能有一张弓，几支箭，射下一只天鹅煮来吃，那该有多好啊！"直到弈秋全讲完了，他也没在意。

这时，弈秋叫两个学生对下一局，看看他们究竟学得怎样。起先，那个开小差的学生凭着以前的基础还能勉强应付，可渐渐地就显出差距来。那个专心致志的学生攻守从容有序，而三心二意的学生只有招架之功，却无还手之力。

弈秋一见，语重心长地对两个学生说："虽然下棋只是一项小小的技艺，算不得什么大本事，但不专心致志地学习是什么也学不好的啊！"

## 事例二

舜生下来不久，母亲就死了，幼小的舜从未得到过父亲的疼爱。父亲不久又娶了一个年轻美丽的妻子，生下一个叫象的儿子以及一个女儿，舜的日子就更不好过了。舜得不到一点儿家庭的温暖，性格却非常敦厚善良。他遭到父亲的毒打，总是默默地流泪，实在忍受不了时，就独自跑到荒野大哭一场。尽管这样，舜仍然爱他的父亲、后母和弟妹。

经过无数个难熬的日日夜夜，舜终于长大成人。他孝敬父母、友爱弟妹的贤名已传遍华夏各部。但是，狠心的父母待他依然如故，舜只好离家出走，来到他早就向往的东方。

后来天子尧让位给了舜，并把两个女儿嫁给他，让九个儿子追随舜。舜自己做了天子的贵婿，并没有忘记他的父母，而是带着两个妻子去见家人。他的家人见舜携妻载物归来，非但没有收敛恶心，反而处心积虑地想把舜害死，好得到他的财产和妻子。

舜的父亲和兄弟象几次设计想害死他，都没有成功。面对他们的险恶用心，舜待父母弟妹更加孝悌友爱，父亲和象这才回心转意，一家人从此和和睦睦地过起日子来。

虽然父亲和兄弟对舜做了许多不该做的事情，但是舜却不予计较，而是依然如故地善待父亲、友爱兄弟，可见舜的心胸是何等的宽厚善良。“天下无不是的父母，世上最难得者兄弟。”父母兄弟难免会犯一些错误，对此，我们应该抱着宽容博大的心胸去面对，毕竟父母恩重，手足情深。

## 事例三

岳飞从小孝顺父母，7岁就帮父亲下地干农活。劳动回来，岳飞在父亲岳和的指点下刻苦读书，除了《左传》，他最喜读《孙子兵法》，并爱好武艺。

当金人在北方入侵辽国，窥视中原时，岳飞发誓要练成本领，杀敌报国。一天，岳飞听得汤阴县里有一位叫周侗的老人，武艺高强，尤其擅长弓箭。岳飞就去周侗处，要拜他为师。

周侗见岳飞来求师，便问他：“年轻人，你要学箭法干什么？”

“学了箭法就能驰骋疆场，保家卫国。”岳飞抬起头来精神抖擞地回答。

周侗见站在面前的这个孩子志向远大，心中十分喜爱，当即收了这个徒弟。

岳飞在周侗的传授下，很快学了一手好箭法。不久，周侗去世。岳飞心中十分难过，每逢初一、十五，他都要置备一些酒肉到恩师坟前祭奠。他没有钱，就把身边的衣服当了买供品。这件事被岳飞母亲发觉了，要丈夫去询问他。岳飞生性沉默寡言，没有回答父亲的话，只是跪在父亲面前。岳和觉得很奇怪，就留心观察岳飞的行动。

到了初一那天，岳和见儿子出门去了，便悄悄地跟在他后面。只见岳飞来到周侗坟前，先在坟旁射了三支箭，再把供品放在墓前跪下叩头，十分悲伤。

岳和见岳飞祭扫完毕，就上前问他：“你拜过不少老师学艺，为什么独要祭周老师父呢？”

岳飞回答说：“老师在生前一个月里把他一生摸索的箭法都传授给我，还教我立身处世、精忠报国的道理，他的恩情是我一生最难忘怀的。”

岳和听了，觉得儿子已长大成人，正是报效国家的时候，便对岳飞说：“金国侵辽以后，必将入侵中原。当今国势日衰，东京正在招募新兵，你可愿意去从军？”

岳飞回答说：“孩儿早有此意，并约好张宪、牛皋等几位兄弟准备不日去东京。”

岳和听了大喜，便要妻子给儿子准备行装。

岳飞离家前见母亲神情有些感伤，便对母亲说：“孩儿这次去东京，以后不能侍奉母亲了，请母亲给我背上刺几个字吧！”说完，岳飞脱下上衣跪下。岳母含泪在岳飞背上刺了“精忠报国”四个大字。

从此，岳飞走上了报国之途，经过十多年的沙场鏖战，屡建奇功，成为一代抗金名将。

## 原文

**与人不和，劝人养鹅。与人不睦①，劝人架屋。但行好事，莫问前程。河狭水急，人急计生。明知山有虎，莫向虎山行。路不行不到，事不为不成。**

### 注释

①睦：和好，亲近。

### 译文

与别人不和，就劝别人养鹅。与别人不和睦，就劝别人盖房子。只管多行善事，多做好事，个人前途、富贵不必刻意追求。河道狭窄水流自然湍急，关键时刻人则会急中生智，想出办法。知道山上有虎，就不要再去了。路不走不可能到达目的地，事不去做不可能办成。

### 点评

与人不和，劝人养鹅。与人不睦，劝人架屋：邻里之间难免会有矛盾产生，对于这些事情不要斤斤计较，邻里之间要以和为贵、互相忍让。

河狭水急，人急计生：人遇到紧急情况，往往会急中生智，想出摆脱困境、险境的办法。这是由于人在紧急情况下，出于自我保护，大脑会瞬时高度集中思维，调动以往各种经验、知识储备，以解燃眉之急。

事例

## 事例一

东汉末年，北海地区出了一个博学之人，名叫孔融，字文举，是孔子的二十世孙。他从小就很聪明，尤其长于辞令，小小年纪已在社会上享有盛名。

10岁时，孔融跟父亲到洛阳（今河南洛阳。洛阳是历代的陪都，因位于长安之东，称为东都），当时洛阳的太守，是极负盛名的李元礼。由于李元礼的才名很重，因此在太守府中往来的人除了他的亲戚，还有很多是当时有才名的人。

如果不是名人去访，守门的人照例是不通报的。年仅10岁的孔融却大胆地去访问这位太守，他到府门前，对守门人说："我是李太守的亲戚，给我通报一下。"

守门人通报后，李太守接见了他。李元礼问他说："请问你和我有什么亲戚关系呢？"

孔融回答道："从前我家的祖先仲尼（即孔子）和你家的祖先伯阳（指老子，姓李名耳，字伯阳）有师徒之谊（孔子曾向老子请教过关于礼节的问题），因此，我家和你家也是世交呀！"

当时有很多宾客在座，李元礼和他的宾客对孔融的这番话甚感惊奇。

其中有一个中大夫陈韪，恰巧后到，在座的宾客将孔融的话告诉他后，他随口说道："小时了了，大未必佳。"

聪明的孔融立即反驳他道："我想陈大夫小的时候一定是很聪明的。"

陈韪被孔融一句话难住了，半天说不出话来。

## 事例二

人往往在危难紧急的关头，头脑中潜藏的一些智慧才会被激发出来。这就叫急中生智。

有一位名叫丹妮的小姑娘，被全国汽车公司生产的一辆卡车撞倒了。事后，丹妮记不清事故发生的瞬间是自己不小心从冰上跌到车下，还是被卡车卷入车下。杰克先生作为公司的代理律师，抓住丹妮的懵懂，推翻了当时几名目击者的证词，以致丹妮没有得到应有的赔偿。

在绝望之中，丹妮请求露西小姐援助她。露西通过严密的调查掌握了确切的证据。露西对杰克说："你们隐瞒了卡车制动装置有问题的事实。我希望你们赔偿200万美元给那位姑娘，否则，我们将会提出控告。"

杰克狡猾地说："好吧，但明天我必须去伦敦一趟，一个星期才会回来。那时我们好好研究这个问题，再做安排。"7天过去了，杰克没露面。露西感觉有点儿不太对劲，但又不清楚到底为什么，当她的目光停留在日历上时，露西才突然明白，诉讼时效到期了。她差点儿因此疯掉，她问秘书："备好这份案卷需要多长时间?"秘书回答："至少得三四个小时。现在已经是下午一点钟，就算用最快的速度草拟一份文件，交到一家律师事务所，再由他们草拟新文件交到法院，恐怕也赶不及了。""时间，时间，可恶的时间!"露西着急地在房间里踱步。突然，一道灵光在她脑海闪现：全国汽车公司在全美都有分公司，何不把起诉地点移到西边去呢？毕竟隔一个时区就多争取一个小时啊！坐落在太平洋上的夏威夷位于西十区，和纽约整整相差五个小时！很好，就到夏威夷起诉他。这样露西扳回了关键的几小时。最终露西胜诉！

露西小姐在失败似乎已成定局的情况下，灵感有如天启，结果终于挽回了险局，也因此使得自己名扬全美。

## 事例三

蜀国有两位僧人，一位很富有，一位却很贫穷。有一天，贫穷的僧人对富有的僧人说："我想去南海，你觉得怎么样?"富有的僧人觉得很可笑，因为他几次想去都没有去成，现在这个一文不名的人竟然也想去，觉得这个人简直是痴人说梦。他讥笑贫穷的僧人："你有什么资本出行?"贫穷的僧人坦然而答："一瓶一钵足矣!"富有的僧人对此全然不信。没想到，过了一年，贫穷的僧人从南海归来。

富有的僧人虽然出行的条件全然具备，但是他去南海的计划终究没有实现；贫穷的僧人虽然没有他的条件优越，但是却有坚定的决心和实实在在的行动，所以他办成了富有的僧人难以想象的事情。

## 原文

**人不劝不善，钟不打不鸣。无钱方断酒，临老始看经。点塔七层，不如暗处一灯。万事劝人休瞒昧①，举头三尺有神明。但存方寸土，留与子孙耕。灭却心头火，剔起佛前灯。**

### 注释

①瞒昧：隐瞒欺骗。

### 译文

人你不劝他去学习，很难成才；钟不敲就不会响。到没钱时才戒酒，到年老了才知学习。点灯供奉七层佛塔，不如在暗处点一盏明灯。许多事情告诉人们不要做昧良心的事，天上的神灵对这一切都是一清二楚的。给子孙后代留下一些可耕之地。要熄灭心头的怒火，剔亮佛前的灯光。

### 点评

无钱方断酒，临老始看经：做事要果断，不要等到事情已到了无可挽回的地步才去做。喝酒喝到倾家荡产，一贫如洗，再也无钱买酒的地步才想起戒酒，不是太晚了吗？推而广之，克服一切坏毛病，要及早下决心，果断改正，不要迁就自己。

点塔七层，不如暗处一灯：七层高塔灯火通明，虽然场面壮观，却不如黑暗中出现的一盏灯给人的印象深刻，让人记挂终生。这个道理虽然很多人明白，但是大多数人还是愿意去锦上添花，很少去雪中送炭。因为他们更注重的是眼前利益，至于将来的事情他们很少去考虑，只有那些有远见的人才会抛开眼前的蝇头小利看到将来的远大前景。

事例

## 事例一

当初王有龄落魄街头之时，很多人都很瞧不起他，但是面对这个穷困潦倒的书生，胡雪岩发现了他的潜质，想办法靠近王有龄，而且冒着被钱庄辞退的风险把吃了倒账的银子拿出来资助王有龄进京赶考。

在大多数人挤破头巴结权贵之时，胡雪岩的举动确实是出人意料。因为他知道，锦上添花极易被群花淹没，而雪中送炭之举会让自己受益终生。

果然，如了愿的王有龄对胡雪岩是感恩戴德，为帮助胡雪岩做好生意尽心尽力。随着王有龄的升迁，胡雪岩的事业也如日中天，从钱庄到丝绸庄再到当铺，生意横跨好几个行业，胡雪岩成为浙江商界的领袖人物。因为大家都知道，他背后站着巡抚大老爷。应该说，胡雪岩能开创这样一片大事业，王有龄立了头功。

胡雪岩在王有龄身处危难之时能够倾其所有，把毕生的赌注都押在王有龄身上，我们在叹服他惊人的魄力的同时，不得不佩服他超绝的眼光。在贵人落难之时，及时地帮上一把。于黑暗处点亮一盏灯，这比日后点亮七层宝塔所获得的不知要丰厚多少倍。

## 事例二

王旦（公元957—1017年），北宋名相，字子明，大名莘县（今属山东）人。王旦自幼好学，太平兴国五年（公元980年）进士。王旦为相十余年，知人善任，任人唯贤，朝中大部分官员都是他推荐提拔的，但他从未推荐自己的亲属做官。

寇准与王旦同朝为官，王旦为宰相主管中书省，寇准为副相主持枢密院。两人性格相左，一个柔和，一个刚直，所以常有摩擦。

一日，中书省有文件送枢密院，不合诏书格式，寇准便把这件事报告给了宋真宗，王旦受到了责备，中书省的官吏也受到了处分。没出一月，枢密院有文件送中书省，也违反了诏书格式，中书省的官吏很高兴地呈送王旦，认为报复的机会来了。王旦却叫人送还枢密院。寇准十分惭愧，拜见王旦说：

"您真是有天大的度量啊。"王旦与人为善，宽容对待同僚间的摩擦，不仅消除了彼此间的隔阂，确保了政坛稳定，而且以自己的高尚情操，"善"出了政绩卓著的一代名相——寇准。

## 事例三

古代豫州有一个叫李修己的人，他就是因为做了善事而喜得儿子。事情的原委是这样的：李修己初任伊始，恰逢知府正准备籍没张主簿的家产，但所定的罪名却不属实。李修己所做的第一件事就是劝知府如实处理这件案子，知府对他说："这件事你不必参与。"李修己回答："我和张主簿没有私交，但也不忍心看着他家破而不管。"知府听后也自感惭愧，连忙道歉，便听从了他的话。

张主簿得救以后，写了书信、备了厚礼向他致谢，李修己全部派人送了回去，丝毫没有接受。当时李修己已经49岁了，还没有儿子。张主簿夫妇感激他的恩义，请人绘了一幅他的画像张挂在神堂前，日夜为他祈祷，望他早生贵子。后来李修己升任成都知府，夫人严氏忽然有孕在身。一天夜里，李修己梦见张主簿来到家中，醒后儿子就出生了。他的儿子就是李后林，后来进士及第，官至朝散大夫。

这个故事有些离奇色彩，但它是人们对那些做好事的人的美好祝愿，也是对后世之人行善的一种劝导。

## 原文

**惺惺常不足，懵懵作公卿。众星朗朗①，不如孤月独明。兄弟相害，不如自生。合理可作，小利莫争。牡丹花好空入目，枣花虽小结实成。**

### 注释

①朗朗：形容明亮。

### 译文

聪明的人常常意识到自己的不足，糊涂的人把自己看作公卿。再多的星星，也不如一个月亮明亮。兄弟之间相互危害，还不如自生自灭。只要符合礼义的事就去做，不要只顾争小利而害大局。牡丹花再好也只不过是让人观赏罢了，枣花虽不起眼却能结出实实在在的果实。

### 点评

兄弟相害，不如自生：兄弟有手足之情，是一母同胞，兄弟若不念情谊，互相残害，还不如没有兄弟。兄弟之间，本该血浓于水，若反目成仇，如此做兄弟有何益？倒不如萍水相逢的陌路人，虽不至于成为朋友，但亦不会成为仇敌。

合理可作，小利莫争：为人处世，要多为他人着想，不要总是为自己打算，生怕自己吃亏，更不能为了蝇头小利与同事伤了和气。一个人应学会正确看待个人利益，在个人利益与他人利益发生矛盾时，应冷静思考，妥善处理。有些事该忍则忍，能让则让，与人方便，与己也方便。

事例

## 事例一

刘备早年的奋斗屡遭挫折，只好四处投靠别人。建安六年，曹操打败袁绍后，率军进击刘备。刘备逃到荆州，寄寓在刘表那里。由于前途未卜，进退失据，刘备急需有智之士的指点和帮助。建安十二年，在水镜先生司马徽和谋士徐庶的一致推荐下，刘备三顾茅庐，向诸葛亮请教如何在乱世称雄、崛起的计策。诸葛亮有感于刘备的知遇之恩，遂托身于他，竭智效力，将自己平时对天下大势的分析、思考，以及乱世逐鹿中原的谋略展示给刘备，这就是历史上著名的隆中对。

后来三国的历史发展证明，诸葛亮为刘备设计的争夺天下的总策略，即联吴抗曹、夺取荆州和益州作为基地，以等待局势的变化，出兵夺取中原，完全合乎客观形势的演变。由于这条战略得以实施，终于使刘备三分天下有其一，形成了三国鼎立的局面。

当年水镜先生司马徽就曾预言："卧龙、凤雏得一可治天下。"在诸葛亮这位稀世之才的辅佐下，刘备的势力由弱变强，终于有了可以和曹操、孙权抗衡的资本。

## 事例二

曹植（公元192—232年），三国时魏国诗人。沛国谯（今安徽亳州）人，字子建，他是曹操与武宣卞皇后所生第三子。

曹丕和曹植本是亲兄弟，曹植少年时就很聪明，能出口成章，下笔千言。曹丕当了皇帝以后，怕曹植威胁自己的地位，想迫害曹植。有一次让曹植在七步之内作成一首诗，否则就把他处死。曹植应声而起，没走到七步就作好了这首诗：煮豆持作羹，漉菽以为汁。萁在釜下燃，豆在釜中泣。本是同根生，相煎何太急？

曹植把自己比喻成锅里的豆子，把曹丕比喻成锅下面的豆秆。豆子和豆秆本来是生长在同一个根上，现在豆秆却在锅下面燃烧，煎熬锅里的豆子，而锅里的豆子却无力反抗。曹植用这个比喻，暗指曹丕与自己是亲生兄弟，应该是骨肉情深，真诚相待，但现在却是骨肉相残，表达了内心的悲愤。这首诗比喻贴切，用语巧妙，通俗易懂而又含义深长。曹丕听后，一方面自己也有感触，另一方面受母亲劝阻，便打消了杀曹植的念头。

## 事例三

东汉薛包，字孟尝，好学且很有操行，汝南人，因十分孝顺而闻名于乡里。父亲娶了后妻，憎恶薛包，将他逐出家门，薛包日夜哭泣，不肯离去，以至于遭到殴打，不得已才搬到外边去住，后来父母感到羞惭，又让他回家去住。父母死去后，他的弟弟们要求分家，薛包阻止不了，于是将财产分开，自己要年老的仆人，说“他们与我相处的时间长”；择取荒芜和休耕时间长的土地，说“我小时候便种这些土地，对它们有了感情”；捡财物中间破烂的部分，说“这些是我一直使用的，用起来称心”。弟弟们每每家产破败，他立即分给他们家产，救济他们，使他们安居乐业。皇帝听说他的好名声后，命令臣子用公车接他去朝廷，封他为侍中。薛包以死相辞。皇帝便让他回去，像对待当时著名的义士毛义那样礼遇他，还赏给他1000斛粮食。

兄弟之间应该互相忍让，才能和睦相处。《左传》中也讲了这样一个例子。僖公二十四年，周襄王打算让狄人攻打郑国。大夫富辰劝阻道:“兄弟之间即使有小的不满，但仍然有手足之情。现在您如果忍不住这小小的不满，丢失了与郑国之间的骨肉至亲，那么将来怎么办呢?”原来郑国的开国之祖郑桓公是周厉王的儿子，宣王的弟弟，与周王朝同宗，所以富辰才这样说。其实兄弟之间乃是骨肉至亲，骨子里流着相同的血液，又有什么值得争来争去的呢?

唐朝的韩思彦，字英远，郑州南阳人。韩思彦被封为监察御史到剑南巡察。当时益州的高赀兄弟打官司，打了好几年都没有结果。韩思彦命令厨师做些奶让他们喝，兄弟二人幡然醒悟，抱头大哭说:“我们偏远之人，不懂得孝义。韩公因我们兄弟同母所生却互相整治，所以才让我们喝奶。”于是他们提出停止诉讼。可见兄弟情谊比利益财富珍贵得多了。

## 原文

**欺老莫欺小，欺人心不明。随分耕锄收地利，他时饱满谢苍天。得忍且忍，得耐且耐。不忍不耐，小事成大。相论逞[1]英雄，家计渐渐退。贤妇令夫贵，恶妇令夫败。**

### 注释

①逞：显示，施展，炫耀，卖弄。

### 译文

即使欺负老人，也不要欺小孩；欺负人的人，实际上是不明事理的人。努力去耕种除草以获得收成，等到作物颗粒饱满时不忘苍天的雨露之情。什么事都要忍耐，遇事不冷静不忍耐，会因小事而酿大祸。总是相互争论斗气以表现英雄气概，家庭生计就会逐渐败落。贤惠的妻子会让丈夫有自信、有地位，恶妇会让丈夫自卑、毁前程。

### 点评

相论逞英雄，家计渐渐退：过日子要勤劳、节俭，不要只耍嘴皮子，不要比富、斗富。一个家庭如此，一个民族、一个国家也是如此，不能坐而论道，要有实干精神、创业精神。一个国家真干事业的人多了，是国家之幸、民族之幸；光说不干、说空话的人多了，则是国家民族之悲哀。

事例

## 事例一

朱勔是宋代有名的奸臣，苏州人，出身于巨商之家，祖上微贱，其父朱冲早年因贫困落魄，受雇于人，后因犯罪流落他乡以乞讨为生。几年后积攒了点儿钱财，当起了乡间卖货郎。朱冲狡猾有心计，小买卖越做越大以后便回乡开起了药店。由于所卖之药效果灵验，买者辐辏，再加上善于经营，发了大财。作为一个商人，朱冲既懂得怎样做生意，又知道怎样在社会上投机取巧，改变自己的形象。于是，他一方面整修园圃，请客送礼，结交权贵，抬高自己的社会地位；一方面又摆出乐善好施的姿态，周济穷人，收买人心。因此，朱冲在当地竟小有名气。后来，一个偶然的机会，朱冲巴结上了大奸臣蔡京，从此便带着自己的儿子朱勔交上了官运。

朱勔大兴花石纲之役，前后历时二十年。他暴戾恣睢，巧取豪夺，将江南数十郡深山幽谷搜剔殆遍，给当地人民带来了深重灾难，严重地激化了阶级矛盾。当时江浙一带盛传着“金腰带，银腰带，赵家世界朱家坏”的童谣，百姓恨不得将朱勔食肉寝皮而后快。在朱勔搜刮暴敛的直接逼迫下，睦州青溪的方腊终于在宣和二年冬，以诛杀朱勔为号召，率众举起了反抗赵宋王朝的义旗。久遭花石纲侵害的两浙人民纷纷聚集到方腊的义旗之下，攻州夺县干出了一番轰轰烈烈的事业。

宋徽宗迫于形势，不得不一度撤销应奉局，罢免花石纲，并贬黜朱勔父子，以得到民心。可方腊起义刚被镇压，应奉局立即恢复，朱勔也再次得势，而且更得宋徽宗的宠信和重用了。朱勔被召到朝中，官拜宁远军节度使、醴泉观使，可以随意出入宫禁，奏事传旨像宦官内侍一样，见宫廷妃嫔都不回避。朱家“一门尽为显官，驺仆亦至金紫，天下为之扼腕”。但是作恶终会有恶报，朱勔最终还是落了个身死家破、财货充公的下场。

## 事例二

明朝嘉靖皇帝执政期间，奸相严嵩当政二十多年，很多忠臣都被他害死。朝中官员升迁贬谪，全凭贿赂多少而定，正义之士深恨严嵩，一时却无计可

施。徐阶身为重臣之一，忧心如焚，他见形势对严嵩有利，便采取韬光养晦之计，故意不问政事，并且和严嵩密切交往。

一次，徐阶和严嵩闲谈，说到朝中反对严嵩的大臣时，严嵩恨恨地对徐阶说：“我为朝廷尽力，为皇上分忧，不想那帮小人不识大体，背地里还说三道四，太可恶了，我要重重地惩罚他们。”徐阶深知严嵩狠毒，若是朝臣有骨气者都被他贬逐，那么以后更无扳倒他的希望了。徐阶于是分别拜访和严嵩作对的大臣们，规劝他们暂时忍耐，以待时日。

那些大臣听从了徐阶的劝告，佯装依附严嵩，且上门请罪。严嵩十分高兴，对徐阶信任有加，当作知己。嘉靖四十年（1561年）冬月，嘉靖皇帝居住的西苑永寿宫被火烧毁。在议论皇上该暂住何处时，严嵩向嘉靖皇帝提议应暂住南宫。徐阶见有机可乘，便私下对嘉靖皇帝说：“南宫乃先皇英宗被景帝囚禁之地，这是不吉利的所在。严嵩明知此节，却偏偏出此主意，可见他居心叵测，实不敢想象。从前多位大臣都曾上谏弹劾他，我还不敢相信，如今看来，他不仅下压百官，更是大不敬地陷害皇上，此贼不除，还有天理吗？”

嘉靖皇帝被触到痛处，也下了决心。为了彻底根除严嵩，徐阶又利用嘉靖皇帝迷信道教的特点，伪造乩语，表明罢黜严嵩是神仙的旨意。这样一来，嘉靖皇帝对严嵩再无半点儿顾惜，马上传令将严嵩罢官。

## 事例三

晏婴是战国时齐景公的宰相，身高不满六尺，但很有才干，名闻诸侯。有一天，晏婴出门，坐着车子，由他的御者（马车夫）驾车。那位御者的妻子很贤淑，当御者驾着车子经过自己家门口时，他的妻子在门缝里偷看，看见她丈夫挥着马鞭，显出得意扬扬的样子。

当天晚上丈夫回家，她就责备他道："晏婴身高不满六尺，当了齐国的宰相，而且名闻天下，各国诸侯都知道他、敬仰他。我看他的态度，还是很谦虚，一点儿也没有自满的意思。你身高八尺，外表比他雄伟得多，只做了他的驾车人，还得意扬扬，显得很骄傲的样子，所以你不会发达，只能做些低贱的职务，我实在替你觉得难为情啊！"

御者自从听了他妻子的话后，态度转变了，处处显得谦虚和蔼。晏婴看见御者突然谦和起来，觉得很奇怪，问他原因。御者就把妻子所说的一番话老老实实地告诉了晏婴。晏婴认为他听到谏劝，能够马上改过，是一个值得提拔的人，于是推荐他当了大夫。

## 原文

**一人有庆，兆民[1]咸赖。人老心未老，人穷志莫穷。人无千日好，花无百日红。杀人可恕，情理难容。**

### 注释

①兆民：人民，百姓。

### 译文

天子善良优秀，百姓都感到有了依靠。一个人老了，但壮心不老；一个人财富可以贫穷，但志气不能穷。人不会总是一帆风顺，花不会长久鲜艳。即使杀人的原因可以宽恕，但在情理上也难以容忍。

### 点评

一人有庆，兆民咸赖：天子把握着大权，如果自己有了值得庆贺的事，老百姓则一定也可以沾光。在古代，尤其是封建社会里，人们往往看重权力，喜欢它的光芒万丈、魅力四射。如果统治者能够兼济天下，或者一位领导者他的成功能够给更多的人带来好处，那么将是人们的福分。领导的作用是不容忽视的，他是明灯、是高标，人们都以他为榜样、以他为标准，向他看齐。

人无千日好，花无百日红：就算是再鲜艳美丽的花朵，也终究会有枯萎凋谢的时候，不可能一直保持新鲜。其实人生也一样，没有永远处于顺境的时候，因为人生这条路本来就是坎坷不平的，不可能一帆风顺。

事例

## 事例一

春秋时期，子罕在宋国担任司城。一天，一位宋国人来向子罕献美玉，子罕以自己有宝物为借口予以推辞。子罕说："我已经有宝物了，所以不收你的美玉。"那个人说："您的宝物是什么，能否让我看看？"子罕说："我的宝物就叫作不贪。我把不贪作为宝物，你把美玉作为宝物，我们各有各的宝物。如果我接受了你的美玉，你丧失了你的宝物，我也失掉了我的宝物。我作为百姓的官员，这样做不是在教百姓贪污受贿吗？所以我绝对不能接受你的馈赠。"那个人听后，对子罕的为人十分佩服，日后也到处宣扬他清正廉洁的美德，宋国的百姓对子罕的德行也是赞不绝口。

## 事例二

在因为战乱而逃难的人潮当中，有一位身体虚弱的母亲带着她只有3岁的小孩一起逃难。

难民潮靠着步行，缓慢地向边境移动。酷热的太阳恶毒地在每一个难民的头上肆虐，难民们拖着蹒跚的步伐一步一步向前挪，不知道自己什么时候会倒下。

那位虚弱的妈妈终于支撑不下去了，她抱着她的小孩找到了难民潮当中的一位神父。这位可怜的母亲苦苦地哀求神父帮她照顾她的小孩，因为她觉得自己绝对无法撑到边境。

神父看着这位可怜的母亲，由于他略懂医术，在简单地检查了这位妈妈的身体状况后，发现她的体力尚可，便断然拒绝了这位妈妈，神父说："你自己的孩子当然要由你自己负责，我无法代劳！"虚弱的母亲听到神父这般无情的拒绝，心中不由得十分愤怒，转身抱着自己的孩子回到难民潮的队伍当中去了。

一天一天过去，这群难民终于步行到了边境，通过国际红十字会的照顾，在难民营中，每个人至少有了最起码的安身之处。

这时候，神父再来探望这位身体已经恢复健康的母亲。神父看到她，欣慰地说："还好我没有接下你托孤的任务，今天才能看到你们母子平安。"

## 原文

**乍富不知新受用，乍贫难改旧家风。座上客常满，樽中酒不空。屋漏更遭连年雨，行船又遇打头风。笋因落箨[①]方成竹，鱼为奔波始化龙。记得少年骑竹马，看看又是白头翁。礼义生于富足，盗贼出于贫穷。**

### 注释

①箨（tuò）：竹笋外层一片一片的皮，即笋壳。

### 译文

一下子富起来，不知该如何享用；而突然贫困下去，却很难改变原有的享受习惯。家道富足，高朋满座，酒食充裕。屋漏了又逢上了连绵的大雨，行船时又遇到了迎头大风。笋因为掉下一层层皮才成为竹子，鱼正因为奔波翻腾才有了成龙的机会。至今常记起少年骑竹马的情景，但转眼已经是白发苍苍的老翁了。懂礼义的人多出自富裕之家，盗贼多是由于贫困而产生。

### 点评

屋漏更遭连年雨，行船又遇打头风：这两句是比喻一个人的处境十分艰难，事事不顺利，处处遇麻烦。但越是在这种艰难困苦的情况下，一个人越要坚强，不能气馁，不能怨天尤人，更不能为重担所压倒。要勇敢面对困难，迎接人生的各种考验，用自己不懈的努力去改变自己的命运。

笋因落箨方成竹，鱼为奔波始化龙：天地万物，每种生物的成长都是要付出代价的。笋只有外皮落了才能成为竹子，鱼经过千辛万苦的奔波才能化为蛟龙。你不可能既拥有朝霞又拥有夕阳，既拥有白云又拥有雨景。如果想在事业上获得更大的发展，就要舍得下一番苦功，要有百折不挠的精神。站在高峰之巅，远望海天相接，旭日从中升起，俯瞰群山矮小，顿觉一种豪气在胸，这种情感，只有经历了艰苦的攀登才能体会到。

事例

## 事例一

其实，人要想过得快乐，关键就是要把自己的心态摆正，贫穷的时候就要过俭朴的生活，同时要相信凭借自己的努力肯定也能过上好日子，更要在思想观念上做好准备，以免自己在突然成为富人的时候不知所措。另一方面，富裕的时候追求生活品质是应该的，但也不要过度奢侈，这样就不会养成一些难以改变的奢侈习惯，而万一从富人沦为穷人的时候也不会因为落差太大而无所适从。

王永庆在事业上取得了辉煌的成功，而他勤俭节约的作风更一直为人们所称道。从小吃惯了苦的王永庆，一直保持着刻苦节俭的习惯。

他的一条毛巾，一直使用了27年还舍不得扔掉，仍然继续使用。因为时间太长了，这条毛巾缺边少沿，经常刺拉皮肤。他的太太心疼他，拿了一条新毛巾想给他换一换，但王永庆却说："既然能凑合着用，又何必换新的呢？就是一分钱的东西也要捡起来加以利用，这不是小气，是一种精神、一种警觉、一种良好的习惯。"

王永庆很少在外面宴请客户，一般是在台塑大楼后栋顶楼的招待所内宴客。他还经常采用"中菜西吃"的方式，让大家围在圆桌边，由侍者逐个分菜，一人一份，吃完再加，既卫生又不浪费，这与当今社会公款大吃大喝形成了鲜明的对比。台塑集团内的职工食堂也采取类似的自助餐形式，菜与饭都是自取，分量不限，可是盛到餐盘里的饭菜绝对不可以剩下或倒掉，否则就要受罚。王永庆还时常提醒厨师要节约能源，他说："汤煮开以后，应立即将火关小，汤的温度达到100摄氏度以后火继续烧，那只是浪费电而已。"

在穿着方面，王永庆也十分节省。王永庆只在确有必要时才去做一套西服，而不是像一些企业家一样，事先预备好几套西装。有一次，王太太发现王永庆的腰围缩小了，平常穿的西装显得不太合身了，便特地请了裁缝师傅到家里给王永庆量尺寸，准备给他定做几套合身的新西服。没想到王永庆却从衣柜里拿出几套已经很旧的西装，坚持请裁缝师把腰身改小就行了，而拒绝定做新的。王永庆认为："既然旧西装还是好的，改一改就可以穿，又何必浪费去做新的呢?"

在出行方面，王永庆也处处节省，出差只坐经济舱。到了目的地以后，他也不愿住五星级宾馆，大多住在当地的台塑集团招待所里，外出时也反对使用豪华车。许多人都对王永庆在成为台湾大富豪以后，仍然在衣食住行各个方面艰苦节俭表示不理解，但是王永庆对此却有他自己的独到见解。

1975 年 1 月 9 日，王永庆在接受美国圣若望大学赠授博士学位的典礼上所说的一段话发人深省。

王永庆说："我幼时无力进学，长大时必须做工谋生，也没有机会接受正式教育，像我这样的一个身无专长的人，永远感觉只有刻苦耐劳才能补齐自身的不足。而且，出生在一个近乎赤贫的环境中，如果不能刻苦耐劳简直就无法生存下去。直到今天，我还常常想曾经生活的困苦也许是上帝对我的恩赐。"

## 事例二

很早很早以前，龙门还未凿开，伊河水流到这里被龙门山挡住了，就在山南积聚了一个大湖。

居住在黄河里的鲤鱼听说龙门风光好，都想去观光。它们从孟津的黄河里出发，通过洛河，又顺伊河来到水被截断的地方，但龙门山上没有水路，上不去，它们只好聚在龙门山的北山脚下。

"我有个主意，咱们跳过这龙门山怎么样?"一条大红鲤鱼对大家说。

"那么高，怎么跳啊?""跳不好会摔死的!"……伙伴们七嘴八舌拿不定主意。

大红鲤鱼便自告奋勇地说："我先跳，试一试。"

只见它从半里外就使出全身力量，像离弦的箭，纵身一跃，一下子跳到半空云里，带动着空中的云和雨往前走。一团天火从身后追来，烧掉了它的尾巴。它忍着疼痛继续朝前飞跃，终于越过龙门山，落到山南的湖水中，一眨眼就变成了一条巨龙。山北的鲤鱼们见此情景，一个个被吓得缩在一块儿，不敢再去冒这个险了。

这时，忽见天上降下一条巨龙说："不要怕，我就是你们的伙伴大红鲤鱼，因为我跳过了龙门山，就变成了龙，你们也要勇敢地跳呀!"

鲤鱼们听了这些话，受到鼓舞，开始一个个挨着跳龙门山。可是除了个别的跳过去化为龙以外，大多数都跳不过去。凡是跳不过去从空中摔下来的，额头上就落了一个黑疤。直到今天，这个黑疤还长在黄河鲤鱼的额头上呢。

## 事例三

1978年，贝克尔加入了红火的海松房地产公司，在一个17人的销售组织里任职。贝克尔升迁得很快，1981年时，他已经是海松房地产公司的副经理，他每年都能创下2500万美元的销售业绩。就在此时，上帝似乎是有意想考验一下贝克尔的意志力，一连串打击向他劈头盖脸地砸下来。

海松房地产公司在随后6年中被出售、调整、重组，并且先后被7家不同的公司控制，还经历了资金外流以及信贷、信誉等问题。直到1987年年中，这个实际上已经破产的公司，改由另一家公司代理。海松房地产公司虽然被卖掉，但是贝克尔主管的那个部门即使在经济困难时期也依然保持良好的业绩。

贝克尔每天都能保持充沛的精力去激励他的销售组织。虽然公司里存在着各种各样的问题，但是贝克尔的部门却掌控着上百个销售商，并创下年销售额1亿美元以上的好成绩。海松房地产公司很快成为南加州最大的房地产公司。正是由于贝克尔毫不动摇的意志和经济实力，这个公司才得以保持稳定和繁荣。

## 原文

**天上众星皆拱[1]北，世间无水不朝东。君子安平，达人知命。忠言逆耳利于行，良药苦口利于病。顺天者存，逆天者亡。人为财死，鸟为食亡。夫妻相合好，琴瑟与笙簧。有儿贫不久，无子富不长。**

### 注释

①拱：环绕。

### 译文

天上的星星都环绕着北极星，世间所有河流都朝东流。君子多是能安分守己的，通情达理的人能正确知晓自己的命运。忠言虽然刺耳但有利于一个人的行动，良药虽然苦口却能治病。顺从于天道，可以存活下去；违背了天道，就会灭亡。人为争夺财富而死，鸟兽为争夺食物而亡。夫妻之间的和睦应该像琴瑟和笙簧那样配合密切。有了儿子贫穷不会长久，没有儿子富了也不长久。

### 点评

天上众星皆拱北，世间无水不朝东：北极星，也称北辰。古代人把北极星视为最尊贵的星，是天的中心。北极星不动，众星都旋绕归向北极星。这种说法在今天看来是不对的，因为北极星也是运动的。这两句虽说的是自然现象，但喻义却十分明显，是指人心归向。顺应历史潮流的、合乎民心的事业是必定会成功的，逆历史潮流而行，做违背民心的事，注定是要失败的。

顺天者存，逆天者亡：大自然也有其存在发展的客观规律，人类让这些客观规律去指导自己的行为，才能保证自然与人类社会的和谐发展。天道不可违，违背了天道就会受到惩罚。其实，这里的“天道”就是指事物发展的客观规律。按照客观规律去办事就会获得成功，如果违背了客观规律就要承担相应的后果。

## 事例

### 事例一

战国时期的卫国人吴起，很会用兵打仗，他曾经在魏国的魏文侯手下做将军，魏文侯派他统率军队去抗击秦国。吴起认为，作为军队的统帅，最重要的就是要得到士兵的衷心拥戴，这样他们才会奋勇杀敌，因此吴起在这方面很用心。他非常爱护自己手下的士兵，从来不以将军自居。他总是穿着最下等士兵穿的衣服，吃最下等士兵吃的饭菜，行军从来不骑马，睡觉也不铺席子，还把士兵背的粮食分出一份自己背，处处与士兵同甘共苦。有一次，一个士兵长了毒疮，都腐烂化脓了，吴起用嘴为他吮吸脓水，这个士兵的母亲听说以后就哭了。有人对她说：“你的儿子不过是一个士兵，吴将军亲自为他吮吸毒疮，这是他的荣幸，你哭什么呢？”士兵的母亲说：“唉！过去吴将军也为他爹吸过毒疮，他爹为了报答将军的爱护之心，打仗从来不后退，最终死在了战场上。现在吴将军又为我的儿子吸毒疮，不知道我的儿子要死在哪里了，所以我才哭。”

由于吴起爱兵如子，所以士兵们都非常拥戴他，甘愿为他舍命打仗，也因此，吴起打了很多次胜仗，魏文侯提拔了他。

### 事例二

从前有一个宰相，他原来是个贫寒的秀才。有一次，他饿昏在路边，被正在行军打仗的皇帝看见了，皇帝就把他救到军中。后来，他凭着聪明乖巧和满腹经纶当上了宰相。

有一次，宰相无事，忽然想知道自己究竟有多少财产，于是叫家人打开金库，他走进金库一看，不由得呆住了，只见满眼的珠宝闪光，满屋的金银耀眼。他想不到自己会有那么多的财产。想想当年，自己穷困潦倒，连一碗米饭、一角布料都得不到，为什么同是一个他，前后贫富相差那么大？他越想越气，对着满屋的金银珠宝大声说："天下人是势利眼，连财神爷也是马屁精，我要鞭打财神，解心头之恨！"说着他马上请来金银匠，赶铸了两个财神像，一个用金，一个用银。

金银财神像铸成了，宰相用绳子把两个财神像捆绑起来，立起香案，鞭打财神像，并对天诅咒，辱骂财神。他训斥财神不得再戏弄世人！然后，他叫来两个旗牌，让他们带着财神像，驱车去东海边，把两个财神扔入东海。

两个旗牌奉命把财神像放进车内，一路赶着车到海边去。路上，两个旗牌对着两尊金银财神像，各想开了主意，都想独吞这笔财产。一日，车经过一片荒郊，两人商议停车小憩。一个人留下取火做饭，一个人外出买酒菜。烧饭的一想机会来了，偷偷地在饭里下了毒，买酒菜回来的人吃了饭被毒死，他就可以独吞两尊财神像逃之夭夭。那位去买酒菜的也想到了这个主意，他偷偷地在酒菜中下了毒。就这样，两人都装得若无其事的样子一起坐下来喝酒吃饭。但买酒菜的先吃饭，烧饭的先吃酒菜。结果，两人双双自食其果，倒毙荒郊。荒郊野外有一群鸟，它们见了满地酒饭纷纷飞下来啄食，结果也一一中毒死亡。

再说那宰相自两个旗牌走后有点儿不放心，一时兴起就亲自驾车赶去看个究竟。想不到，还没有到海边就遇上了两具旗牌的尸体，旁边还有许多鸟的尸体，而那两尊金银财神像却仍然稳坐在车中浑身闪烁着诱人的光芒。一切都明白了！宰相叹道："人为财死，鸟为食亡。可悲呀可悲！"

据说，这位宰相后来看破红尘进山为道了。而"人为财死，鸟为食亡"这句话却流传了下来。

## 事例三

女词人李清照与丈夫赵明诚恩爱缠绵、至死不渝的爱情故事一直被后人传为佳话，虽然他们的爱情总是游走在聚散离合之间。

李清照 18 岁便与太学生、丞相赵挺之的儿子赵明诚结为连理。婚后，两人感情融洽，志趣相投，互相切磋诗词文章，共同研究钟鼎碑石，经常会有新奇感悟和发现。虽然当时夫妻两人家境都较宽裕，但是为了搜集名人书画和古董漆器，他们居然"食去重肉，衣去重彩，首无明珠翡翠之饰，室无涂金刺绣之具"。每逢初一和十五，夫妻两人总要到都城开封相国寺一带的市场寻访金石书画，然后倾囊买回家里。如此几年，积少成多，他们的书斋归来堂单是钟鼎碑碣之文就有2000多卷。

在赵明诚编纂《金石录》的时候，李清照全力支持丈夫，凭借广博的见识和出众的记忆力，每当丈夫对材料出处有所遗忘而疑惑时，李清照总能很快说出。长此以往，夫妻之间就以谁说得准、说得快决胜负，确定饮茶先后，胜者往往举杯大笑，致使茶倾覆在衣衫上，反而喝不上。在那段日子里，他们相互鼓励，乐在其中。

相传有这样一个故事。中秋佳节，赵明诚的好友陆德夫等人来访。陆德夫向李清照施过礼后，转身笑问赵明诚："赵兄，近日又有几首佳作？能否拿出来与大家共享？"赵明诚将夹有李清照词作的十几篇近作递给好友们，大家传换阅读，吟咏品味。忽然，只听陆德夫拍案叫道："好一首《醉花阴》，真可谓千古绝唱。"众人也都齐声叫好，纷纷评论说："《醉花阴》果然是上乘之作，特别是'莫道不消魂，帘卷西风，人比黄花瘦'三句更是绝妙之极。"赵明诚又是高兴，又是惭愧，承认这一阙其实是夫人所作，并当着众人的面拜夫人为师。

在爱情的感召下，李清照才思泉涌，一首首佳作纷至沓来，她的诗词创作进入成熟期，并形成了情景相生、形神俱似、体物超妙、绝尘去俗的独特风格。就这样，他们在互相激励与学习的日子里，共同度过了一段美好的时光。

然而，在那个动荡的年代，美好的时光总是不能长久，长期的离别之苦使得李清照的后半生一直生活在对丈夫的思念之中。

随着赵明诚离家日子的无限延长，李清照相思之情日甚一日，由于情绪不好，睡眠不足，她的身体渐渐消瘦下来。花开花落、秋风春雨、四季更迭的情境激发了多愁善感的她的创作灵感，用词来寄托和表达自己对爱人的绵绵相思之情成了李清照排解苦闷的唯一方式。

李清照在得到赵明诚卧病不起的消息时，当天就乘船东下，日夜兼程，与相濡以沫的丈夫相见，没想到此次相见竟是诀别。他们夫妇诀别的情景，在李清照所作的《金石录后序》中有十分感人的描述："八月十八日，遂不起。取笔作诗，绝笔而终……"此后，直至客死他乡，李清照对爱人的追忆始终没有消退。

夫妻之间如果能像李清照夫妇那样情投意合、相濡以沫，也是人生的一大幸事啊！

## 原文

**善必寿老，恶必早亡。爽口食多偏作药，快心事过恐生殃。富贵定要安本分，贫穷不必枉思量。画水无风空作浪，绣花虽好不闻香。贪他一斗米，失却半年粮。争他一脚豚，反失一肘羊。龙归晚洞云犹湿，麝[1]过春山草木香。**

## 注释

①麝：哺乳动物，外形像鹿而小，无角。

## 译文

行善的人一定长寿，作恶的人一定早亡。爽口的食物吃得多了容易生病，高兴过头了容易遭殃。富贵了一定要安于本分，贫困时不必白白思量。画上的水没有风，浪潮都是假的，布上绣的花再鲜艳也闻不到香味。贪图他人一斗米，却损失了自己半年的粮食。争别人一只猪蹄，却舍去了自己的一个羊肘子。龙归洞后云还是湿的，麝虽然走过了，但草木上还留有麝香。

## 点评

富贵定要安本分，贫穷不必枉思量：身处富贵之中，不要太骄奢淫逸，做事不要太满。即使是美味佳肴，吃多了也会不觉味美甚至生病。为富不仁，必将遭到报应。得意之时切要小心，因为事情过后恐怕将有灾祸找上门来。一个人如果为了富贵而贪得无厌，他的精神也必将为物欲所役使，精神也由此变得空虚。在花花世界中迷失，原来即使有高尚的节操也会被物化，成为物质的奴隶。所以，人最宝贵的是精神，无论贫与富，都不要迷失自己的本性。

画水无风空作浪，绣花虽好不闻香：做事要脚踏实地，扎扎实实，不要搞花架子，不要图虚名，要讲实际，务实效。看人也要听其言、观其行，重行不重言。那种花言巧语、夸夸其谈的人，不一定有真才实学。

事例

## 事例一

孟尝君请门下食客冯谖代他去薛地收债。冯谖到了薛地，召集所有向孟尝君借钱的人，一一核对借据。核对完后，冯谖当场把所有的借据烧掉，并说孟尝君因为爱护薛地的百姓，希望让他们更好地生活，愿将众人所积欠的借款赐给他们，一笔勾销。薛地百姓听了，感激涕零，再三跪拜，谢谢这位好债主。

事情一结束，冯谖马上返回国都，第二天就去求见孟尝君。孟尝君奇怪他怎么回来得这么快，便问他债收得如何，买了什么东西回来。冯谖说："债都收完了，但我看您家中什么都不缺，唯独缺少恩义，所以便为您买了恩义回来。"

孟尝君大惑不解，问他恩义如何能买到。冯谖回答说："薛地民贫，百姓根本无力偿还向您借的金钱，等到利息越滚越多之后，百姓无可奈何，唯有逃亡一途。如此一来，您最后不但收不到钱，恐怕还要落一个'贪财无厌，不怜恤百姓'的恶名。我觉得与其强收那根本就讨不回来的金钱，还不如就送给他们，让他们对您感佩万千，彰扬您的名声。于是我干脆当着众人的面，把所有的借据都烧了，说这是您的意思，我就是用这笔钱为您买回了恩义。"孟尝君听后很不高兴，认为冯谖强词夺理，刻意狡辩，从此便不再信任他。一年后，孟尝君被贬至薛地。赴任时，没想到离薛地尚有十几里，老百姓就已扶老携幼来迎。此时，孟尝君才真正体会到做善事的价值。

## 事例二

岑文本是唐朝时期有名的大臣，他为人正直，处理政事兢兢业业，所以很得唐太宗赏识。有一次他升任中书令，很多人都来恭贺他，可他不但不开心，反而有忧虑之色。

岑文本的家人都责怪他不近人情，岑文本便解释说："这些人虽是好心，其中却也难免有势利小人借此攀附。如若皇上借此观察于我，我如此声张，还会有好结果吗？你们要切记：一个人万不可得意忘形，更不可失去应有的警惕；凡事取之实难，失去却在一夜之间啊。"

岑文本苦口婆心地对孩子们说："想我本是一个读书人，两手空空来到京师，本没有想到得此高位。这是皇上的恩典，也是我勤勉不懈之果。由此可见，一个人出身并不重要，重要的是他勇于任事、才学为本。我深知此中真意，颇有心得，又怎会学那凡夫俗子之举，广置产业、富贵而骄呢？这只能让你们养尊处优、安于现状、不思进取，对你们的将来，这才是真的祸患，我怎忍心这样做呢？还望你们明白此中道理，不要再怨怪我了。"家人深受教育。他这般清醒，唐太宗也对他另眼看待，宠幸不衰。岑文本死后，朝廷又给他在帝陵陪葬的崇高荣誉，以示褒奖。到了唐睿宗时，他孙子一辈的人中，位居高位的达数十人之多，是当时最显赫的家族之一。

## 事例三

一个穷农夫有一只鸭子，这只鸭子会生金蛋，不过它一个星期只生一次，而且每次只生一个。对此农夫心想："对了，我应该杀了这只鸭子，这样我就能在一天之内得到它肚子里的全部金蛋了。"

说干就干，他立刻把那鸭子宰了，可是他又立刻惊奇地发现，他干了一件多么愚蠢的事：那只鸭子肚子里连一个金蛋都没有。农夫后悔不已，暗暗叫苦："唉，我真是活该倒霉！每个星期一个金蛋不要，偏偏要什么更多的金蛋。这下，我的希望、我的利益全都化为泡影了。现在我才是真正到了贫穷的地步了！"

## 原文

**平生只会量人短，何不回头把自量。见善如不及，见恶如探汤①。人贫志短，马瘦毛长。自家心里急，他人未知忙。贫无达士将金赠，病有高人说药方。触来莫与说，事过心清凉。**

## 注释

①汤：古时指开水。

## 译文

一辈子只会揭别人的短处，何不回过头来看看自己有什么缺点。看见善良的行为唯恐自己比不上，看见丑恶的行为，如同把手伸进开水里唯恐避不开。人穷了往往没有志气，马瘦了必然显得毛长。自己的事自己着急，别人仍旧不慌不忙。人贫穷了不会有人来给你送钱，人如果病了可能有高人会告诉你治病的方法。当别人触犯你的时候，勿与人家争论，事情过后心情自然会平静下来。

## 点评

平生只会量人短，何不回头把自量：对于别人身上的缺点、错误，很多人轻易就能发现，有时感到无法容忍，非要对方改正过来不可。而对自己身上存在的一些问题却往往视而不见，所以，大多数情况下人们的指责往往会换来一顿争吵。

人贫志短，马瘦毛长：人穷不一定志短。古往今来，人穷志不穷、穷且益坚者数不胜数。孔子年少丧父，家境贫穷，但穷不失志，潜心学习，终成一代圣贤。朱元璋从小家贫如洗，做过牧童，当过僧人，充过军，但人穷志大，成为一代开国皇帝。艰难困苦，玉汝于成。正确对待贫穷的环境，可以磨砺意志，激发斗志。

事例

## 事例一

罗斯福年轻的时候，曾经在家乡一个大农场里工作。农场主德里斯是个刻薄而吝啬的人。

一次，罗斯福负责的工作出了一点点纰漏，德里斯居然以此为借口，扣发了罗斯福的全部工资。罗斯福气不过，就将德里斯告上法庭，可德里斯提早拉来了农场做工的工人做伪证，罗斯福不仅没有讨到薪水，反而被德里斯倒打一耙，赔了不少的诉讼费。从此，罗斯福和这个农场主结下了仇怨。

20多年后，罗斯福成了美国总统。这天是周末，罗斯福家来了一位不速之客，他竟是农场主德里斯。原来，由于经济危机的缘故，德里斯几乎面临破产，他的农场急需资金支持，可是由于德里斯吝啬得出名，没有人愿意为他担保。德里斯借不到钱，无奈之际，他想起当年曾经欺压过的罗斯福。

罗斯福听完德里斯的哭诉，思索一番，完全不顾妻子的眼神暗示，决定为他担保，让他借到了那笔救命的贷款。

德里斯走后，妻子嗔怪

道："难道你忘记他当初怎么对待你的吗？你为什么还去帮他？"

罗斯福慢悠悠地说："假如一个人真的善良，那么善良就是他的天性，这善良不会因为面对的是一个善人或者恶人而改变。面对一个恶人，自己也变得凶恶，这还是真正的善良吗？"

## 事例二

姚崇和张说一直不和，姚说张贪财，张说姚假道学。姚崇临死前对儿子说："我死后，你一定得请张说给我写墓碑文，才算尽了孝道。"由于张说是当时的大手笔，又是宰相，所以人们都以有他写的墓碑文为荣，而姚崇的目的在于张说能在自己的碑文上说些好听的话，便于后代安身立命。

姚崇死后，文武百官都亲临相府吊唁，皇帝还下旨让张说主祭。张说看到姚崇的灵前摆满了古玩和书画，而且都是稀世珍品，更是爱不释手。姚崇的儿子见此情景，趁机对他说："这些是家父平日喜欢的东西，叔叔若是喜欢，就拿去做个纪念吧！"又说，"先父墓碑还空着，如果能得到叔叔的大手笔，我们活着的子孙和故去的父亲都会感激的。"张说一高兴，就要来纸笔，一挥而就。回到家中后，张说才觉得不妥，心想平日里老是诋毁姚崇，如今却在他的墓碑上写了些谀辞，岂不违心？当他派人将宝物送回，并企图取回手稿时，姚家早已将碑文送到皇帝那里，盖上了印玺。为此，张说后悔不已。活张说之所以被死姚崇捉弄，完全在于姚崇掌握了张说贪财这个致命的弱点。

## 事例三

曹操的曾祖父曹节以仁厚著称于乡里。一次，邻居家的猪跑丢了，而此猪与曹节家的猪长得一样。邻居就找到曹家，说那是他家的猪。曹节也不与他争，就把猪给了邻居。后来邻居家的猪找到了，邻居知道搞错了，就把曹节家的猪送回来了，连连道歉。曹节也只笑笑，并不责怪邻居。

表面看来，曹节的做法显得窝囊懦弱。但实际上，他宽容别人的做法，却让大家更加敬佩他宽大厚道的为人。邻居错认猪，尽管有自私的一面，但丢失猪对一般人家来说毕竟是大损失，情急之下错认，可以理解。一心为他人着想，宁可自己吃亏，正是胸襟宽阔、与人为善的体现。

无独有偶，西汉南阳的直不疑也有一次被人冤枉的经历。汉文帝时，他在京城长安担任郎官，和其他几个郎官同住一间寝室。

一天，一位郎官告假归家，误把同室郎官的金子带走了。金子的主人发觉自己的金子丢失了，就胡乱猜疑，认为是直不疑偷窃的。这事很快让直不疑知道了，直不疑就换了一块同样重量的金子给了他。

不久，告假的人回来了，把误拿的金子还给了失主，说："那天我急急忙忙回家，想不到误拿了你的金子，真是对不起。"

失主大吃一惊，知道自己错怪了人。他非常惭愧，连忙归还了直不疑的金子，向他道歉。直不疑只是一笑，并没有责怪他。从这以后，只要提起直不疑，人们都说："直不疑可真是个忠厚的长者啊！"

## 原文

**秋至满山多秀色，春来无处不花香。凡人不可貌相，海水不可斗量。清清之水，为土所防。济济[1]之士，为酒所伤。蒿草之下，或有兰香。茅茨之屋，或有侯王。**

## 注释

①济济：众多的样子。形容有才能的人很多。

## 译文

秋天一到，漫山遍野充满秀丽的景色；春天来临，四面八方散发着花香。看人不能只看表面，海水是不能用斗衡量的。清清的流水为土所阻挡。许多有才能之士，为饮酒而伤。蒿草下边，可能长着芬芳的兰草。茅屋贫舍中，不能断言没有未来的将才。

## 点评

凡人不可貌相，海水不可斗量：一个人的才华并不是可以从外表看出来的，秀外慧中的人固然是好，但更多的人是不能兼有的，有很多身怀绝技的高人并非有出众的外表。所以，我们无论是看人还是看事物，都不要只看其表面，被其假象迷惑。为人处世，往往更相信自己的感觉。对一个人优点和缺点的了解，是经过长时间的接触和考验才能充分把握的。没有充分的了解，只看其表面，一方面使自己看人如同戴了一副有色眼镜，看不到别人的优缺点；另一方面可能善恶不分，而上当受骗。

蒿草之下，或有兰香。茅茨之屋，或有侯王：蒿草下面可能长有兰草，茅屋里可能养育着王侯将相。出生在贫寒穷苦环境中的人不能妄自菲薄，因为很多豪杰人士同样是出生于这样的环境中，但是这些人经过自己的努力最终成了不可或缺的人才。所以，我们需要多加努力。

## 事例

### 事例一

美国马萨诸塞州一个偏远山村的一家农户中传出一声响亮的婴儿啼哭声，乡村的宁静被这婴儿的啼哭声打破了。这个婴儿带给农户一家的既有为人父母的喜悦，又有对难以维持的贫困生活的担忧。用这个孩子后来在其自传中的话来形容，那就是“当我还在襁褓中的时候，贫穷就已经露出了它凶恶的面目”。

当这个婴儿渐渐长大，牙牙学语之时，父母为了维持几个孩子的温饱不得不同时打好几份工，但即使这样，这家人依然一天只吃一顿饭，吃了上顿没下顿，时时面临饥饿的威胁。在这个孩子刚刚记事时，他就比有钱人家的同龄孩子懂事得多，这可能就是人们常说的“穷人的孩子早当家”吧。在那时，他稍稍感到饥饿时是不会向母亲要东西吃的，只有在感到非常饥饿时才会用一双深陷在眼窝中的眼睛观察母亲，如果看到母亲脸上的表情不是十分严肃，他就会伸出一双小手向母亲要一片面包。

贫困使得这个家中的孩子没能受到完整的教育，他更是10岁时就不得不出外谋生，之后当了整整11年的学徒。学徒的工作又苦又累，如果不是被逼无奈，没有任何父母愿意让孩子受这样的苦难。

当结束了充满血泪的学徒生涯之后，这个孩子又到遥远的森林里当伐木工。森林离家很远，而且当地除了几名一贫如洗的伐木工之外几乎没有人烟。在森林里当了几年伐木工之后，已经长成强壮青年的他又继续依靠自己的能力干其他工作。虽然这期间的工作都十分辛苦，但是他利用夜间休息的时间读了千余本书，这些书都是他在干完活后跑十几里山路从镇上的图书馆里借来的。就这样，他一边辛苦地工作，一边从书本中学习知识、汲取智慧。

无论面临怎样的困苦和艰难，他从来没有抱怨过，即使是面对极不公平的待遇时也仍然如此。

一次，他得知伐木厂附近的一家政府机构要招书记员。以他的能力和水平是完全可以胜任书记员这一职务的，于是工友们都支持他去报名，结果在报名时，一位负责人不屑一顾地告诉他："要想成为这家机构的书记员，首先要有高等学历，同时还要有当地资金丰厚的人愿意担保。"这两项条件他都不符合。

当初拒绝过他的那位负责人可能怎么也不会想到，就这样一个几乎完全依靠自学获得知识的孩子，竟然在40岁左右的时候以绝对优势打败竞争对手，进入美国国会，后来，他又因为出色的政绩成为人们爱戴的美国副总统。他就是美国历史上最优秀的副总统之一——亨利·威尔逊。

## 事例二

你们读过《钢铁是怎样炼成的》这本书吗？那里面有个英雄，他的名字叫保尔·柯察金。当我们遇到困难的时候，只要一想到保尔，就会产生无穷的力量。正因为这一点，《钢铁是怎样炼成的》成了全世界进步青年最喜爱的一部书，保尔也成为千千万万青年永远学习的光辉榜样。

《钢铁是怎样炼成的》是谁写的？一定是像高尔基那样的大文豪吧。不，不是。写这部书的，是一个双目失明，全身除了两只手外都不能动弹，整天只能躺着，而且时时刻刻受疼痛折磨的人。这个人，就是战斗了一生的苏联红军战士——尼古拉·奥斯特洛夫斯基。你们听了一定会感到惊奇：全身瘫痪、双目失明的人，怎么还能写书呢？是啊！但他写了，还写得这么好。

奥斯特洛夫斯基于1904年生在乌克兰的一个贫寒的工人家庭。

那时，沙皇统治着俄国，他的父母整天工作，但一家老小仍是吃不饱。他9岁就当了牧童，11岁在车站食堂里当小伙计。1917年，革命爆发时，他在铁路工厂做工人，开始接触革命道理。1919年秋天，白匪军侵犯乌克兰，当时奥斯特洛夫斯基只有15岁，他参加了红军。参军后，他英勇作战，得到上级的嘉奖。可是，1920年，他在战斗中受了重伤。在医院里住了两个月后，他就复员回来了。离开军队的时候，他是多么难受啊！

他参加了和平建设事业，依旧全心全意地为人民服务。他在当时极端困难的条件下，跟共青团员们一起在冰天雪地里修铁路，到冰冷刺骨的河水里抢救木材。可是很不幸，疾病又掩倒了他，他不能工作了。

由于他受伤过重和忘我地工作，再加上接连患了伤寒和风湿病，奥斯特洛夫斯基的健康状况坏极了。党和国家虽然想尽办法为他医治，他自己也和疾病做了顽强的斗争，但是健康状况仍是一天天地坏下去。到了1926年，他只能长期躺在病床上了。

在这种情况下，奥斯特洛夫斯基也不愿依赖国家的供养，专为“吃饭和呼吸”而生活在世界上。他说：“布尔什维克要一直工作到他的心脏停止跳动时为止。”

疾病虽然使他身体不能动弹，眼也看不清楚，但是，他认为自己还有健康的大脑和两只手，还可以去运用新的武器——写作，为祖国做出贡献！

写作，对奥斯特洛夫斯基来说很困难。他只上过小学，又是残疾人。

为了充实自己，他克服了疾病所造成的一切困难，系统地读完了共产主义函授大学，还设法认识了一位图书馆的同志，经常请他送来大批马克思列宁主义的书籍和历史、文学等方面的名著。每次送来的书都有二三十本，他的妻子拉亚总认为太多了，但他却不这样想，一见到书，就拼命读起来，人们都叫他“发狂的读者”。

后来，他的两眼完全失明，除了胳膊肘部以下部分还能勉强活动外，全身都不能动弹了。经过多年的准备，到 1933 年，他终于咬紧牙关，写成了《钢铁是怎样炼成的》。

奥斯特洛夫斯基每写一个字，关节都疼得厉害，但是他还是忍受着，不断地写着。因为看不见，摸索着写出来的字，简直没法认：不但字写得歪歪倒倒，而且字上叠字。后来他想出了一个办法，用厚板纸刻出一行行空格，他沿着空格写，字就不会重叠了。为了尽早将书稿写完，他不但白天写，晚上也写。有时，为了抵抗剧烈的疼痛，他把嘴唇都咬出血来，但写书的事却一天也未停止。他这样写完了 6 章，他的邻居女共青团员葛利亚·阿利克谢娃深受感动，于是来到了他的身旁，自愿担任他的记录员。为了节省时间，使记录速度快一些，奥斯特洛夫斯基把每一段、每一个细节，甚至标点符号都想得好好的，而且把文字也琢磨得很美。这样一来，写书的进度快多了。

经过两年多的艰苦劳动，战胜了无数难以想象的困难，到了 1936 年 6 月，这部伟大的作品，终于如愿完成了。

## 事例三

薛仁贵是南北朝时期名将薛安都的后代，属于河东薛氏家族，但是到他这一辈已经没落。父亲薛轨早丧，薛仁贵虽自幼家贫，但是习文练武，刻苦努力，且天生臂力过人。但是生于乱世之中，他没有什么发展，长大务农，娶妻柳氏，生得一副大饭量。到 30 岁的时候，记载中描写他穷困不得志，他的妻子劝他从军立功名，他应征入伍，开始了驰骋沙场 40 年的传奇经历。

刚当小兵不久，薛仁贵就凭借自己的勇猛立功。贞观十九年，唐太宗于洛阳出发出征高句丽。同年三月，在辽东安地战场上，唐朝将领刘君邛被敌军团团围困，无法脱身，无人能救。在此危难时刻，薛仁贵单枪匹马挺身而出，直取高句丽一将领人头，将头悬挂于马上，敌人观之胆寒，就退走了，刘君邛被救。想一想他只是唐军的一个小兵，但敢为大将之事，勇气甚高，本领更佳，此役过后，薛仁贵名扬军中。后来他又建立了“良策息干戈”“三箭定天山”“神勇收辽东”“仁政高句丽”“爱民象州城”“脱帽退万敌”等军事、政治上的赫赫功勋。

## 原文

**无限朱门生饿殍[1]，几多白屋出公卿。醉后乾坤大，壶中日月长。万事皆已定，浮生空白忙。千里送毫毛，礼轻仁义重。**

## 注释

①殍（piǎo）：饿死的人。

## 译文

许多豪门贵族子弟也会饿死，许多平民百姓家中出了公卿。酒醉之后觉得天地广大，清幽闲静，岁月无比漫长。万事已经天注定了，不用自己空忙了。千里送毛礼虽轻，情义却很重。

## 点评

无限朱门生饿殍，几多白屋出公卿：贫穷是很多人出人头地的催化剂，许多人往往是因为当初的贫穷而奋发成功的。能力的提高是同困境做斗争的结果。富家子弟也许很多时候会想，家里的财富，足够几辈子用而无忧，那又何必起早贪黑地工作呢？贫寒子弟却在想，除了我自己，不能依靠任何人，不起早贪黑，生存的问题就会像被按在水中的气球一样，一松手就会浮出水面。

千里送毫毛，礼轻仁义重：朋友之间的交往还是像水一样比较好。李白诗云："人生贵相知，何必金与钱。"建立在志同道合基础上的友谊是高尚的，也是珍贵的，用金钱维系的交情往往是靠不住的。在今天看来，这句话仍然有深刻的启迪意义。

事例

## 事例一

法国陶瓷艺术家贝莱德·柏里斯在研制陶瓷的过程中曾屡次陷入艰难的困境中，但他不甘轻易放弃内心追求的理想，最终获得了成功。

16 世纪早期，柏里斯出生在法国南部。他的父亲是个玻璃制造工人，家境相当贫困。柏里斯没能上学，但他从小受父亲熏陶，学会了玻璃装饰这门手艺，还学会了在玻璃上制图、绘画、写作等。

柏里斯 18 岁出门谋生，找了一份玻璃行业的工作，业余时间兼职从事土地测量。后来他到了东查热特城的圣特镇，并在此结婚生子，定居下来。为了养家，他勤奋工作，但仍入不敷出。为了获得更多的收入，他想到了彩陶绘画工艺。一开始他对制陶工艺一无所知，又不能舍下妻女去意大利拜师学艺，只能靠自学，从零开始，一点一滴地独自在黑暗中摸索，希望弄清陶瓷制作和上釉的全部过程。

他先从研究制作陶瓷所用的材料开始。他买来一些陶罐，捣碎弄成粉末，加上自己制作的釉药，放进烤炉里烧，结果实验失败了。

接下来就是一次又一次的实验，一次又一次的失败，大量的时间、人力、物力、财力浪费在了这种徒劳的实验里。一连几年，柏里斯都在不停地实验，烧掉了大量的木材，浪费了许多的药剂、陶罐，最后，家里穷得连下锅的米都没有了。

这时，他不得不去从事以前的行业，在玻璃上画画和测量土地，以维持生计。但他对制陶仍不死心。为了节省燃料，他把那些陶瓷碎片抱到附近一家砖窑里烧制，结果还是失败了。

一次次的失败，没有击倒柏里斯，他决定重新开始。他把新买的陶罐捣碎，加入新配制的釉药，拿到附近一个烧制玻璃的熔炉里去烧。熔炉的高温熔化了一些釉药，但柏里斯寻求的白瓷仍没烧成，他又一次失败了。

后来的两年当中，尽管他家里穷得连盐都吃不上了，但他仍以加倍的热情从事陶制品的烧制工作。他决心做一次更大的实验。他在多块陶瓷碎片上撒上自己配制的釉药，送进烧制玻璃的熔炉。经过 4 个多小时的烧烤，300 多块陶片当中，居然有一块上面的釉药熔化了，冷却后像玉一样洁白发亮。见到这块洁白的陶瓷，柏里斯哭了。这次小小的成功，促使他继续做更大的实验。

为了取得更大的成功，柏里斯用了8个月的时间，专门建了一个烧制陶瓷的熔炉。他制成了许多陶制模子，经过初步烘烤后，涂上釉药化合物放进炉子里。他把家里所有的钱都买了木柴。点燃熔炉后，他整天整夜坐在熔炉旁边，往里加柴。第一天过去了，釉药没有熔化；第二天过去了，釉药还是没有熔化；第三天过去了，釉药还是老样子。柏里斯憔悴万分，面色苍白，走路晃来晃去，随时都有可能倒下，但他咬牙坚持着。第四天过去了，第五天、第六天也过去了，连续六个日夜过去了，釉药丝毫没有动静！柏里斯几乎要绝望了。

柏里斯绝望之余，突然想到他研制的釉药可能有问题。于是他配制出新的釉药，重新实验。可是他已经倾家荡产，哪来的钱买陶罐和木柴？尽管他的妻子和邻居们都骂他疯了，是个蠢猪，为那些无益的实验枉费钱财，但最后每家还是为他凑了一点儿钱，加上柏里斯从一个朋友那里借来一些，他又买来许多陶罐和木柴，投入了实验。

熔炉点燃了，木柴熊熊燃烧，炉温急剧升高，但釉药毫无动静。所有的木柴都烧完了，釉药还没熔化。熔炉里的火即将熄灭，整个实验又将前功尽弃，这时柏里斯看到了花园的木栅栏。他奔向花园，把所有的木栅栏全部拔出，扔进炉子里，釉药还不熔化。他看见了家具和床板，还有木窗、木桶……可怜的柏里斯真是疯了，他把家里凡是能烧的东西全都砸断，扔进了炉子里。他的妻子和儿女哭着跑到大街上，眼看着家里的一切顷刻间化为灰烬。

柏里斯把一个完整的家亲手毁了，能烧的全都烧了，连房屋门板都被他卸了下来，幸运的是，最后一道火力终于烧熔了釉药。炉火熄灭，那些进炉前粗糙难看的普通陶罐从炉子里出来冷却后，通体覆盖着一层均匀细密、洁白如玉的釉面！柏里斯成功了！巨大的喜悦让他手舞足蹈，一路喊叫着冲上了大街。柏里斯终于掌握了这渴盼已久的秘密。

尽管命运总是给柏里斯制造困难，好像不给他成功的机会，但柏里斯以自己的坚持和能力最终战胜了命运的安排，取得了成功。

## 事例二

有一个老夫人过生日，五个女儿中除了三女儿家境贫寒拿不出厚礼，只拿出几双鞋外，其他的女儿都送上了贵重的礼物，结果嫌贫爱富的老夫人对其他的女儿女婿喜笑颜开，而对于三女儿连夜赶制的布鞋不屑一顾。

虽然每双鞋都倾注着三女儿对母亲的孝心，虽然她为此彻夜不眠，熬红了眼睛，可就是因为这些鞋不值钱，老夫人连看也不多看一眼，最后竟然将三女儿夫妇赶出了家门。也就是在当天，老夫人的丈夫因为触怒了权贵被罢官免职，并抄没家产。听到此消息，这些刚才还大献孝心的女儿女婿生怕自己受了牵连，一个个匆匆离去，两位老人无依无靠，流落街头。在得知他们倒在风雪地里时，三女儿心急如焚，找回老人，好好照顾。二位老人终于恢复了健康。不久，老夫人丈夫的冤情昭雪，得以官复原职，府第又恢复了昔日的繁华。

又到了老夫人的寿诞之日，其他的女儿看到娘家再次风光，又赶来大献殷勤，送上的礼物比以前更加贵重，而三女儿送给母亲的仍然是亲手缝制的布鞋。经过这场变故，老夫人彻底醒悟了，她明白了真正的孝心不在于礼物是否贵重，而在于是否出自真心。

## 事例三

西域回纥国是大唐的藩国，贞观年间，一次，回纥国为了表示对大唐的友好，便派使者缅伯高带了一批珍奇异宝去拜见唐太宗。在这批贡物中，最珍贵的要数一只罕见的珍禽——白天鹅。

缅伯高最担心的也是这只白天鹅，万一有个三长两短，可怎么向国王交代呢？所以，一路上，他亲自喂水喂食，一刻也不敢怠慢。

这天，缅伯高来到沔阳湖边，只见白天鹅伸长脖子，张着嘴巴，吃力地喘息着，缅伯高心中不忍，便打开笼子，把白天鹅带到水边让它喝了个痛快。谁知白天鹅喝足了水，合颈一扇翅膀，扑啦啦飞上了天！缅伯高向前一扑，只拔下几根羽毛，却没能抓住白天鹅，眼睁睁看着它飞得无影无踪。一时间，缅伯高捧着几根雪白的鹅毛，直愣愣地发呆，脑子里来来回回地想着一个问题：怎么办？进贡吗？拿什么去见唐太宗呢？回去吗？又怎敢去见国王呢？思前想后，缅伯高决定继续东行，他拿出一块洁白的绸子，小心翼翼地把鹅毛包好，又在绸子上题了一首诗：“天鹅贡唐朝，山重路更遥。沔阳湖失宝，回纥情难抛。上奉唐天子，请罪缅伯高。物轻情意重，千里送鹅毛。”

缅伯高带着珠宝和鹅毛，披星戴月，不辞劳苦，来到了长安。唐太宗接见了缅伯高，缅伯高献上鹅毛。唐太宗看了那首诗，又听了缅伯高的诉说，非但没有怪罪他，反而觉得缅伯高忠诚老实，不辱使命，就重重地赏赐了他。

从此，“千里送鹅毛，礼轻情义重”的故事广为流传。

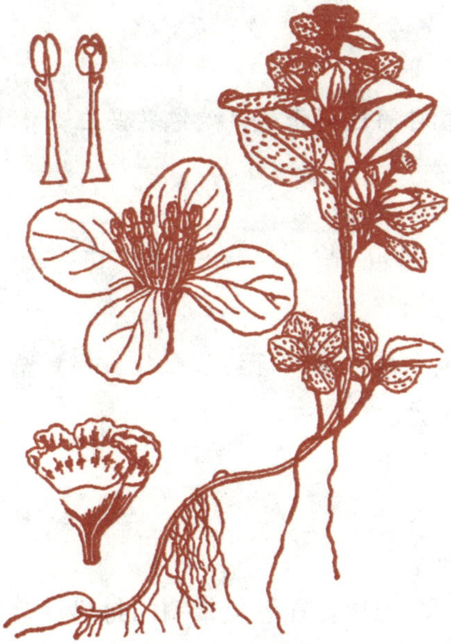

## 原文

**世事明如镜，前程暗似漆。光阴黄金难买，一世如驹过隙①。**

### 注释

①如驹过隙：形容时间过得很快，就像骏马在缝隙前一掠而过。驹，少壮的骏马。

### 译文

眼前的事就像明镜一般，但以后的前程却一片黑暗。黄金难买光阴，人生就像骏马在缝隙前掠过。

### 点评

世事明如镜，前程暗似漆：在思想禁锢的封建社会中，人才被埋没是常有的事情。一些志士仁人空有满腹经纶，空怀报国之志，慨叹报国无门，没有施展才华的机会。陆游在《书愤》一诗中写道："塞上长城空自许，镜中衰鬓已先斑。"宋代杨炎正也在一首词中写道："可怜报国无路，空白一分头。"

光阴黄金难买，一世如驹过隙：时间对于每个人来说都是最珍贵的东西，因为每一分每一秒逝去之后就再也不会回头，所以有效地利用时间就成为成功必备条件的重中之重了。但凡成就大事的人，都不是虚度光阴的人。只有把自己当作时间的主人，才能让自己充分利用时间。

事例

## 事例一

尽管对世界上的事情懂得很多，但对个人的前程却无能为力，这是古往今来许多有志之士的感慨。贾谊，洛阳人，18岁就能写诗文、作辞赋，少年时已在当地郡中成名。河南太守吴公听说贾谊年少英才的事迹，很欣赏他，就把他招致门下，担任秘书与助理等幕职，特别宠信他。汉文帝听说吴公把河南治理得有声有色，政绩天下第一，再加上吴公跟秦朝名相李斯又是同邑人，又攻读过治国方面的学问，因此，大加提拔，任他为廷尉。吴公向汉文帝推荐了贾谊，说贾谊从小就学习诸子百家的治国学问。于是，皇帝对贾谊高看一眼，把贾谊委任为博士（汉时博士是一种官职）。

贾谊当官的时候，正是20岁，是最年轻的博士。每次诏令议下，只有贾谊应对自如，同事认为贾谊确实有才能，汉文帝很高兴，又把贾谊坐直升机似的提拔为太中大夫。

贾谊认为现在汉朝建国多年了，天下安定，应该进行改革。主要改革事项是：改正朔、易服色、定官名、兴礼乐。他的这些改革建议引起了周勃、灌婴、东阳侯、冯敬等老臣权贵的忌妒，在汉文帝提议把贾谊重用的时候，这些权贵进谗言诽谤贾谊，说贾谊年纪太轻了，经验不足而且喜欢独裁揽权，把很多朝廷制度搞乱了。汉文帝毕竟是周勃他们扶立的，他必须顾及这些老臣的感受与情绪，再加上贾谊还比较年轻，以后再重用不迟，因此，把贾谊调到长沙王那里当太傅。

贾谊认为自己被贬，被权贵老臣排挤，难以施展抱负，故此郁郁不乐。在渡湘江时，作赋吊唁屈原，把自己的处境与屈原等同起来。正是因为被贬，贾谊创造出了许多优美的赋诗。中国历史上官员多如牛毛，高官也多不胜数，但是像贾谊这样名垂后世的诗人却没有多少。贾谊的成功在于他的文学作品较佳，以至于他能名传后世。

汉文帝只是把贾谊下放锻炼，内心甚是欣赏他的才能。因思念贾谊心切，汉文帝急召贾谊回长安，并且担任他最宠爱的小儿子梁怀王的太傅，因为梁怀王喜欢读书。当然汉文帝这样安排，还有另一个目的，就是以备顾问。

当时，正处于多事之秋。一是匈奴侵略汉朝领土，二是刘姓诸侯王非法扩大地盘。而且还出现淮南王与济北王叛逆被诛杀的案件。贾谊为国家提出了一些合理化建议。绛侯周勃被免去丞相一职，回到绛侯封地，有人诬告周勃谋反，周勃受到牢狱之灾，后来平反了。贾谊从这事吸取教训，给汉文帝进言，自此，改变刑法制度，官员有罪不受其他非人道之刑，只执行自杀刑。汉文帝即位之前是代王，由于陈平与周勃的拥立才登上龙椅。他把代国地区分为两个国，代国与太原国，立儿子刘武为代王，儿子刘参为太原王，儿子刘揖则为梁怀王。后又徙刘武为淮阳王，刘参为代王。贾谊在这事上又提了建议，汉文帝采纳了他的建议，徙淮阳王刘武为梁怀王，得城40多座，徙城阳王刘喜为淮南王。原梁怀王刘揖因为骑马被摔死了，贾谊觉得自己作为太傅没有尽好老师的责任，以至于自己辅助的王死亡。因为内疚和悲伤过度，贾谊没过多久就与世长辞了，享年33岁。汉武帝初即位，便提拔贾谊的两个孙子到郡守的职位。

## 事例二

爱迪生一生只上过3个月的小学，他的学问是靠母亲的教导和自学得来的。他的成功，应该归功于自小母亲对他的谅解与耐心的教导，因此原来被人认为是低能儿的爱迪生，长大后才能成为举世闻名的“发明大王”。

爱迪生从小就对很多事物感到好奇，而且喜欢亲自去试验一下，直到明白了其中的道理为止。长大以后，他就根据自己这方面的兴趣，一心一意做研究和发明的工作。他在新泽西州建立了一个实验室，一生共发明了电灯、电报机、留声机、电影机、磁力析矿机、压碎机等总计2000余种东西。爱迪生的强烈研究精神，使他对改进人类的生活方式做出了重大的贡献。

“浪费，最大的浪费莫过于浪费时间了。”爱迪生常对助手说，“人生太短暂了，要多想办法，用极少的时间办更多的事情。”

一天，爱迪生在实验室里工作，他递给助手一个没上灯口的空玻璃灯泡，说：“你量量灯泡的容积。”他又低头工作了。

过了好半天，他问：“容积多少？”他没听见回答，转头看见助手拿着软尺在测量灯泡的周长、斜度，并依据测得的数字伏在桌上计算。他说：“时间！时间！怎么浪费那么多的时间呢？”爱迪生走过来，拿起那个空灯泡，向里面倒满了水，交给助手，说：“把里面的水倒在量杯里，马上告诉我它的容积。”

助手立刻读出了数字。

爱迪生说："这是多么容易的测量方法啊，它又准确，又节省时间，你怎么想不到呢？还去算，那岂不是白白浪费时间吗？"

助手的脸红了。

爱迪生喃喃地说："人生太短暂了，太短暂了，要节省时间，多做事情啊！"

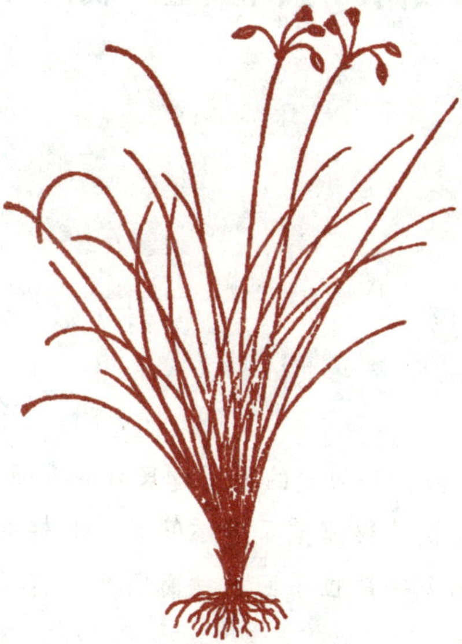

## 原文

**良田万顷，日食一升。大厦[1]千间，夜眠八尺。千经万典，孝义为先。一字入公门，九牛拖不出。衙门八字开，有理无钱莫进来。**

## 注释

①厦：大屋子。

## 译文

纵使家里有良田万顷，每天吃的也不过只有一升而已。即使有大厦千间，而一个人有八尺的地方就足够睡觉了。不管有什么样的经典，孝义都是首要的。一旦官司缠身，九头牛都拉不回来。衙门八字打开，有理没有钱就不要去了。

## 点评

千经万典，孝义为先：在封建伦理观念中，孝义都是不可缺少的。忠孝节义礼仪廉耻，历来为封建统治阶级所提倡，也是维护封建统治的重要精神支柱。孝义有其封建糟粕的一面，但也有可吸取的精华。我们今天也提倡孝敬父母和见义勇为，其中的孝义就吸取了儒家孝义中合理的成分。

一字入公门，九牛拖不出：在旧社会，普通人要打官司，决定输赢的并不是谁对谁错，而是谁拥有的财产多。谁的钱多，谁就是官司的大赢家，没有钱，是打不起官司的。由此可见，封建社会官场的黑暗和吏治的腐败。贪污受贿是官场中最普遍的现象，真正能一心为民、替百姓做主的官可以说是凤毛麟角，少之又少。即使为官清廉，在迷离的案件面前，也未必能明察秋毫，明辨是非。冤案、错案也层出不穷，百姓不仅受皮肉之苦，更耽误了许多宝贵的时间。在这种情况下，老百姓是不愿用自己的性命做赌注来打官司的。

事例

## 事例一

一位研究经济学的朋友要王强帮忙，找十个人在十个地方做诚信实验，具体就是在不同的商店买十次东西，每一次买东西都付两次钱，看有多少人拒绝第二次付款。

王强先走进一家服装店，给孩子买了一件20元的衬衣。付过钱出来后，一会儿他又进去说："对不起，刚才我买衣服忘了给钱。"店主是一个中年妇女，慈眉善目的，看样子应该是一个好人。王强等她说："你已经付过钱了。"可是她只是看看王强，不说话。王强把手里的衬衣举到店主的面前说："你看，我买的就是这件衬衣。你开价30元，我说15元行不行，你说再加点儿吧，20元卖给我。我说20元也行……"王强故意仔细描述买衣服的情景，给店主足够的时间和机会。可是她不耐烦地打断王强的话说："行，快给钱吧。"他只好乖乖地又一次把20元钱给了她，再去别的商店做实验。

王强一连试了九个店主，竟然没有一个人拒绝第二次付款。态度最好的那个，也只是淡淡地说："你真是个好人。"那神情不知道是赞扬还是嘲笑。

只剩最后一次了，王强想找个熟人试试。大街对面就有一个卖饮料的小店，是王强高中时的一位同学开的，老同学和她的儿子正坐在店里。王强穿过大街，走进老同学的饮料店，买了一瓶矿泉水就出来了。几分钟后，他再进去说："哎呀，老同学，我刚才买矿泉水忘了给钱。"老同学说："算我送给你的，喝吧。"王强要把实验进行到底，就说："那怎么行?"他掏出 2 元钱递过去。老同学竟然伸手来接，王强真不想松手，因为一松手，她在他心里的形象就矮小了。就在那张纸币一半在王强的手里，一半在老同学的手里时，她儿子说："妈妈，叔叔不是给过钱了吗？那张钱还在你的手里呢。"老同学的另一只手上，确实握着王强刚刚给的 2 元钱。

老同学非常尴尬，不得不松开手。王强很后悔用熟人来做实验，也尴尬地走出了饮料店。刚走到街上，就听到那个讲实话的小男孩在店里放声大哭，一定是妈妈打他了。

## 事例二

晋朝时期，有个叫王祥的人，心地善良。他幼年时失去了母亲。继母朱氏对他不慈爱，时常在他父亲面前说三道四，搬弄是非。父亲对他也逐渐冷淡了。

王祥的继母喜欢吃鲤鱼。有一年冬天，天气很冷，冰冻三尺，王祥为了能得到鲤鱼，赤身卧在冰上。他浑身冻得通红，仍在冰上祷告求鲤鱼。正在祷告之时，他右边的冰突然开裂。王祥喜出望外，正准备跳入河中捉鱼时，忽从冰缝中跳出两条活蹦乱跳的鲤鱼。王祥高兴极了，就把两条鲤鱼带回家供奉给继母。

他的举动，在十里乡村传为佳话，人们都称赞王祥是人间少有的孝子。有诗颂曰：“继母人间有，王祥天下无；至今河水上，留得卧冰模。”

## 事例三

汉文帝时，有一位叫淳于意的人，曾经做过齐国的仓令，拜齐国著名医师杨庆为师，学得一手高超的医术。

他的老师去世以后，他弃官行医。因为他个性刚直，行医的时候，得罪了一位有权势的人，导致后来自己遭陷害，被押往京城治罪。他的女儿名叫缇萦，虽然是一位弱小女子，却不辞劳苦，长途跋涉一同前往长安向皇帝诉冤。她陈述了肉刑的害处，并说明了父亲做官时清廉爱民，行医时施仁济世，现在确实是遭人陷害，她愿意替父受刑。

汉文帝被缇萦的孝心深深感动，赦免了她的父亲，并且下诏书废除了肉刑。

有诗颂曰：“随父赴京历苦辛，上书意切动机定；诏书特赦成其孝，又废肉刑惠后人。”

## 原文

**富从升合起，贫因不算来。家中无才子，官从何处来。万事不由人计较①，一生都是命安排。急行慢行，前程只有多少路。人间私语，天闻若雷。暗室亏心，神目如电。**

## 注释

①计较：计算比较得失。

## 译文

富有是一升一升积累起来的，贫困是因为不会精打细算造成的。家里没有有才能的人，官位怎么可能到来呢？什么事都不用人去过多考虑，一辈子都由命运来安排。急行慢行都一样，人一辈子的前程只有那么多路。背后私论是非长短，老天听来都像雷声那么响亮。暗地里做亏心事，神灵看得一清二楚，丝毫不漏。

## 点评

富从升合起，贫因不算来。家中无才子，官从何处来：要想让自己的家庭兴旺发达，必须设定一个长久的计划；而要想让孩子成才，为将来的发展做足准备，就需要对孩子的学习生涯做出合理规划。

人间私语，天闻若雷。暗室亏心，神目如电：如果在很多人的关注之下，用道德来约束自己的行为应该是一件简单的事情；但是在没人看到我们的情况下，我们往往会克制不住自己而做出一些不该做的事情。可是我们的行为并不可能是神不知鬼不觉的，中国人常以“四知”来告诫人们不要做出什么越轨行为，“四知”指的是“天知、地知、你知、我知”，既然有人知道就有不稳定的因素存在，就终有大白于天下的一天。你可以欺瞒过别人，却不能欺骗自己的良知，自己的信仰一旦有了动摇就可能导致心理防线的崩溃，最后受煎熬的还是自己。因此，人一定要学会慎独，用内心的道德来约束外在行为。

事例

## 事例一

曾国藩一生都在服膺16字箴言："家俭则兴，人勤则健，能勤能俭，永不贫贱！"他对儿女的要求万变不离"勤俭"二字，他教育子女和治家，在"勤""俭"二字上下的功夫最深。曾国藩曾对女儿曾纪芬说："吾辈欲为先人留遗泽，为后人惜余福，除勤俭二字，别无他法。""予自三十岁以来，即以做官发财为可耻，以官囊积金遗子孙为可羞。盖子孙若贤，则不靠父辈，亦能自觅衣食；子孙若不贤，则多积一钱，必将多造一孽，后来淫佚作恶，大玷家声。故立定此志，绝不肯以做官发财，绝不肯以银钱予后人。"

曾国藩言必信，行必果，他不仅银钱不予后人，而且还让自己的子女比别人家的子女日子过得更为艰苦。从咸丰二年（1852年）始，曾国藩的原配欧阳夫人带领子女在乡下老家生活，其间，曾国藩"以廉率属，以俭持家，誓不以军中一钱寄家用"。欧阳夫人居勤居俭，下厨烧灶、纺纱织布，事事躬亲，日子过得很是窘迫。曾纪芬回忆说："先公在军时，先母居乡，手中竟无零钱可用。拮据情形，为他人所不谅，以为督抚大帅之家不应窘乏若此。其时乡间有言，修善堂杀一猪之油，止能供三日之食；黄金堂杀一鸡之油，亦须作三日之用。修善堂者，先叔澄侯公所居，因办理乡团公事客多，常饭数桌。黄金堂则先母所居之宅也。即此可知先母节俭之情形矣。”“一鸡之油须作三日之用”，其节俭不言而喻。

曾国藩女儿不少，古有“穷养儿，富养女”之说，曾国藩对女儿却一点儿也不含糊，“遂深以妇女之奢逸为虑”。曾国藩认为，凡“世家之不勤不俭者，验之于内眷而毕露”。如花似玉的女儿们，在穿戴上从没享受过其他富家小姐穿红戴绿的待遇，曾纪芬作为曾国藩最小的女儿，穿了一件稍微好一点儿的旧衣服也被斥为奢侈。

同治三年（1864年），曾国藩全家赴金陵，初十入督署。曾纪芬当时穿了一件蓝呢夹袄，配了一条缀青花边的黄绸裤，这条黄绸裤还是已故的长嫂贺夫人遗留下来的。曾国藩看见黄绸裤，训斥曾纪芬奢侈，曾纪芬赶忙拿了三姐的一条绿裤换了下来，而这条绿裤也是贺夫人所遗之物，三姐穿过后，再给曾纪芬的。

曾国藩还为家人制定了一份“功课单”，将全家人召集起来，当众宣读，人手一份，并贴在内堂，日日观摩。曾国藩写给女眷的“功课单”是这样的：

早饭后——做小菜、点心、酒酱之类（食事）；

午刻——纺花或绩麻（衣事）；

中饭后——做针线刺绣之类（细工）；

酉刻——做男鞋或女鞋或缝衣（粗工）。



## 事例二

有只狡猾的狐狸用尽花言巧语邀请鹤到自己家中做客。鹤看到狐狸真诚的样子，又听了狐狸如同朋友般的话语，便放松了对它往日的警惕，同意了，回答道：“好好好，那就谢谢你了。明天中午见！”狐狸心里暗暗窃喜，表面上好像很高兴的样子说：“好，一言为定。明天中午见！”

狐狸一走进家门，便得意地放声大笑，自言自语道：“哼，傻瓜。明天中午可有好戏看了！”

第二天中午，鹤穿着新买的红丝裙来到狐狸的家中，狐狸也装模作样地穿上燕尾服，恭敬地站在大门口等待着鹤的到来。见到鹤来了，狐狸高兴地把鹤让到餐桌边坐好。它边上菜边说：“我为了欢迎你的到来，特意做了丰盛的午餐！”但偌大的一个餐桌上，有什么丰盛的午餐呀，只有一点儿豆汤装在一个不大的平底盘子里。

狐狸啧啧地吃得很香，可鹤却什么也喝不到。它每喝一下，豆汁只能沾湿它的嘴尖。它拼命地吸豆汤，差点儿因此岔了气儿，但豆汤还是一滴也没有喝进鹤的嘴里。狐狸觉得它的恶作剧成功了，仰面大笑，边笑边指着鹤的狼狈样。鹤这时才觉得上了当，很生气，穿着高跟鞋橐橐地走了。

过了几天，鹤回请了狐狸，狐狸很高兴地前往。但在狐狸面前放着的却是一个大肚长颈壶。壶颈十分细，而且高。但鹤天生长了一个长嘴巴，很轻松就吃到了壶里的食物。而狐狸的嘴巴短，费了好大的劲也没有吃到一点儿食物。它只好饿着肚子，灰溜溜地走了。

## 事例三

风靡世界的连环漫画《花生》中的主人公是一个名叫查理·布朗的小男孩儿。

他是一名失败者：他的风筝从来就没有飞起来过，他也从来没踢好过一场足球，就连他的朋友都叫他“木头脑袋”。鲜为人知的是，查理·布朗其实就是漫画的作者——著名漫画家查尔斯·舒尔茨少年时的真实写照。

少年时查尔斯的生活简直可以说是糟糕透顶，他小学时的老师认为他可能患有智力障碍，因为他功课经常不及格。到了初中，他的各门成绩依然如此，物理成绩更是创下该学校纪录的零分，同学们都把他当作笑柄，老师们也把他当作该学校有史以来最差的学生。与学习成绩相比，他在体育方面的表现同样一塌糊涂。虽然他参加了学校的高尔夫球队，但有他参加的比赛，球队就从来没赢过。

在他整个成长过程中，几乎没有朋友，班上的同学很多甚至都不认识他。如果有哪位同学主动和他打招呼，会让他兴奋一整天并对那位同学感激不已。至于跟女孩子约会的事，他更是想都不敢想。

别人都把他当成怪物，他却认为自己的表现没有那么糟糕，心里也有引以为豪的特长，就是绘画。他深信自己有不凡的美术天赋，然而他的画除了自己外，没有任何人欣赏。他也曾向几本美术杂志投稿，然而均石沉大海。但是，他并不灰心，也没有对自己失去信心，他坚信自己能成为一名优秀的职业漫画家。

中学毕业后为了自食其力，他也曾尝试过做其他工作，但结果都以失败告终。他不甘心永远做一个失败者，于是他将全部精力投入到漫画创作中，在此期间他给许多杂志投过稿，其中包括迪士尼公司，但无一例外都被拒绝了。极度绝望之下，他尝试着用画笔描述自己的人生经历，他从一个被社会遗弃者的角度，深入地剖析了这类人群的内心情感和暗淡的生活状态，并表达了他本人对绘画的执着追求。

他的漫画打破了以往漫画固有的模式，以幽默讽刺的风格开创了漫画界的先河，也实现了自己的梦想。

## 原文

**一毫之恶，劝人莫作。一毫之善，与人方便。欺人是祸，饶人是福。天网恢恢[①]，报应甚速。**

## 注释

①恢恢：宽广的样子。

## 译文

一丝一毫的恶事，劝人不要做。一丝一毫的善事，也要给人方便。伤害人会带来灾祸，宽恕人却能给人带来福分。天网恢恢，对恶人的报应很快。

## 点评

一毫之恶，劝人莫作。一毫之善，与人方便：无论是什么情况，人都不要做坏事，哪怕是一些微小的坏事，而应多做好事，做有益于国家、有益于人民的事。一个人变坏不是一朝一夕的事，总有个变化过程，有个量的积累过程，平时干了一两件坏事不以为然，久而久之，积少成多，就铸成大错。做善事也要从一点一滴做起，逐渐完善自己的人格，形成高尚的思想品德。

## 事例

### 事例一

苏琼，字珍之，长乐武强（今河北武强）人。曾任北魏刑狱参军，北齐南清河郡太守、徐州行台左丞、大理卿，北周博陵郡太守等职。

苏琼的父亲苏备，出仕北魏，官至卫尉少卿。苏琼幼年跟随父亲在边境，曾去拜见东荆州刺史曹芝，曹芝与他开玩笑说："你想要当官吗？"他回答说："设置官职要寻求合适的人来充任，不是人来要求做官。"曹芝很赏识他的答复，即委任他为府长流参军。

高澄以仪同三司（魏晋南北朝时期的高级官位）的职位开建府署，以苏琼为刑狱参军，经常对他加以勉励。并州曾发生抢劫案，州府长流参军审理此事，所怀疑的贼人在拷打下都已供认，被抢的失主家也进行过辨认，只是没能找到贼赃。高澄命令苏琼再加审理，查获到真犯元景融等十余人，并获得赃证。高澄大笑，对以前被误指为贼的人说："你们如果不是遇上我的好参军，几乎被冤枉死。"

苏琼担任清河郡太守时，郡中有一位告老还乡的官员赵颍，曾担任过乐陵郡太守，已年过八旬，在家休养，想与苏琼拉拉关系。五月的一天，赵颍亲自给苏琼送来两个新摘下的瓜，要让苏琼尝尝鲜。苏琼认为，两个瓜虽然不值钱，但也属礼物，如果收下就等于开了收礼的头，别人就会仿效也来送礼。因此他拒不接受。但是，赵颍倚老苦求，执意要苏琼收下。苏琼为难了：按理说这瓜不能收下，可是这位老人以前也是朝廷命官，如果坚持顶回去，有碍"老前辈"的面子。他思忖了一阵，就先把瓜留下了。赵颍走后，苏琼把瓜悬挂在公堂的屋梁上。

郡里的一些人听说苏琼收下赵颍的瓜，都纷纷前往奉献自己的新鲜瓜果。当他们来到官府门口时，得知苏琼接受赵颍的瓜后并没有吃，还在公堂的梁上挂着，大家十分感动，又非常尴尬，连门也没有进，就都拿着东西回去了。

苏琼对那些贪得无厌，为富不仁，总想在百姓身上打主意、发不义之财的人非常厌恶，从不偏袒。清河郡有一道人，名叫道研，是当地有名的巨富。他在清河郡放了许多债，以求高利，盘剥百姓，常常凭靠郡县官府收取债息。苏琼接任后道研即前往求见。苏琼知道他的来意，见面后就与他大谈道家玄理，使道研无法开口谈追债之事。道研几次求见，都没有达到目的。道研的弟子问他是何缘故，道研说："我每次见到苏太守，他都与我大谈玄理，直将我引入青云虚缈间，哪还谈得上追债的事情啊！"师徒无奈，只好怏怏而归。后来，道研一气之下把债券都烧掉了。

北齐天保年间，清河郡一带闹洪水，一些田园被淹，庄稼绝收，1000多户人家断了炊。苏琼为拯救百姓于水火，召集郡中有存粮的人家，由自己向他们贷粮分给灾民。但州府仍要向灾民征收租税，并要追查贷粮之事。郡主簿对苏琼说："贷粮之事，虽是怜悯灾民，但朝廷怪罪下来，你可担当不起。"

苏琼坦然地说:“如果我一个人获罪而救活大家，我死而无憾!”于是，他上奏朝廷，如实汇报了灾情，朝廷又派专人实地考察属实，便把租税减免了，使当地百姓保全了性命，生活得以安定。老百姓感激地说:“苏太守是我们的再生父母。”苏琼为百姓做了很多好事，深得老百姓爱戴。当他辞官回乡时，故旧部属和百姓们向他赠送礼物，他都婉言谢绝，一概不受。

## 事例二

克拉克的父亲带着他排队买票看马戏，排了老半天，终于盼到在他们和卖票口之间只隔着一个家庭，这个家庭让克拉克印象深刻：他们有8个12岁以下的小孩。他们穿着便宜的衣服，看来没有什么钱，但全身干干净净的，举止很乖巧。排队时，他们两个两个成一排，手牵手跟在父母的身后。他们高兴地叽叽喳喳谈论着小丑、象。克拉克想：今晚必是这些孩子生活中最快乐的时刻了。

他们的父母神气地站在一排人的最前端，母亲挽着父亲的手，看着他，好像在说:“你真是个佩着光荣勋章的骑士。”而沐浴在骄傲中的他也笑着，凝视着他的妻子，好像在回答:“没错，我就是你说的那个样子。”

卖票女郎问这个父亲：“你要多少张票?”

他神气地回答:“请给我8张小孩、2张大人的，我带全家人来看马戏。”

售票员开出了价格。

这人的妻子扭过头，把脸垂得低低的。这位父亲的嘴唇颤抖了，他倾身向前，问:“你刚刚说是多少钱?”售票员又报了一次价格。

这人的钱显然不够。

但他怎能转身告诉那8个兴致勃勃的小孩，他没有足够的钱带他们看马戏?

克拉克的父亲目睹了一切。他悄悄地把手伸进口袋，把一张20元的钞票拉出来，让它掉在地上（事实上，克拉克家一点儿也不富有），他又蹲下来，捡起钞票，拍拍那人的肩膀，说:“对不起，先生，这是你口袋里掉出来的!”

这人当然知道原因。他并没有乞求任何人伸出援手，但深深地感激有人在他绝望、困窘的时刻帮了忙。他直视着克拉克父亲的眼睛，用双手握住克拉克父亲的手，把那张20元的钞票紧紧压在中间，他的嘴唇在发抖，泪水忽然滑落他的脸颊，他答道:“谢谢，谢谢您！先生，这对我和我的家庭意义重大。”

克拉克和父亲那晚并没有进去看马戏，但克拉克觉得自己的收获很大。

## 事例三

从前有个小孩名叫小铁锤，整天上山打柴，补贴家里生活。有一天，小铁锤正在山里打柴，忽然见一条恶狗正衔着一只猫拼命地咬。小铁锤走近一看，那只猫被咬得浑身血淋淋的，快断气了。小铁锤看它怪可怜的，就拿根干柴打跑了恶狗，救出了那只猫。

就在这天夜里，小铁锤做了一个梦。梦里一个白胡老头儿对小铁锤说，山上什么地方有个山谷，怎么拐弯是他家，让小铁锤再上山打柴时到他家去一趟。小铁锤醒来一睁眼，黑咕隆咚的什么也没有，刚闭上眼睛睡着，白胡老头儿又来了，说的还是那几句话。他一晚上做了三四次一模一样的梦。

第二天，小铁锤上山打柴时，就按梦里白胡老头儿说的地方找去，果真找到了白胡老头儿的家。白胡老头儿一见小铁锤来了，忙往屋里让，备了好酒好菜款待小铁锤。小铁锤不知白胡老头儿因为什么事这样招待自己，就问白胡老头儿。白胡老头儿说："小铁锤呀，你是我们的救命恩人啊，要不是你出手相救，我的小儿子早让恶狗吃了。"原来这个白胡老头儿是个老狐仙，昨天他小儿子出来玩碰到大恶狗，差点儿把命丢了。因为小狐狸长得像只猫，小铁锤把小狐狸当成猫救下了。

老狐仙不停地让小铁锤吃呀喝呀。

小铁锤在老狐仙家住了两三天，想家了。不管白胡老头儿怎么挽留，小铁锤都不再住了。临走，白胡老头儿送给小铁锤三件宝物：一顶小红帽，一件破棉袄，一把羽毛扇。他对小铁锤说："你非走不可，我也不强留你。这些东西是我家祖传的三件宝物，为了报答你对我的小儿子的救命之恩，我就送给你了。"

小铁锤说："这些宝贝怎么使用呀？"

"小红帽是隐身帽，戴上它凡人就瞧不见你了；破棉袄是轻身袄，穿上它你能身轻得飞起来；羽毛扇是把握方向的，想往哪里飞就朝哪个方向扇。"白胡老头儿教会了小铁锤宝物的用法，然后把他送走了。

小铁锤戴上小红帽，穿上破棉袄，手摇羽毛扇往家飞，就看到山上的树木飞快地往后跑。小铁锤飞到一棵大桃树下，这时候本是冬天，可是桃树上不但长着绿油油的树叶，还结满了蒸馍般大的鲜桃。小铁锤一口气吃了三个，再也吃不下了，就摘了一个桃装进兜里继续往回飞。他一边飞一边恋恋不舍地回过头瞧一眼。

又飞到一个大水坑边，小铁锤落了下来，他想洗一把脸歇歇脚。水坑里的水清亮亮的，把人影照得清清楚楚。小铁锤低头一看，吓了一跳，他照见自己长了满脸的绿毛，伸手一瞧，手上也全是绿毛，最后他发现自己浑身上下都是绿毛。

直到天黑，小铁锤也不敢往家走，因为他身上的绿毛怎么也弄不掉。小铁锤坐在坑边哭，哭着哭着就睡着了。睡到半夜，他听见两个人在说话，一个说："我知道北山有棵鲜桃树，谁吃了上边结的桃，谁就长出一身绿毛。"另一个说："我知道南山有棵黄杏树，谁吃了上边结的黄杏，谁就能变得很漂亮。"小铁锤睁开眼睛一看，是俩龇牙咧嘴的怪物，吓得连忙又闭上眼睛。又停了一会儿，俩怪物在水坑边喝了些水就走了。

小铁锤再也不敢睡了，心里一直想着那俩怪物说的话。等到天一明，小铁锤赶快往南山飞，找了几个来回，才找到那棵黄杏树。小铁锤爬到杏树上摘了个杏一尝，又酸又涩，吃了一个满嘴流酸水，又吃了一个牙都快酸掉了……小铁锤一心想把身上的绿毛去掉，也顾不得杏的酸涩，一连吃了十来个，再一摸脸，光亮亮的，瞧瞧手上、身上也干干净净的了，就离开南山往家飞。

小铁锤回到家里，看见母亲正坐在院里哭得很伤心。小铁锤忙问母亲为什么哭，母亲说儿子上山打柴三天没回来，怕是被狼给吃了。小铁锤连忙说："娘哎，娘哎，你别哭了，我就是你儿子小铁锤。"娘睁开眼一看，说："你不是小铁锤，小铁锤长得比你矮、比你瘦，小铁锤长的不是这个样儿。"小铁锤把自己遇见的事一五一十地给母亲说了一遍。然后他说，以后咱家打柴不用费事了，走路也不用嫌远了，背柴火也不用嫌重了，我一回能打好多柴。

小铁锤回来的第二天，他的事全村都知道了。村里有个大财主，财主有个大闺女，财主想要小铁锤的宝物，就托人去小铁锤家说亲，让小铁锤去财主家相亲。财主好酒好菜地招待，一个劲儿让小铁锤喝酒吃菜，小姐也出来给小铁锤倒酒，不大工夫小铁锤就喝醉了。小姐见小铁锤醉了，就按财主事先教好的对小铁锤说："听说你有三件宝，拿出来让我和爹见识见识吧。"小铁锤就从怀里掏出小红帽，从腰里抽出羽毛扇，又从身上脱下破棉袄，一样一样地给了小姐，又一样一样说了用法儿。小铁锤说罢，财主忙把三件宝物锁了起来，又把脸一沉，命令家人把小铁锤撵出门去。

小铁锤回到家，酒醒以后，知道自己受骗了，越想越生气。这天傍晚，小铁锤就把自己藏的那个北山摘的鲜桃，偷偷放在财主家后花园的桃树杈上，专等财主家的人吃了长一身绿毛。

第二天早晨，财主家的小姐一起床就闻到一股香味，循香味找到后花园的桃树下，一看树杈上有个大鲜桃，忙拿下来，心想，这大冬天的桃树上一片叶子都没有，哪来这么个大鲜桃啊，肯定是神仙送来的。小姐就把鲜桃拿到自己的绣房里，白天一整天只闻香味儿舍不得吃，一会儿摸摸，一会儿瞧瞧，直到天黑才忍不住吃到肚里去。

第二天早上，丫头去给小姐送水洗脸，一上绣楼就看到小姐一身绿毛，脸上更认不出是小姐，吓得大惊失色，一边往回跑一边叫唤。听到丫头的惊叫，全家人都来了，问明了事情的缘由，个个都没招儿。

财主查访了很多会邪术的医生来给小姐治这种怪病，谁都医治不好。

过了几天，小铁锤装扮成一个医生来到财主家，给小姐把脉，把了一会儿脉，说:“这种病生得奇，脉象上是你们办了亏心事。”小姐忙把他爹教她骗人家三件宝物的事说了出来。小铁锤说:“先把宝物拿出来，再吃几服药，怪病肯定能治好。”财主照办了。小铁锤不紧不慢地收拾这三件宝物：戴上小红帽，穿上破棉袄，拿起羽毛扇。收拾停当后，他说:“我不是治邪病的医生，我是小铁锤，这种病叫恶有恶报，没法治!”说罢，一摇羽毛扇从窗户飞走了。

## 原文

**圣贤言语，神钦鬼伏。人各有心，心各有见。口说不如身逢，耳闻不如目见。养军千日，用在一朝。国清才子贵，家富小儿骄。利刀割体痕[1]易合，恶语伤人恨不消。**

## 注释

①痕：创伤痊愈后留下的疤。

## 译文

圣人那些充满哲理的话，鬼神都钦佩听从。每个人都有心，每个人的心里都有自己的见解。口说不如亲自去做，耳听不如亲眼去看。长期供养训练军队，为的就是以后用兵打仗。国家政治清明，有才能的人才能受到重视，富裕人家的孩子一般比较娇气。刀子伤了人，伤口很容易愈合，但恶语伤害了人却很难使人消恨。

## 点评

人各有心，心各有见：这个世界之所以那么精彩，就是因为存在各种各样的人。每个人的思想不同，所接触的人和社会也不同。所以在同一个问题上，他们观察的角度不同，态度也不尽相同。对一些人、一些事，总会流传出一些闲言碎语，且不论其是真是假，人们往往相信它，夸大其词，并把它加以扩大流传。人虽然没有亲眼见到，但好奇心总是不断驱使人去打听、宣传。社会之事是复杂的，要了解到事情的真相，道听途说是不足为凭的，只有亲自去调查、去体验才能得到事情的真相。

养军千日，用在一朝：对于一个国家而言，军队是不可缺少的。和平时期供养、训练军队，是为了应付突发事件。国家不能一日无军队，军队平时必须加强训练，只有训练有素的军队，才能在战时招之即来、来之能战、战之必胜。

事例

## 事例一

唐太宗早就听说了魏征的才干，任命他为谏议大夫。

唐太宗求治心切，不时单独召见魏征，在自己的寝宫里商议政事。魏征感激唐太宗对他的特别恩遇，总是毫无保留地道出心里话。由于魏征的建议切实中肯，深合唐太宗的心意，不久就被提升为尚书右丞（尚书省的官员），依然兼任谏议大夫，参与尚书省的政务，并监察朝政得失。

魏征日益受到唐太宗的信任和器重，招来一些朝臣的忌妒，唐太宗左右的亲信大臣中有人诬告魏征包庇自己的亲戚。唐太宗派温彦博去查办，发现这纯属诬告。温彦博向唐太宗汇报说："魏征作为臣子，没有处理好同事之间的关系，因此才受到这种没有根据的诽谤，应该提醒他以后注意。"唐太宗便让温彦博去警告魏征要引以为戒。

第二天，魏征上朝对唐太宗奏言道："臣听说君臣一心，叫作一体。君臣上下以诚相待，才能使国家得到治理。臣子应该大公无私，为国为民多办实事，而不是成天琢磨着怎么与同事们搞好关系。如果把心思都放在搞关系上，哪还有时间和精力去关心国家大事？如果朝廷上下都这样，国家的命运恐怕就岌岌可危了。"

唐太宗听了一惊，讲道："朕明白了。"

魏征叩头又说："臣希望陛下让臣做良臣，而不要让臣做忠臣。"

唐太宗有点儿不解，问道："忠臣和良臣有不同之处吗？"

魏征答道："古代尧和舜的臣子稷、契、皋陶，就是良臣；夏桀的臣子关龙逢、殷纣的臣子比干，就是忠臣。良臣本人享有美名，君主也得到光荣，子孙相传，国运无穷。忠臣遭难被杀，君主就会落得昏庸残暴的恶名，国亡家灭，所谓的忠臣就只不过是个空名罢了。这就是良臣和忠臣的区别。"

唐太宗听了连声赞叹："对！对！朕再问你，君主走什么途径才能明智，犯什么过失就会昏暗？"

魏征畅言回答："君主所以明智，在于能够听取各方面的意见；君主所以昏暗，是由于只听信一方面的话。古代尧舜当政，开放四方言路，使自己能够看到各方面的事情，听到各方面的言论。当时尽管有共工和鲧这样的奸人，但尧舜也没有受他们的蒙蔽；尽管有些人言行不符，但尧舜也没有被他们迷惑。秦二世深居宫中，专信赵高，结果秦的统治迅速崩溃，天下人纷纷起兵造反，他还不知道。南朝梁武帝相信朱异，侯景领兵打到京城，他还被蒙在鼓里。隋炀帝相信虞世基，天下到处起事，他却一点儿也不清楚。因此说，君主能够倾听各方面的意见，奸邪之徒就无法蒙蔽，下情才能上达。"

唐太宗感慨道："君主理政，事务繁多，如果一人独断，不听取臣下的意见，是不可能处理好的。君主如果有过失，大臣就应该及时进谏。"为了表彰魏征的忠耿公直，唐太宗下令赐绢500匹。

## 事例二

公元前445年，魏文侯建立了魏国。魏文侯在位数十年，以善于用人而著称，曾任用李悝为相国、吴起为大将，打败秦国，夺取了秦国的河西地区（今黄河与北洛河之间）。魏文侯十分讲求实际，奖励耕战，兴修水利，进行改革，从而使魏国成为当时的强国。

有一年，魏文侯派西门豹去治理邺城（今河北临漳西）。临行的时候，魏文侯嘱咐西门豹到邺城以后要多调查研究，不要听信传闻，他说："耳朵听到的不如眼睛看见的，亲眼看见的不如再走近它，走近它不如用手接触它。只有掌握真实情况，才能把事情办好。"

西门豹到邺城后，便深入到当地百姓中了解情况，严厉打击和铲除了一批为害多年的巫婆、乡绅，鼓励群众发展生产，把邺地治理得井井有条，深受当地群众的拥戴。

## 事例三

出身书香门第、官儒世家的司马光，读书已达到废寝忘食、"不知饥渴寒暑"的地步。

为了抓紧时间读书，司马光自己设计并用木头做了一个圆形枕，取名"警枕"，夜里睡觉便把它枕在头下。木头是圆的，床铺又是硬板，晚上睡觉只要一动弹，警枕便会滚落在地，他随即惊醒，披衣起床，挑灯夜读，不至于一觉睡到大天亮。这样刻苦学习到15岁，司马光就“于书无所不通，文辞醇深，有西汉风”了；而且他学东西很扎实，以至于“终身不忘”。无论在何时何地，他都始终保持着这种自幼养成的刻苦学习的良好习惯。

成年后在马上、在官轿中，或者在夜不能寐的时候，他也抓紧点滴时间来读书、思考问题。

他曾声称：“家世为儒，臣自龆龀至于弱冠，杜门读书，不交人事。”正是司马光少年时代的苦读为他奠定了坚实的经史、文学基础，才使他能编著不朽的巨著《资治通鉴》；也正是他童年便养成了正直、诚实、质朴、仁厚的品格，所以才能入朝为相，成为北宋一代名臣。

## 原文

**公道[1]世间唯白发，贵人头上不曾饶。有钱堪出众，无衣懒出门。为官须作相，及第必争先。**

### 注释

①公道：公正、大公无私的道理。

### 译文

人总会衰老的，即使是再高贵的人也改变不了这个事实。有钱的人愿意在人前显摆，而没有好衣服穿的人懒得出门。做官就要做宰相，科举考试要争先。

### 点评

公道世间唯白发，贵人头上不曾饶：时间对待每个人都是公平的，无论你是富贵的人还是贫穷的人，谁也不会因地位的尊贵而时间多一些，谁也不会因地位的卑微而时间少一些。随着岁月的流逝，白发会渐渐爬上每个人的头顶，这是任何人也无法改变的。对于时间这个在人们眼中唯一公道的东西，每个人都应该珍惜它、重视它，让它得到最充分的利用。

为官须作相，及第必争先：抛开读书做官这一面不谈，这句话还有鼓励人们要努力上进的一面，是可取的。一个人无论是学习还是工作，都应该有一种力争上游、敢为天下先的精神，要做第一等的工作，创第一等的佳绩。

事例

## 事例一

安格斯读小学的时候，他的外祖母过世了。由于外祖母生前最疼安格斯，所以安格斯非常忧伤，每天在学校操场上一圈又一圈地跑着，跑得累倒在地上，扑在草坪上痛哭。

那哀痛的日子，断断续续地持续了很久，爸爸妈妈也不知道如何安慰他。他们知道与其骗儿子说外祖母睡着了（可那总有一天要醒来），还不如说实话：外祖母永远不会回来了。

“什么是永远不会回来呢?”安格斯问。

“所有时间里的事物，都永远不会回来，你的昨天过去了，它就永远变成昨天了，你不能再回到昨天。爸爸以前也和你一样小，现在却不能回到你这么小的童年了；有一天你会长大，你会像外祖母一样老；有一天你用完了你的时间，就永远不能回来了。”爸爸说。

以后，安格斯每天放学回家，在家里的庭院里面看着太阳一寸一寸地沉到地平线以下，就知道一天真的过完了，虽然明天还会有新的太阳，但永远不会有今天的太阳。

时间过得飞快，在安格斯幼小的心里不只有着急，还有悲伤。有一天，他放学回家，看到太阳快落山了，就下决心说：“我要比太阳更快地回家。”他狂奔回去，站在庭院前喘气的时候，看到太阳还露着半边脸，就高兴地跳跃起来，那一天他觉得自己跑赢了太阳。以后他就时常做那样的游戏，有时和太阳赛跑，有时和西北风比快，有时一个暑假才能完成的作业，他10天就做完了。那时他上三年级，常常把五年级的作业拿来做。

每一次比赛胜过时间，安格斯就快乐得不知道怎么形容。

后来的20年里，安格斯因此受益无穷，虽然他知道人永远跑不过时间，但是人可以比自己原来的时间跑快一步，如果跑得快，有时可以快好几步。尽管那几步很小很小，用途却很大很大。

## 事例二

他和另外两个钳工进行比赛，他们同是全国优秀钳工排名前10位的佼佼者。比赛的题目是锯一个镂空的钢花，要求完成的时间为一个半小时，锯完的钢花要精确到和模具上的一模一样，要能严丝合缝地放进模具才算是胜利。锯工是钳工的基本功，也就是说一个优秀钳工一定要有良好的锯工功底，而锯镂空的钢花应该算是基本功中难度最大的了。选手们开始精心准备，计算从哪个位置开锯所用的时间最短……

比赛前他信心百倍地说，凭他的技术，胜出者必定是自己。

在距比赛结束还有15分钟时，他举起了手。他想，如果有更大的胜算，那么他这么做就一定会给另外两名选手造成很大的心理压力。事实证明，他的做法的确给了另外两名选手很大的压力，甚至有一名选手的锯刀因此折了两次。

他有些自鸣得意。然而随着时间一分一秒地流逝，他有些后悔了，后悔自己没有检查一下“作品”是否足够精确。

1小时30分后，比赛结束。

他迫不及待地第一个把自己的“作品”放进了模具，很可惜，只差一点点而已，一个很小很小的点使他与冠军失之交臂，同样失败的还有那个锯刀折了两次的选手。

他说:“我太想赢了，我太相信自己的技术。唉，如果再晚举手5分钟，再检查一下，或许……”是的，如果再多给每个人5分钟，每个人都可能成为英雄，然而这就是比赛的残酷性。失败有时不仅仅是因为时间，也因为我们的心，当我们的心不在自己的身上时，一定会在对手的身上，我们总是幻想着踩在别人的头上，但总是不小心踩到自己的脚。

## 事例三

从前，有个猎人，有10个儿子，个个都很有本领，可是却很不团结，老猎人决定想个办法来教育他们。

他先叫10个儿子每人折一根筷子，兄弟10个轻轻一折就断了，老猎人又叫每人折一捆筷子，兄弟10个人用尽全身力气，脸涨得通红，却怎么也折不断。

老猎人意味深长地说："就像你们刚才折筷子一样，你们10兄弟，谁也离不开谁，大家团结起来就好比一捆筷子，合起来谁也折不断，如果你们都自以为了不起，那就什么本事也没有。"

兄弟10人明白了折筷子的道理，从此他们团结友爱、互相帮助、共同劳动，日子过得很幸福。

## 原文

**闲时不烧香，急时抱佛脚。[1]幸生太平无事日，恐逢年老不多时。**

## 注释

① “闲时”二句：比喻事到临头才想办法。

## 译文

平时不准备，事到临头才仓促应付。有幸生在太平盛世，就怕年老了，所剩时间不多了。

## 点评

闲时不烧香，急时抱佛脚：无论是一个人还是一个国家，只有处在太平之时不忘准备，才能存在得长久。“闲时不烧香，急时抱佛脚”的事情只有那些从来不做长远打算的人才会去做。所谓“养兵千日，用兵一时”，国家生死存亡之际，才想到要去找一个岳飞、一个戚继光那是不可能的。大到国家，小到家庭，道理是同样的。“宜将有日当无日，莫将无时当有时。”只有在平时将一切打理得妥妥帖帖，才不会在发生变故时一筹莫展。

幸生太平无事日，恐逢年老不多时：如果一个人生活在太平之时，那应该是一件幸运的事；然而不幸的是，世道一天天衰败下去，恐怕等到自己老了的时候，这种太平的日子就不多了啊！生在太平年代，却不能平平安安地直到终老，这当然离不开战争的危害。

事例

## 事例一

包公即包拯（公元999—1062年），字希仁，庐州合肥（今安徽合肥）人，父亲包令仪，曾任朝散大夫，死后追赠刑部侍郎。

包公少年时便以孝闻名，性直敦厚。宋仁宗天圣五年（1027年）中了进士，当时28岁。先任大理寺评事，后来出任建昌（今江西永修）知县，因为父母年老不愿随他到他乡去，包公便马上辞去了官职，回家照顾父母。他的孝心得到了官吏们的交口称赞。几年后，父母相继辞世，包公这才重新踏入仕途。这也是在乡亲们的苦苦劝说下才去的。

在封建社会，如果父母只有一个儿子，那么这个儿子不能扔下父母不管，只顾自己去外地做官。一般情况下，父母为了儿子的前程，或者听从儿子和本家族的其他人规劝后，都会跟着儿子去做官的地方。父母不愿意随儿子去做官的地方养老，这在封建时代是很少见的，因为这意味着儿子要遵守封建礼教的约束——辞去官职照料父母。历史书上并没有说明包公父母不愿离开家乡的具体原因，可能是父母有病，无法承受路上的颠簸，包公这才辞去了官职。

## 事例二

爱因斯坦，这个当年被校长认为“干什么都不会有作为”的笨学生，经过艰苦的努力，成了现代物理学的创始人和奠基人。那么，你想知道他是怎么做到的吗？

爱因斯坦从出生就是个笨孩子，3岁才学会说话。后来，比他小2岁的妹妹已经能和邻居交谈了，爱因斯坦说起话来却还是支支吾吾，前言不搭后语。直到10岁时，父母才把他送去上学。

可是，在学校里，爱因斯坦受到了老师和同学的嘲笑，大家都称他为“笨家伙”。学校要求学生上下课都按军事口令进行，爱因斯坦由于反应迟钝，经常挨骂、罚站。

在讥讽和侮辱中，爱因斯坦慢慢地长大了，升入了中学。在中学里，他爱上了数学课，却对其他课不感兴趣。孤独的他开始在书籍中寻找寄托，寻找精神力量。就这样，爱因斯坦在书中结识了阿基米德、牛顿、笛卡尔、歌德、莫扎特……书籍和知识为他开拓了一个更广阔的空间。视野开阔了，爱因斯坦头脑里思考的问题也就多了。

一天，他对经常辅导他数学的舅舅说："如果我用光在真空中的速度和光一道向前跑，能不能看到空间里振动着的电磁波呢？"舅舅用异样的目光盯着他看了许久，目光中既有赞许又有担忧。因为他知道，爱因斯坦提出的这个问题非同一般，将会引起出人意料的震动。此后，爱因斯坦一直被这个问题苦苦折磨着。

经过努力，爱因斯坦考上了瑞士苏黎世大学。这时的他，已经在为自己的未来做准备了。他把精力全部用在课外阅读和实验室里。教授们看见他阅读和学习无关的书、做和分数无关的实验，非常不满和生气，认为他"不务正业"。

爱因斯坦大学毕业时，正赶上经济危机爆发，由于他是犹太人血统，又没有关系没有钱，所以失业在家。为了生活，他只好到处张贴广告，靠讲授物理获得每小时3法郎的生活费。

这段失业的经历，给了爱因斯坦很大的帮助。在授课过程中，他对传统物理学进行了反思，促成了他对传统学术观点的猛烈冲击。经过高度紧张的5个星期的奋斗，爱因斯坦写出了9000字的论文《论动体的电动力学》——狭义相对论由此产生。可以说，这是物理学史上的一次决定性的、伟大的宣言，是物理学向前迈进的又一里程碑！

尽管有许多人对此表示反对，甚至还有人在报上发表批评文章，但是，爱因斯坦还是得到了社会和学术界的重视。在短短的时间里，竟然有15所大学给他授予了博士学位，法国、德国、美国、波兰等许多国家的著名大学也想聘请他做教授。当年被人们称为笨蛋，认为无法成才的爱因斯坦，成了全世界公认的、当代最杰出的聪明人物。

## 原文

**国乱思良将，家贫思贤妻。池塘积水须防旱，田地勤耕足养家。根深不怕风摇动，树正无愁月影斜。奉劝君子，各宜守己。只此程式，万无一失①。**

## 注释

①万无一失：指非常有把握，绝对不会出差错。失，差错。

## 译文

在国家面临危亡时就特别希望身边有良将，家庭贫困时就希望身边有贤惠善良的妻子。池塘里积水是为了防止干旱，土地深耕勤锄是为了种好庄稼。树根长得深才不怕风的摇动，树长得正就不怕月下影子倾斜。奉劝大家，每个人要注意坚守本分。只要按这些准则去办了，就会万无一失。

## 点评

池塘积水须防旱，田地勤耕足养家：因为古代的生产力水平并不像现在这么发达，所以人们往往要靠天才能养活自己。蓄水防旱、深耕土地都是为了争取丰收，多打粮食，过上温饱日子。如今，农业机械化程度提高了，科学种田也基本得到了普及，但居家过日子还是要讲求预见性、计划性，要勤俭持家，靠勤劳致富。

根深不怕风摇动，树正无愁月影斜：尽管闲话总会让人害怕，但如果自身行得正，就只管放心大胆地去说、去做，而不必管别人怎么说。只有那些因为做过坏事而愧疚的人才会害怕闲话，他们时刻都在担心别人会怎样评论自己，并且因此而胆战心惊。为人不做亏心事，半夜不怕鬼敲门。要想每天都能睡个踏实觉，那就努力去做一个堂堂正正、光明磊落的人吧！

事例

## 事例一

侯鸣珂是湖南永定人，生于清道光十四年（1834年），中第后在陕西为官多年，先后任孝义厅（今陕西柞水）同知和韩城、兴平、凤翔、渭南、咸阳、平利等地的知县。

在“三年清知府，十万雪花银”的封建社会后期，侯鸣珂却出淤泥而不染，清廉从政。在孝义厅任同知期间，数拒贿赂，义杖爱妻，百姓大加赞颂，离任时送“仁德如春”大匾，近万人含泪相送。

同治二年（1863年），孝义厅阴雨两月，庄稼霉烂，收获不足一成。同治三年，又遇蝗灾，食尽田禾。孝义厅户户断炊，外出讨要。就在艰难之时，同治四年春，侯鸣珂调任孝义厅抚民同知。到任后亲写呈文，报灾于抚台，请求赈济。粮食到厅后，他又赶着骡马，将粮食送往乡下。厅衙小吏余言吉，不甘忍受无油粗饭，向一百姓勒索了10斤猪油，自食5斤，将其余5斤暗送侯鸣珂夫人杨芝香。侯鸣珂得知后大怒：“刮民脂膏，如杀我身，置百姓倒悬，尔等安享清福，不堪造就。”当即将余言吉削职为民，并令其妻杨芝香将5斤猪油还给百姓，并以受贿罪杖40。杨芝香当场声泪俱下，后悔莫及。侯鸣珂怒斥其妻：“知过并非无过，不杖股40，尔不会以此为训。”衙役听罢，只得按侯鸣珂的命令，打了侯夫人40大板。

同治六年九月，车家河保正杨建武在发放赈银时，以其兄、弟、妹三户受灾严重为由，贪污800两纹银，被人告发。侯鸣珂在察访中，杨建武托人偷将5两麝香装在他的行囊里，并附一信。侯鸣珂发现后，将信拆开一看，上写：“侯大人：吾以兄、弟、妹三户冒名顶领赈银800两，愿与大人平分。再送上麝香5两，请免死罪。”第二天，侯鸣珂即令人将信重抄在一张大纸上，并将5两麝香用纸包好，上写“贿物麝香5两”，让杨建武一手举着抄好的信，一手举着麝香，在车家河、厅城、石嘴子游街3日，第四日即判杨建武死刑。在刑场上，侯鸣珂作诗一首，对杨建武的贪污行贿行为表示了极大愤怒：

斯人为官无所求，誓为百姓解苦愁。
社鼠贪污又行贿，不斩贼子决不休。

## 事例二

舒同是一位农民的儿子，同时也是一位在战场上英勇作战的我军高级干部，更是一位全国杰出的书法家。他曾经担任过中国书法家协会主席。在北京他举办了他的第一次书法展，很多喜爱书法的人前往参观。

他在井冈山时期就被毛泽东同志称为“红军书法家，党内一支笔”。他有着深厚的书法功力，笔画遒劲，有着自己独特的风格，他所创作的书法体被人们称为“舒体”。1936 年延安抗日军政大学筹办时，曾请求毛泽东帮忙题写校名。那时候毛泽东正在撰写《实践论》，于是推荐了舒同。因此延安抗日军政大学的校名和“团结、紧张、严肃、活泼”的校训便是出自舒同之手。舒同担任山东省委第一书记时，在 1959 年曾经 6 次和毛泽东一起研究书法，并一起探讨工作。有一次他和毛泽东去济南大明湖游玩的时候，毛泽东对他说：“乾隆的字很常见，但是只有外表没有内在的精髓，我不喜欢他的字。”但是，毛泽东却经常向别人称赞舒同的书法。

作为一名杰出的红军书法家，舒同小时候家境贫穷，老家在江西省东乡县，他的父亲靠帮助他人做农活和帮别人理发来维持基本生活。在艰苦的条件下，他的父亲坚持让舒同读书，还将他送进了乡间的一所私塾。舒同回忆说：“那年家里省吃俭用才为我筹集到了进私塾的学费，当时我只有 6 岁。从那时起我开始接触书法，并开始产生兴趣。”

小学和中学阶段的刻苦训练，为舒同的书法打下了基础。由于那时候他家里非常穷，没有钱买纸笔，他便从河里捡来红粉石，将它们一点一点磨成红墨汁，把野黄瓜砸碎泡成黄墨水，从染布房要来废染料当黑墨汁，而写作的笔则是用竹子做成，用芭蕉叶当纸。他先是用清水写，等水迹干了之后再用黄瓜制成的黄水写，最后便是用黑染料写，就这样，他每天坚持练习。12 岁时他已经小有名气。14 岁时，他家乡的一位拔贡先生过寿，邀请舒同为他庆寿书匾。当时舒同拿着笔，不假思索地写了 4 个大字：“如松柏茂”。拔贡先生看后对他非常赞赏，夸赞他的字刚健雄厚、气势恢宏、豪放不羁。

从此，他的书法在家乡引起了人们的瞩目。每当过节的时候，便有很多人到他家请他写字。舒同 16 岁就读于江西省第三师范学校的时候，便有人请他用宣纸写字，并装裱起来供他人欣赏。他当时所写的字有很多保留到了现在。小学和中学为舒同的书法艺术奠定了基础，他的书法之所以能够闻名于外完全是他勤学苦练和孜孜不倦地学习的结果。舒同在很小的时候便下定决心要成才，到中学时代便努力奋斗完成自己的目标，在那过程中他坚持不懈地努力，勤勤恳恳，踏踏实实，一步一个脚印地走进了自己热爱的书法艺术的至高境界。

正是从小养成的习惯，让他在以后的时间里始终坚持不懈地研究，不管是在硝烟弥漫的战场上，还是在公务繁忙的领导岗位上，甚至是在牛棚、草棚之中，他都没有一丝懈怠。舒同的书法享誉国内，“舒体”深得人们喜爱。

## 事例三

钱若水，字淯成。河南新安人。宋朝雍熙年间（公元984—988年）考中进士。至道初年，担任右谏议大夫、同知枢密院士。真宗时被提拔为并、代经略史知并州事。司马光在《涑水纪闻》中记载了他在担任同州推官时不顾上司的施压平息冤案的事情。

钱若水在担任同州推官时，他的上司是一个性情急躁、内心非常狭隘的人，一遇到问题经常凭着自己主观的想法去判断，因此经常出错。每次遇到这种情况，钱若水总是与他的上司争辩，提出自己的建议，但每次上司都不听他的。有一次，知州处理错了一个案子，他发现了错误后立刻向知州提了出来，但知州根本没有听取他的意见。他对知州说：“你又要连累我们陪着你挨罚。”后来，案件果然被返回，和案件相关的人都受到了处罚。知州当时觉得非常惭愧，并向他们道歉，但是过后仍然我行我素，不听取他人的意见。一天，一个富家女奴逃亡出走，不知所踪，女奴的父母到州里告状，知州命录事参军处理这个案件。录事参军曾经向富家借钱但被拒绝，因此便对富家记恨在心。在处理案件的时候，就武断地说女奴是被富家害死的，尸体被抛到了河里，根本找不回来。于是，富家父子被定为主犯，按律都应处以死刑。富家父子不承认罪行，于是录事参军就施以重刑，最后富家父子屈打成招，承认了罪行。定案后，录事参军将案子上报知州，知州让相关的官员进行复审，官员均认为案件处理得没有任何错误，钱若水却对案件产生了怀疑。但是，其他的官员都表示支持，钱若水又不便提出反对意见，只能暂时将这件案子压了下来。录事参军知道这件事后，来到钱若水的办公处所，责骂他说：“难道你接受了富家的贿赂，想为他们的死罪开脱吗？”钱若水笑着向他道歉，说：“实在是有太多的人因为这件案子被判处死刑了，必须要慎重，需要再仔细审核一下他们的供词。”于是他把案件扣了将近10天，在这期间，知州多次向他施加压力，他也没有把案子退回，府中上上下下的人都责怪他。

有一天，钱若水单独一个人前来见知州，他说："我之所以扣发案卷，是在悄悄地打探那个女奴的下落，现在女奴已经找到了。"知州非常惊讶，于是便问那个女奴在哪里。钱若水告诉知州，并将自己的计谋告诉了知州。第二天，钱若水悄悄地把女奴送到了知州那里，让她藏在竹帘后面，并找到了女奴的父母，问道："如果现在你们的女儿站在这里，你们还能认出她来吗?"女奴的父母回答道："自己的女儿，怎么可能认不出来呢?"知州便让躲在后面的女奴出来，女奴的父母见到后失声痛哭道："她正是我们的女儿。"这时，知州就下令将富家父子无罪释放。富家父子哭着对知州说："多谢您，如果不是您，我们就要灭族了。"知州对他们说："不用感谢我，是推官钱若水帮助了你们。"富家父子来到钱若水办公的地方要求当面答谢他，钱若水却没有接见他们，并让下面的人传话说："女奴是知州找回来的，不用感谢我。"富家父子见不能当面答谢钱若水，就绕墙而哭，回家后把自己的全部家产捐赠给寺庙，为钱若水祈福。

由于这件案子关乎数人性命，且冤情得到了昭雪，知州便把这件事上报皇帝为钱若水论功请赏。钱若水毅然地拒绝了，并说："只要案件得到解决，没有冤枉一个好人就好，论功请赏不是我的本意。如果朝廷把此事归功于我，录事参军又会得到什么样的惩罚呢?"知州听后，非常佩服他的为人，说："像你这样无私的人，是人们所不可企及的。"录事参军也认识到了自己的错误，向钱若水叩头谢罪。钱若水大度地说："这件案子本来就挺复杂的，谁也无法料事如神，偶尔犯错，不需要谢罪。"不久，宋太宗知道了这件事，对钱若水越级提拔，没过多久，便由幕职提升为知制诰，两年后被任命为枢密副使。

# 名贤集

## 四言集

### 原文

**但[1]行好事，莫问前程。与人方便[2]，自己方便。善与人交[3]，久而敬[4]之。**

### 注释

①但：只，只管，只要。
②方便：给予便利和帮助。
③交：结交，交往。
④敬：尊敬，尊重。

### 译文

只要多积善做好事就行，不要去管未来前途怎样。
常为别人提供便利，自己也会从中得到便利。
以一颗善良的心和别人交朋友，时间久了就会得到他人的尊重。

## 点评

每个人都希望自己有一个美好的未来，常言道，只要我们多行好事、善事，不去考虑自己的将来，这样整个世间就会变得温暖起来。每个人都希望在自己遭遇困境的时候能够有人伸出援助之手，常言道，只要我们尽心尽力地帮助别人，就会得到他人的帮助。每个人都希望获得朋友的尊敬，常言道，在与朋友交往时首先要尊敬别人，这样才能获得别人的尊敬。在人际交往中，以坦荡的生活态度面对环境和他人，做好自己、做好当下，自然就能获得快乐。

## 事例

东汉末年，有一位著名的学者名叫郭泰，由于郭泰在当时的洛阳有着很高的声望，因此被推举为太学生领袖。

郭泰心地善良，乐于帮助晚辈后生。即便有些人品性不好，被世人鄙视，郭泰也能做到一视同仁，尽最大的能力去帮助他们。当时有个郡学学生，名叫左原，曾经有过犯罪的经历，因此，人们都看不起他。左原常常孤单一人，没有朋友，渐渐变得郁郁寡欢。郭泰却没有因为左原曾经犯过罪而故意排挤他，经常邀请他到家中做客，用温和的语言安慰他，劝他改过自新，反省自我，做一个君子。

但是，却有人因郭泰和左原交往而嘲讽郭泰。郭泰听后感慨道："对于犯错之人，我们应该进行热情帮助，帮助他积极改正，如果一味地冷落甚至嘲讽他，反而会让他更加走不出来，有百害而无一利。"从这件事中，可以看出郭泰的为人。从此，郭泰更加受人敬重。

## 原文

**人贫志短[1]，马瘦毛长。人心似铁，官法如炉[2]。**

### 注释

①短：缺乏。

②炉：炉火。形容执法严厉无情。

### 译文

人穷困潦倒的时候就会缺少志气，像马瘦弱的时候毛就显得很长一样。

哪怕人的心像铁一样坚硬，国家的法律也会像炉火一样严厉地惩治那些犯罪之人。

### 点评

“人贫志短，马瘦毛长”比喻在贫穷中，人的志向就会被磨灭。但事实上，人穷志短只是无能之人的表现，即使是在艰难困苦中，只要有坚定的信念、远大的理想，也能做到淡然无忧。孔子曾说：“饭疏食，饮水，曲肱而枕之，乐亦在其中矣。不义而富且贵，于我如浮云。”只要有坚定的信念，就能够从艰苦的生活中体会到乐趣。至于“人心似铁，官法如炉”，这句话则说明知法、守法的重要性，国家的法律是严厉的，没有人能够逃脱法律的制裁。

## 事例

战国时期，诸侯混战，百姓的生活处于水深火热之中。一年，齐国遭遇了百年一遇的旱灾，百姓地里的庄稼全都旱死了，很多人最终饿死。有一个叫黔敖的富人，看到这样民不聊生的现象，就想拿出点儿粮食给灾民吃，但是他却将自己的架子摆得很大。在救济穷人的时候，他显出傲慢的神色并且鄙夷地喊着："叫花子，给，吃吧。"当很多穷人来领粮食的时候，就会让饥民们互相争抢，他则在一旁幸灾乐祸地看着。

一天，一个瘦骨嶙峋的饥民走了过来，他用破烂不堪的衣袖遮住面孔缓缓地挪动着双脚。由于很长时间没有吃饭，他已经没有力气支撑自己的身体了。黔敖看见这个饥民，便特意拿了两个馒头，对着他大声吆喝："喂，叫花子，过来吃！"饥民像没听见似的，没有理他。黔敖又叫道："叫花子，这里有吃的！"只见那个饥民表现得非常愤怒，瞪着黔敖说："哪怕是饿死，我也不会接受嗟来之食的！"黔敖听了感到非常羞愧，一时说不出话来。后来，这位饥民直到饿死也没有接受黔敖的施舍。

## 原文

**谏①之双美，毁②之双伤。赞叹福生，作念③祸生。**

### 注释

①谏（jiàn）：劝诫，规劝。

②毁：诋毁，毁谤。

③作念：心生恶念。

### 译文

心怀善意去劝诫别人则双方都有收获，背后毁谤只会导致双方均受伤害。由衷地赞美他人会带来吉祥福气，心生恶念只会招来祸患。

### 点评

孔子称赞“益者三友”，首先便是“友直”，在和他人交往时，要坦诚相待，对于他人犯的错，要及时地指正，这样既帮助了他人也会为自己带来更好的发展。如果当面不说却在背后毁谤的话，既伤害他人的名誉，也会有损自己的德行。对于别人身上的优点，要多加赞扬，通过由衷的赞美与颂扬，把正能量传递出去，自然能带来福气。如果心生恶念的话，不仅会招来祸患，产生恶劣的后果，还会积累负能量，自己也会感到不安。

### 事例

唐朝大臣魏征，不畏权贵，敢于直谏，深得唐太宗重用。有一年，朝廷需要征兵。有个大臣建议，只要男子身体强壮，哪怕还没有成年，也可以征用。唐太宗觉得这个提议可用，但魏征进言说：“我听说，把湖水抽干捕鱼，就能够得到所有的鱼，但这个湖以后就再无鱼可捕了；把树林烧光捉野兽，就能够捉到所有的野兽，同样这片树林以后就再无野兽可捉了。如果召集那些还没有成年的男子当兵的话，那以后还会有兵可招吗?”唐太宗听后，觉得他说得非常有道理，于是重新下了一道诏书。

又有一次，唐太宗觉得御膳房准备的膳食不符合心意，因此大发脾气。魏征当面批评唐太宗说：“隋炀帝成为亡国之君就是因为不满膳食而遭到百姓反对。陛下应该从中吸取教训，要懂得满足，如果贪得无厌的话是不会受到百姓爱戴的。不受百姓爱戴的君主是非常危险的。”唐太宗听后感慨道：“这些话也只有你敢对我说了。你说得没错，你真是我的良师啊。”

魏征去世后，唐太宗伤心地说：“以铜为镜，可以正衣冠；以人为镜，可以明得失。魏征去世了，我就失去了一面镜子。”

## 原文

**积善[1]之家，必有余庆[2]。积恶之家，必有余殃。[3]**

### 注释

①善：好事。

②余庆：留给子孙后辈的福泽。

③“积恶”二句出自《易经·坤卦》：“积善之家，必有余庆。积不善之家，必有余殃。”恶，坏事。余殃，祸患，灾难。

### 译文

经常行善做好事的人，家里子孙一定会得到相应的福泽。

经常做坏事的人，家里子孙一定会得到相应的灾祸。

### 点评

父母长辈为了让自己的子孙能够过上好日子，拼命地努力积累财产，但事实上，父母的善心、善行，才是留给子孙最好的财产。如果父母乐善好施，有一颗仁者之心，那么这种福泽一定会延续到他的后代身上。如果父母做尽了坏事，那么一定会连累到他的亲人。有因必有果，从小事做起，多做善事，只有这样，由“积善”带来的“余庆”，才会让子女获得安定生活，这才是父母留给子女最好的财富。

## 事例

隋朝有个叫李士谦的人，为人善良，孝顺父母，经常帮助他人。虽然他家境富裕，但是却非常俭朴，经常拿自己的钱去救济穷人。有的人家亲人去世，没钱安葬，他会拿出钱财帮助安排后事。有的人家兄弟分家，因为分配不均而闹到公堂，他就会拿出自己的钱补给不足的一方。最后，分家的兄弟因为他的所为而感到万分羞愧。

有一天，李士谦看到有人在他家稻田里偷割稻谷，他没有责怪偷盗的人，甚至当作没有看见，别人感到非常奇怪。他说："他也只是因为天灾人祸，被逼得走投无路才这样做的，我不能因此而责怪他。"

有一年，李士谦家乡遭遇饥荒，许多人都没有粮食果腹，难以维持基本的生活，见此，李士谦拿出自家数千石粮食，借给那些没有粮食的人。第二年饥荒情况仍然没有好转，许多人都无力偿还所借的粮食，他们纷纷向李士谦道歉。可李士谦却丝毫不在意，说家中储存的粮食本来就是应对天灾的，不需要他们偿还，让他们安心地过日子。又过了一年，饥荒情况得到好转，粮食得到丰收，人们纷纷过来偿还所借粮食，李士谦毅然地拒绝了。

几年后，再一次遇到了饥荒，李士谦拿出自己的钱财救济百姓，每日免费施粥，很多人因此才没有饿死。第二年的春天他还赠给很多农民粮种，让他们种田。

李士谦在世时就这样乐善好施，他去世时，当地人都痛哭着自发为他送葬。后来，李士谦家人丁兴旺，这无不与他积累福泽行善事有关。

## 原文

**休争闲气，日有平西①。来之不善②，去之亦易。人平③不语，水平不流。得荣思辱，处安思危。**

### 注释

①平西：太阳在西方落下。

②不善：不正当、不合法的途径。

③平：心平气和。

### 译文

不要跟人争执所谓的是非而生闲气，就是太阳也有落山的时候。

不是以正当手段获得的，失去也是非常容易的。

人心平气和就会话少，就如同水面平静便不流动。

得到荣誉时，也不要忘记曾经的耻辱；处于安乐时，也不忘防患于未然。

### 点评

忍一时风平浪静，退一步海阔天空。心平气和是一种很高的境界，对他人的举动有宽容心，便能气和。锱铢必较只能加剧矛盾，将事情变得更复杂。从容面对人生的困难与艰辛，在困难面前不轻易低头，在荣誉面前不骄傲自满，处于安稳时期不忘防患于未然。做任何事情都要按照规定来，以正当手段获取自己想要的东西，君子爱财，取之有道。心平气和，犹如明湖静水，《老子》所说的“上善若水，水善利万物而不争”，便是这种境界，人应该像水一样，滋润万物却不与万物相争。

## 事例

韩信是中国古代一位著名的军事统帅。他从小父母双亡，生活清苦。在韩信还没有出名前，他既不愿种地，也不会经商，日子过得十分艰辛，经常没有饭吃。他与当地的一个小官有些私交，于是经常到这位小官家中去蹭饭，时间长了，小官的妻子不乐意了。为了避免韩信前来蹭饭，经常将吃饭的时间提前，因此韩信再去时已经没饭了。多次这样后，韩信也就不再去这位小官家蹭饭了。

为了维持生活，韩信只好到淮水边钓鱼，有位洗衣服的老太太见他可怜，就每次带饭给他吃。韩信非常感动，便对老太太说："您的这一番好意实在让人感动，如果以后我有作为了，一定会好好报答您的。"老太太听了十分生气，说："你堂堂七尺男儿，连每日三餐都吃不起，我看你可怜才给你饭吃，根本没有希望你能够报答我。"韩信听了感到非常羞愧，立志要做出一番事业来。

在家乡淮阴城，许多年轻人不把韩信放在眼里。有一天，一个少年看到韩信身材高大但总是拿着宝剑，便认为他是胆小才佩带宝剑的，因此在闹市里拦住韩信说："如果你是个男子汉，就拔剑刺我；如果你只是懦夫，就从我的裤裆下钻过去。"周围的人见到这样的情景也纷纷上前围观，想要看韩信的笑话。韩信站在闹市中一言不发，思考片刻后就从那人的裤裆下钻过去了。周围的人见了都大笑不止，愈发觉得韩信是个贪生怕死、懦弱至极的人。但后来韩信参军，成了汉朝的开国功臣之一。

## 原文

**羊羔[①]虽美，众口难调[②]。事要三思[③]，免劳后悔。太子入学，庶民[④]同例[⑤]。官至一品，万法依条[⑥]。**

### 注释

①羊羔：小羊。这里指羊肉。

②调：适合，调和。

③三思：反复考虑。出自《论语·公冶长》："季文子三思而后行。"

④庶（shù）民：平民，老百姓。

⑤例：规章，规定。

⑥条：规章，条例。

### 译文

羊羔肉虽然味道鲜美，但也并不是每个人都喜欢。

做任何事情前均要仔细思考其中的利与弊，以免事后悔恨烦恼。

太子上学入校，也要和平民百姓一样按照规矩来。

即使身居高位，也要遵守国家制定的各项法律。

### 点评

每个人都有不同的喜好，有人认为羊肉味道鲜美，有人就会认为羊肉味道膻气。为人处世也是一样，同样的事情不同的人有着不同的看法。正因如此，我们在生活中才要处处小心，凡事三思而后行，避免因冲动做出让自己后悔的事情。

中国古代有一句俗语：王子犯法，与庶民同罚。法律面前人人平等，不管身份多么高贵，家境多么富裕，人脉多么宽广，只要触犯了法律就会受到法律的制裁。在京剧《铡美案》中，即便陈世美是皇亲国戚，但因他触犯了法律，包公便将其处死。从这个故事流传至今就可以看出人们对公平正义的热切追求。

## 事例

春秋时期的郑庄公从小便不受母亲的喜爱，即位后，他的母亲同他的弟弟密谋造反，企图推翻郑庄公。最后郑庄公获胜，他将母亲软禁在一个叫城颍的地方，他对母亲非常怨恨，并发誓这辈子都不会再和她见面了！

随着时间的流逝，郑庄公对母亲的怨恨一点一点消失，愈发地思念起母亲。郑庄公非常想见母亲一面，但想到自己曾经发誓再也不和她见面，就止住了想去探望的脚步。

郑国有位叫颍考叔的孝子看穿了郑庄公内心真实的想法，便去拜见郑庄公。当他们谈到孝敬父母时，郑庄公羡慕地对他说："你随时可以见到自己的母亲，我有母亲却不能相见。"颍考叔借着这个机会说："国公不去看望自己的母亲无非是因为国公曾发下'在黄泉相见'的誓言。如果您真心想与母亲相见，可以派人在地下挖一隧道，在隧道出水的地方和母亲相见便算是没有违背自己的誓言。"郑庄公听后感到非常高兴，便听从颍考叔的意见，连忙下令在母亲住处附近挖地出水，郑庄公终于和他的母亲相见。郑庄公因一时冲动，说下狠话，事后悔恨不及，但幸运的是他及时弥补了错误，最终母子团圆。由此可见凡事要三思，不要做让自己后悔的事情啊！

## 原文

**得之有本，失之无本[1]。凡事从实[2]，积福自厚[3]。无功受禄[4]，寝食不安。**

### 注释

①本：根本，本源。这里指行为所依据的事理。

②实：真实的情况。

③厚：富裕，殷实。

④禄（lù）：古代官吏的薪俸。这里指好处。

### 译文

按照圣贤之道做事就会掌握根本，违背圣贤之道做事就会失去一切。

做任何事情都要讲究实事求是，只有这样才会积累福泽。

没有付出却接受好处，只会让人吃饭睡觉都不踏实。

### 点评

《论语》中说“君子务本，本立而道生”，所有的成就均是建立在扎实的根基之上的。根基牢靠，就能受益颇多；根基不稳，难免迅速凋零。而这份根基，正是通过自身努力一点一滴积累起来的。读书做事，要踏踏实实一步一个脚印，不急于求成。民间有句俗语叫“无功不受禄”，意思是自己没有付出任何劳动就不能得到回报，如果接受了不劳而获的东西就会让人寝食难安。不仅如此，即使帮人做事也不能随便受禄，做好事索要回报那是急功近利的可耻行为。在《论语》中，颜回曾表明自己的理想是“无施劳”，说的就是帮助他人但丝毫不求回报，这正是君子的最高境界。

## 事例

公仪休是战国初期鲁国的相国，虽然他掌握朝廷大权，但是却从不以权谋私，在职期间始终奉公守法，严于律己。在他的带动下，鲁国大小官员也清正廉洁，一心为百姓做事，不贪图小恩小惠。不过公仪休特别喜欢吃鱼，人们知道他的这个爱好后就有很多人前来送鱼。有一天，一个人带着很多新鲜的上等鱼，特意迎合公仪休的喜好，但公仪休却毅然地拒绝了。送鱼的人感到非常奇怪，心想：又不是金银财宝，只是几条鱼而已，为什么不接受呢？于是他便开口问道："您不是喜欢吃鱼吗？我专门给您送来一筐新鲜的鱼，您怎么不接受呢？"公仪休笑了笑，无奈地解释道："我爱吃鱼却不能接受别人送的鱼。我身处相国这个职位，自然有人给我送鱼。但是我为什么要接受呢，我自己的俸禄足够给自己买鱼吃。如果我接受了你们送的鱼，那我就会被罢免官职。"从这件事中就可以看出公仪休廉洁自好的品质，他的美名也流传千古。

## 原文

**财高气壮，势[1]大欺人。言多语失，食多伤心。送[2]朋友酒，日食三餐。酒要少吃[3]，事要多知。**

### 注释

①势：势力。

②送：送别，为朋友送行。

③吃：喝。

### 译文

家境富裕的人说话有底气，有权势了人就会仗势欺人。

话说多了就会有不得当的地方，饭吃多了一定会损害身体。

为朋友送行的时候才能喝酒，每日三餐要按时吃。

酒要少喝，事情道理懂得越多越好。

### 点评

孔子提倡“慎言”“慎行”，说话要格外谨慎，要时刻谨记“祸从口出”；做事要低调收敛，凡事要三思而后行。不仅说话做事要谨慎，日常饮食也是如此。要严格按照规律饮食，一日三餐不能少；尽量不要喝酒，保持身体健康。事情道理掌握得越多，社会阅历就会越丰富，就越有利于自身发展。

### 事例

三国时期，有个魏国人名叫邴原，他的酒量很大，也非常喜欢喝酒。他立志求学后，觉得喝酒会荒废学业，就决心戒酒。所以他在游学期间没有喝过一滴酒。在漫长的求学过程中，他徒步背负着书箱，不畏艰辛，长达八九年的时间里从来没有起过放弃的念头，一路坚持了下来。他积极地向贤能之人学习，陈留的韩子助、颍川的陈仲弓、汝南的范孟博、涿郡的卢子干等均是他的师友。他常常通宵达旦地和他们谈论诗词歌赋和国家大事。有话说得好，酒逢知己千杯少。但是对于邴原来说，即使好友多次劝酒，他也只是望一眼酒杯，然后含笑摇手，表示自己不会饮酒。

邴原求学成功，准备告别的时候，他的朋友以为他不会饮酒，拿了米和肉来为他送行。邴原说道："我不是不会喝酒，只是因为要学习知识，所以就戒掉了。今天是个特别的日子，就要远别了，又是饯行，可以喝上一次。"于是和大家开怀畅饮，喝了一天都没醉。邴原学成归来，收了很多弟子，为了尽心教学仍然没有喝过一次酒。在邴原的耐心教诲下，他的弟子中有很多人深得他的真传，成为当时有名的学者。

## 原文

**相争告人，万种①无益。礼②下于人，必有所求。**

### 注释

①万种：各种各样。

②礼：礼貌，以礼相待。

### 译文

发生争执打官司告状，一点儿好处也没有。

降低身份以礼相待，一定是有所祈求。

### 点评

在人和人的交往中，难免会有不如意的时候。当发生矛盾时，要率先反省自己，不要一味指责他人，把责任都推到别人身上。漫无边际的争吵只会加剧矛盾，无法解决问题。在生活中我们要谦和礼让，保持一颗淡然的心。平时没有来往的人突然以礼相待，要提高警惕，心生戒备。

### 事例

宋朝包拯，聪颖过人，铁面无私，被人称为“包青天”，他的“智断牛舌案”的故事广泛流传。

包拯担任开封府知府时，有个叫刘全的农民，住在城东小羊村，靠种田维持生活。有一天，他种田回家后发现牛嘴在滴血，原来他的牛不知道被谁割掉了舌头。刘全赶紧去府衙向包拯报案。包拯想了想，问刘全：“你和邻居吵过架吗？有谁和你有仇吗？”刘全一时回答不出来，就希望包拯能够找出凶手。

包拯想到了一个好方法，他让刘全回家杀掉牛，将肉卖给街坊四邻，用卖肉得来的钱再买一头牛耕田。刘全接受了包拯的提议后就离开了。包拯随即命人张贴榜文，榜文中表明如果发现有谁私自宰杀耕牛，可以向官府举报，而举报者则会得到一定的赏钱。

刘全回到家，就按照包拯的提议杀掉了牛，并将肉卖给了街坊四邻。刘全有个邻居叫卜安，为人歹毒，和刘全有仇，见刘全宰牛卖肉，就立刻抓住刘全，以违反官府禁令私自宰杀耕牛为由将他绑到了官府。

包拯开堂审理，呵斥卜安道："卜安，为什么你先割刘全耕牛的牛舌，现在还要告发他？还不赶快如实招来！"卜安一听，以为包拯知道了事情是自己做的，害怕对自己用刑，因此就将自己犯的罪说了出来。

## 原文

**敏①而好学，不耻下②问。居必择邻，交必良友。**

### 注释

①敏：聪明，聪慧。

②下：不如自己的人。

### 译文

聪慧好学，不因向不如自己的人请教而感到羞耻。

在选择居住地方的时候一定要选择好的邻居，在结交朋友时需要选择好人。

### 点评

每个人都有不足的地方，所谓修身，便是不断突破自我局限的过程。要想提升自我境界就需要勤勉好学，谨听古圣先贤的教诲，做到不耻下问。三人行，必有我师。每个人身上都有他与众不同的地方，我们要善于发现他人身上的长处，积极向他人请教。选择邻居、结交好友时，要慎重。在与“良友善邻”的切磋琢磨中正视自己、吸取长处，不断地修身立德，从而推动自己进步。

### 事例

春秋时期著名的教育家、思想家，儒家学派的创始人孔子，不仅聪慧好学，而且不耻下问。当时的人都认为孔子的学问已经达到至高无上的境界了，但是孔子却认为学习是无止境的。任何人身上都有值得孔子学习的地方，每个人不可能生下来就有学问，也不可能学问渊博，因为学问不是天生的。孔子主张人应该持续学习，而且努力做到不耻下问。有一次，孔子去参加鲁国国君的宗庙祭祀典礼，在祭祀典礼中，他只要有不懂的地方就立刻向别人请教，不管对方的身份、地位，只要他们了解就向他们请教，因此孔子从中受益颇多，掌握了很多他不知道的事情。

有人为此暗地里讥讽孔子，说他什么都不懂，只是徒有虚名，对祭祀典礼的基本礼仪都不懂。孔子听后丝毫不在意，说道："对自己不知道的事，积极地向他人请教，这正是我想要知礼的表现啊！"孔子就是这样不耻下问，最终成为儒学大师的。

## 原文

**顺天者存，逆天①者亡。人为财死，鸟为食亡。得人一牛，还人一马。老实常在，脱空②常败。**

### 注释

①天：天道，即自然规律。

②脱空：虚假不实。

### 译文

顺应天道的人就能生存，违背天道的人则会灭亡。

人因为贪财而丧命，鸟因为贪食而死亡。

别人赠送你一头牛，你需要还给别人一匹马。

做人真诚实在就能平安无事，做事虚假则往往失败。

### 点评

在中国传统文化中，天不仅指神明，更指与我们息息相关的大自然。任何环境都有自己的生存规律和准则，大自然也是一样。而我们人类是大自然的子女，不能违背自然的规律，一旦违背自然规律就必将尝到苦果，难以在自然界生存下去，这便是"顺天者存，逆天者亡"的深意所在。在自然界中生存和发展就需要顺应自然，这也是适者生存的深意所在。做人更是如此，需要谨遵社会发展的规律，老实厚道，脚踏实地。如果弄虚作假，为非作歹，必然要遭到常败的命运。

## 事例

春秋时期，宋国有一个农夫，他对种田了解得不多，对禾苗的生长规律更是不清楚。他每天都去田里瞧瞧自己的庄稼长大了多少，渐渐地开始嫌田里的庄稼长得太慢，总是觉得禾苗好像一点儿也没有长高。他非常着急，思考有什么办法能使它们快点儿长高。

有一天，他想了好久，终于想到了一个好主意，便急忙来到田里，把禾苗一棵一棵地往上拔。他累得浑身都是汗，最后终于将田里的禾苗都拔高了。尽管农夫累得筋疲力尽、腰酸背痛，但是当他看到田里的禾苗都长高了一大截的时候他心里非常高兴。回到家里，他得意扬扬地对妻子和儿子炫耀说：“你们知道我今天做了什么吗？今天可把我累坏了！不过多亏了我的好办法，我们田里的禾苗才会长高了好几寸！”他的妻子和儿子听了都感到非常吃惊，表示不理解。农夫便带着儿子和妻子来到田里，一看，禾苗一棵棵垂着叶子，全都枯死了。

## 原文

**三人同行①，必有我师②。**

### 注释

①行：走路。

②师：有长处可以学习的人。

### 译文

三个人一起走路，其中一定有可以做我的老师的人。

### 点评

“三人行，必有我师”出自《论语》，大意说的是每个人身上都有值得他人学习的地方，在生活中我们要将他人当作自己的老师，虚心向他人学习，并做到“择其善者而从之，其不善者而改之”。学习其优点，改正其过错，取长补短。这是孔子积极的立世心态，值得我们每个人学习。

## 事例

春秋时期的教育家、思想家孔子知识渊博，善于学习，每次都能做到不耻下问。有一次，孔子带着他的弟子外出讲学，在归来的途中经过一个路口时被一个孩子挡住。一看便知道，这个孩子正在玩垒城池的游戏，就是将一块块砖瓦和石块垒起来堆成一座城池。孔子急着赶路，便想让那个孩子让路，但小孩却说："我只听过车辆绕城而走的，而从没有听过把城池拆了给车让路的。"孔子听了感到非常吃惊，觉得小孩说得很有道理，于是说："三人行必有我师！小孩虽然年纪小，但是却有此等见识，能做我的老师。"

## 原文

**人无远[1]虑，必有近忧[2]。**

### 注释

①远：长远，长久。
②忧：忧愁，忧患。

### 译文

一个人如果没有长远的打算，就会被眼前的忧患所困扰。

### 点评

“人无远虑，必有近忧”是孔子充满智慧的名言，它告诉我们只有目光长远才能成大事，目光短浅的人只能获得眼前的利益，难以成大事。做人要未雨绸缪，将目光放长远，要对自己的未来有一个清晰的规划，不被眼前的利益阻碍，走好人生中的每一步路。

### 事例

从前，有一只美丽的鸫鸟，它非常喜欢吃甜美的果实，因此一到秋天，它就会去桃金娘树上，吃桃金娘树的果实。

有一年，桃金娘树上的果实还没有完全成熟的时候，鸫鸟就天天飞到桃金娘树上唱歌，唱道：“果实成熟的时候就是我美好日子来临的时候，我是多么地期待，多么地向往啊！”

就这样，这只鸫鸟每天都去桃金娘树上欢快地唱歌。有一个猎人发现了它，便守在那里，想要乘机捉住它。等桃金娘树上的果实成熟的时候，那只鹈鸟每天都过来吃桃金娘树的果实，它欢乐地边吃边唱，完全沉浸在果实的甜美之中。终于有一天，那个猎人在它松懈的时候抓住了它，它又唱道：“桃金娘的果实是多么甜美啊，就因为我被甜美的果实吸引，沉迷在其中，放松了警惕，所以才被猎人抓住失去了性命……”

## 原文

**寸心不昧①，万法皆明。明中施舍②，暗里填还。人间私语，天闻③若雷。暗室④亏心，神目如电。肚里跷蹊⑤，神道先知。**

## 注释

①昧（mèi）：糊涂，愚昧。
②施舍：做善事。
③闻：听起来。
④暗室：暗处，指别人看不见的地方。
⑤跷蹊（qiāo qi）：可疑，奇怪。这里指做坏事的念头。

## 译文

只要做事没有违背自己的良心，做任何事情都会正大光明。
一个人公开行善做好事，上天会在暗处进行补偿。
人间的窃窃私语，在老天听来就像雷声一样。
背地里做了亏心事，神明的眼睛如同闪电一样看得一清二楚。
心里有任何做坏事的念头，神明都会事先知道。

## 点评

这几句话说的是人不要随意作恶，不要以为做了坏事没有人知道，任何阴谋诡计都逃脱不了神明的眼睛，所谓“举头三尺有神明”“人在做，天在看”。在生活中要端正自己的态度和行为，哪怕是自己一个人的时候也要行得正，坐得端。只有这样才能清者自清。所谓“善有善报，恶有恶报”，一旦做了坏事，一定逃不出国家法律的制裁，这也是“神目如电”的现实意义吧。

## 事例

北宋名臣包拯，是我国历史上有名的清官，由于公正廉洁，断案无数，被人们称为“包青天”。

包拯不仅为官清廉，而且铁面无私。他一心为百姓做事，除暴安良，铲奸除恶，申冤除害。在他断案期间，不管对方的身份和地位如何，只要犯了罪就把他捉拿归案，严厉查处。他这种公正无私的做法受到百姓的爱戴，深得民心。

当时有一个臭名昭著的贪官，名叫王逵。王逵在做官期间，经常利用职权任意向百姓增收苛捐杂税，搜刮民脂民膏。用从百姓那里搜刮来的钱肆意挥霍，宴请官员，明目张胆地行贿，对待百姓更是惨无人道，只要看谁不顺眼就寻由将其杀害。在他担任湖南路转运使时，百姓一听到这个消息便害怕地躲到深山老林中去，有家不敢回。由此可见百姓对他的憎恨与恐惧。

虽然王逵品行不端，残害百姓，但是他却飞黄腾达，官越做越大。包拯知道他的罪行后，为民请命，多次向朝廷上书，要求罢免王逵。有一次，他当着皇帝的面愤怒地说着王逵的罪行，由于太过激动将唾沫喷到了皇帝的脸上，可见他要为百姓请命的决心。在包拯的不断弹劾下，皇帝终于派人彻查此事，最终将大贪官王逵罢免。

## 原文

**人离乡贱[①]，物离乡贵[②]。**

### 注释

①贱：低贱，被人轻视。

②贵：贵重。

### 译文

人一旦离开家乡去往外地就会变得低贱，物产离开原产地反而变得贵重。

### 点评

中国古人不主张轻易离开故乡，主张“父母在，不远游”，认为人离开故乡到了外地举目无亲，难以取得成就，因此便有了“人离乡贱”的说法。而“物以稀为贵”，货物只有离开原产地卖到远方，才会由于稀缺导致价钱更高。当今社会，经济飞速发展，做人需要敢拼敢闯，不能因为舍不得家乡而放弃拼搏的梦想。好男儿志在四方，出外闯荡不仅能够拓宽眼界，还能够在陌生的环境中磨炼自己，提升自我。

### 事例

春秋时期鲁国著名的思想家、教育家，儒家学说创始人孔子非常热爱读书，特别崇拜西周初年制礼作乐的周公，因此他对周朝的各种礼仪制度非常熟知。因为孔子正处于礼崩乐坏的时代，所以他积极地宣传西周的礼教，并将其传授给自己的弟子。孔子从20多岁时就想入朝做官，因此他在治理国家方面有着很高的见解。在孔子30岁时，他渐渐积累起了很高的名望，并在此期间受到鲁昭公的赏识。孔子35岁时，由于鲁昭公的下台，他离开了鲁国前往齐国，受到齐景公接见，但是这次他却没有受到齐景公的重用。不得志的孔子只好离开齐国再次回到了鲁国。之后他便在鲁国广招门徒，传授知识，并在51岁时出仕，次年当上司空、大司寇。后来，齐国送给鲁国大量的美女、乐队、名马，鲁国君臣沉醉于声色歌舞，对朝廷之事漠不关心。孔子见到这样的场景非常地担心，因此想劝说当时握有鲁国实权的权臣季孙氏，但是却没有得到接见。孔子对鲁国感到非常失望，他带着弟子周游列国，以实现他的政治主张。

孔子在周游列国期间多次碰壁。有一次，孔子带着弟子在陈蔡一带周游时，楚昭王派人请他。陈蔡两国的大臣听到这个消息后担心孔子会趁机对自己国家不利，就派兵围住了孔子。直到后来，楚国派兵解围，才得以解救孔子。

## 原文

**杀人可恕[1]，情理难容[2]。**

### 注释

①恕：饶恕，宽恕。
②容：宽容。

### 译文

杀了人即使得到了法律的饶恕，但在情理的层面也难以宽容。

### 点评

杀人可恕，情理难容。主要讲的是即使由于不得已的原因伤害了别人的性命而没有受到法律的追究，但是在情理方面也不能得到宽恕。强调的是对生命的尊重，和任何事物相比，生命都是最宝贵的。那些作恶之人自有法律的制裁，我们没有任何权利去伤害他人的性命。现代社会不仅是他人的生命，地球上的每一个生命都是值得被尊重和爱护的。我们要爱护人类的生命，也要爱护动物、爱护植物、爱护地球上的每一个生命。

### 事例

汉桓帝时，陈寔担任太丘县长。他理政有方，做事公正，以德服人，因此深受百姓爱戴。一天晚上，陈寔不经意发现自己卧室的屋梁上躲着一个人，他没有叫人去抓他，而是召集自己所有的子孙前来问话。陈寔对自己的子孙说了许多做人的道理，他说："人生来都是善良的，那些做坏事的人并不是因为他本性如此，只是平时不懂得严格要求自己，慢慢养成了坏习惯。我们每个人都应当自尊自爱、严于律己，在每一件小事中严格要求自己，这样才能防止自己走上邪恶的道路。躲在屋梁上的那位君子也是如此。”躲在梁上的小偷全都听见了，顿时感到非常羞愧，连忙跳下来向陈寔磕头认罪，请求陈寔饶恕他。陈寔询问他做小偷的缘由，原来是家中庄稼多年没有收成，生活贫困至极，被逼无奈才当了小偷。陈寔见他有悔改之心，便给了他一些钱财让他做小生意养家糊口，那人十分感动，再三拜谢后才离去。百姓知道这件事情后纷纷感叹陈寔的为人，而太丘很长时间内没有发生盗窃案件。这便是“梁上君子”的故事，而“梁上君子”也成为窃贼的代称。人们把陈寔送小偷钱财的事情，称作“陈寔遗盗”。

## 原文

**人欲可断①，天理②可循。心要忠恕③，意④要诚实。**

### 注释

①断：戒除。
②天理：天道，自然规律。
③恕：饶恕，宽恕。
④意：意图，意愿。

### 译文

人的私欲可以戒除，天的规律应该遵循。
为人要忠厚宽恕，与人交往要诚心实意。

### 点评

在宋明理学中，“人欲”和“天理”是对立的，主张“存天理，灭人欲”。但是事实上，要想斩断人的欲望是不可能的。每个人都有欲望，要想做到无欲无求是不现实的，只能尽最大的可能对其进行调节——将自己的欲望控制在合理的界限内，保障自我的欲望不要妨害别人的利益，保障自我欲望的实现不会触碰道德底线。因此，儒家强调忠恕之道，这也是孔子思想的重中之重。人和人之间要互相体谅，我们要真诚地去对待每一个人，只有这样才有可能上升到“天理”的高度。

## 事例

东汉时期，有一位著名的义士，名叫荀巨伯，极重义气。有一次，荀巨伯一个远方的朋友生病了，便千里迢迢地赶去看望。当他赶到朋友所在的地方时，刚好碰上北方匈奴军队入侵，城里的多数人都逃跑了，但是他朋友由于病重没有逃走。朋友见荀巨伯前来看望，便劝他赶紧离开这里去逃命。可荀巨伯却说："我来看望你，怎么能够因为你病重而抛弃你，自己逃命呢?"毅然决定留下来陪伴朋友。

当匈奴部队攻陷这座城池时，见到城里只剩下荀巨伯和他生病的朋友。匈奴人觉得很奇怪，便问荀巨伯不逃走的原因。荀巨伯对匈奴人说："真正的朋友是不会在危难的时候独自逃命的。现在，我愿意拿我的命去换我朋友的命，希望你们能够放过我朋友!"匈奴人听后感到非常震惊，都为荀巨伯对朋友的这种义气所感动，认为他是一个真正的仁义之士。匈奴人最终退兵了，这座城池因此得以保全。

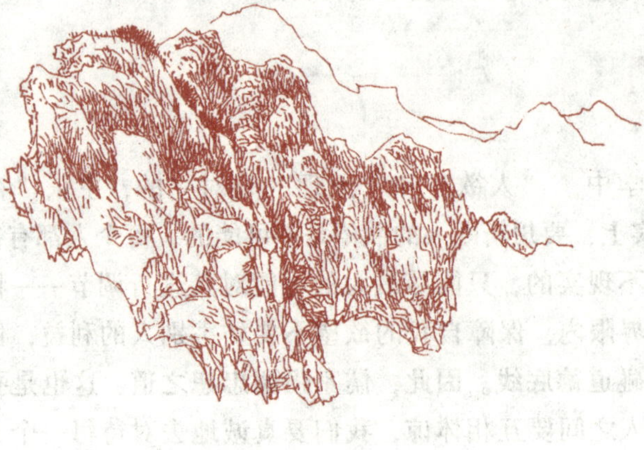

## 原文

**狎昵[①]恶少，久必受累。屈[②]志老成，急可相依。**

### 注释

①狎（xiá）昵：态度轻佻。这里指品行不端。

②屈：委屈，迁就。

### 译文

与品行不端的人来往，时间长了也会受到牵连。

与真诚稳重的人交朋友，在危急时刻可以依靠。

### 点评

人生是一个不断选择的过程，做出正确的选择有助于获得成功。交友便是人生选择中的一个重要环节。好朋友能与你共同进步，坏朋友却能让你染上种种毛病。正所谓“近朱者赤，近墨者黑”，结交那些品行不端、心地不善良的人，只会慢慢染上他们的恶习。结交那些稳重厚道的人，当遇到困难的时候，他们便会向你伸出友谊之手，成为你生命中的重要依托。

### 事例

南朝时候，有个叫吕僧珍的人，饱读诗书，为人忠诚诚恳，待人温和有礼。吕僧珍对家中每一个晚辈都严格要求，耐心地教导他们，所以家庭中的每一个成员都有着良好的品德，声名远扬。

季雅为官清正耿直，在执法时从来不畏权贵，严格地按照法律行事，因此得罪了很多人。朝廷中的一些官员为此记恨他，视他为眼中钉、肉中刺，想要除去他。季雅被贬到南康（今江西赣县）做当地的太守，想要置办一处宅子。他听说吕僧珍是个有德之人，且家风优良。他来到吕家附近，发现吕家子弟果然名不虚传，每个人都待人诚恳有礼。因此他便将吕僧珍家隔壁的一处宅院买了下来。当时季雅花了1100万钱买宅子，很多人都认为太贵了，但是季雅却说："房子只值100万钱，另外的1000万钱是买邻居啊！"

## 原文

**施惠[1]无念[2]，受恩莫忘。勿营[3]华屋，勿谋良田。**

## 注释

①惠：恩惠，好处。
②念：惦念，念念不忘。
③营：经营，营造。

## 译文

给予别人的恩惠不要总是记在心里，但接受别人的恩惠则要铭记不忘。不要总想着营造华美的房屋，不要总是谋求良好的田地。

## 点评

滴水之恩，当涌泉相报。做人要怀抱一颗感恩的心，别人对你的恩惠，要时刻记在心上。当你帮助别人的时候，不要想着别人有所回报，也不能大肆宣扬，要心态淡然。做人还要有高远的志向，不要局限于眼前的生活，被眼前的利益迷惑，要努力去实现自身的价值，做一个对社会有意义的人。

## 事例

明朝弘治年间，江苏太仓有个叫顾芳的人，担任县衙属官。有一天，一户卖饼的江姓人家被仇家诬告为盗贼，被关在狱中。顾芳查明了事情的真相后，知道江某是无罪的，便将他释放了。江某被释放后便带着女儿前来拜谢，想要将他的女儿送给顾芳做妾。江某的女儿17岁，长得很美。顾芳见了之后便连忙推辞，说他只是做了他该做的事情。

很多年后，顾芳因政绩出色被调往京城，在一位韩侍郎门下办事。有一天他去拜访侍郎，在堂下等候的时候见到了侍郎夫人。侍郎夫人将他叫到了厅堂，顾芳很是惶恐，跪在阶下叩头。侍郎夫人便告诉顾芳，她便是当年卖饼的江家的女儿。顾芳洗清了她父亲的冤情后，她家日渐贫困，最后她被卖给了商人，商人把她当作女儿养，后来便嫁给了侍郎，现在成了侍郎的正夫人。最后侍郎夫人表达了对顾芳的感谢，并说："饮水思源，我今天的富贵都源于先生所赐。今日相遇，实在很幸运。"

韩侍郎回来后，知道了这件事，对顾芳更加赞赏，并上奏朝廷。当时的孝宗皇帝知道后也对顾芳大加称赞，并任命他为礼部主事。

## 原文

**祖宗岁远，祭祀宜诚。子孙虽愚，诗书[1]宜读。刻薄[2]成家，理无久享。**

### 注释

①诗书：这里指的是儒家经典。
②刻薄：过分苛求。

### 译文

列祖列宗虽然和我们的年代相隔甚远，但祭祀的时候还是要诚心诚意。
子孙后辈即使愚笨，也要认真阅读儒家的经典。
依靠严厉刻薄的手段成就的家业，依天理一定不能牢靠长久。

### 点评

传承对中华民族来说格外重要，在对祖先的追思与怀念中，我们得到的不仅是道德和精神的继承，更是心灵的寄托与安慰。追思祖先，一是要学习传统文化中的经典著作，扩充自己的知识；二是要厚道做人，学习祖先的美德。只有做到这两点，才是真正意义上的敬祖尊宗。

### 事例

汉朝人祭遵，喜爱读经书，家中富有但为人节俭，平时经常穿着破旧的衣服。母亲去世后，他亲自背土建造母亲的坟墓。他为人清廉谨慎，奉公守己。自己从来不留一分钱，每次都将得到的赏钱分给他的下属。他一生只穿皮裤，很久不买一件新衣服。受他的影响，他的夫人也从不穿精美华丽的服装。他在没有去世之前，便对自己的家人说“我死后你们不要为我办丧礼，只要将我用牛车拉回洛阳葬了即可。”

祭遵爱好儒术，在选择人才时也将儒术作为唯一的判别标准，就是宴请客人喝酒时也只用儒家的雅歌投壶。他非常尊敬孔子，还建议朝廷选择专门的人来主持祭祀孔子的大典，并建议朝廷设置五经大夫职位。他一生从来没有忘记俎豆之礼。在过节和先人忌日的时候，他都会提前准备好祭祀用的东西，丝毫不曾懈怠，所以得到了当时人们的尊敬。

# 五言集

## 原文

**黄金浮世[1]在，白发故人稀。多金非为贵，安乐[2]值钱多。**

## 注释

①浮世：人世。古时认为世事飘浮不定，所以称人世为“浮世”。

②安乐：安逸，快乐。

## 译文

金钱到处都有，白发的老朋友却为数不多。

再多的钱财也不足为贵，快乐安定才是最可贵的。

## 点评

钱财乃身外之物，人生在世，不能太在意钱财的多少。黄金有价，情义无价。在人的一生中，人们得到金钱的时候很多，但是能够得到真心陪伴自己一生的朋友的机会却很少。所以，我们要珍惜那些志同道合的好朋友，不要将自己的时间浪费在谋取身外之物上。孔子说：“君子喻于义，小人喻于利。”说的便是这样的道理。真正的君子看重人与人之间的情义，只有小人才会贪恋金钱，执着于利益。

## 事例

孔子的弟子原宪居住在鲁国，家境贫困。他的家只是用茅草搭成的棚屋，一到下雨天就会漏雨。但是原宪却丝毫不在意，仍然一副悠然自得的样子。一天，他的好友子贡前来看望他。子贡身着华衣，坐着豪华的车子，看到原宪寒酸的模样便说：“老朋友，你看起来气色不好啊，是得什么病了吗？”原宪笑了笑回答说：“没有财富称为贫，有着卓越的见识却没有用武之地称为病。我现在是贫，而不是病呀！有些奸诈卑鄙之人为了提升自己的名誉，刻意地迎合世俗。我只是安贫乐道，为这些人感到耻辱，不想被他们污染罢了。”

## 原文

**休[1]争[2]三寸气，白了少年头。百年随时过，万事转头[3]空。**

## 注释

①休：不要。

②争：争论，争执。

③转头：比喻时间过得很快。

## 译文

不要因为口舌之争而浪费时间，年纪轻轻就白了头发。

人生短暂，转眼就会过去，回头看一切事情都是虚空。

## 点评

口舌之争，既浪费时间又伤神动气，不如静下心来认真做事。人生短暂，时间非常宝贵，有智慧的人善于把握人生，做一些对自己、对社会有意义的事情，让有限的生命活出精彩。只有那些愚笨无为之人才会纠结各种事情，虚度光阴。

## 事例

东汉丞相刘宽，为人宽厚，没有对任何人发过脾气。一次，他的夫人想看看他发脾气的样子，就故意安排侍女将他进宫面圣所穿的衣服弄脏。侍女听从夫人的安排后就将鸡汤故意洒在了他的衣服上，但是刘宽不仅不生气，反而关心地问侍女有没有受伤。侍女对他的做法感到非常感动，他的夫人对刘宽的做法也十分佩服。从这件事中就能看出刘宽的为人，也正是由于刘宽温和的气度，他才受到了世人的尊敬和仰慕。

## 原文

**耕牛无宿草[1]，仓鼠有余粮。万事分[2]已定，浮生[3]空自忙。**

## 注释

①宿草：过夜的草料。
②分（fèn）：命运。
③浮生：人生。

## 译文

耕牛辛苦劳作却没有过夜的草料吃，粮仓里的老鼠却有吃不完的粮食。一切事情上天已经安排妥当，一生的努力不过是白白忙碌。

## 点评

在古人看来，世间有很多不公平的事情，就像耕牛和粮仓里的老鼠一样。面对种种不公，他们劝慰自己，一切事情的命运早已注定，但是这种想法却是消极不正确的。我们的命运掌握在自己的手中，只要是为了梦想努力拼搏奋斗，总有一天会获得成功。著名的音乐大师贝多芬耳聋之后，豪迈地说道："我要扼住命运的咽喉！"这种乐观向上、永不服输的态度才是值得我们学习的。

## 事例

春秋时期的著名隐士荣启期，才华横溢，知识渊博，思想上非常有见解，但是却不得志。年老时他经常穿着破旧的衣服在野外弹琴。

90岁时，有一天，他像往常一样来到泰山脚下弹琴唱歌。孔子和一群弟子到泰山游览，听到歌声后就走过来，看到他悠然地唱歌弹琴，非常投入。孔子感到非常奇怪，等他听完一曲后，便问他为何会这么快乐。荣启期笑着说："人活在世上，有很多事情能从中体会到快乐。现在我感到快乐的原因有三个：一是，天生万物，人类才是世上最尊贵的，我作为人活在这个人世间，我感到很快乐；二是，世上男女有别，现在男尊女卑，我作为男人活着，我感到很快乐；三是，有人刚出生或尚在襁褓时，还没有体会到世界的美妙便去世了，而我已经90岁了，为此我感到快乐。"

孔子认为他有如此才华却没有机会施展非常可惜，他却淡然说道："现在有太多的读书人像我一样不得志。读书人是贫穷的，且每个人都会死去，我能够安然地忍受读书人的贫穷，又能够坦然面对死亡，这对我来说便足够了。"

荣启期就是这样坦然地面对生活，不为贫穷所苦恼，不为世俗所困扰。

## 原文

**结[1]有德之朋，绝[2]无义之友。常怀克己[3]心，法度要谨守。**

### 注释

①结：结交，交往。
②绝：断绝。
③克己：克制私欲，严于律己。

### 译文

和有品德的人交往，和不讲道义的人断绝关系。
要经常克制私欲，严于律己，遵守法律制度。

### 点评

我们要结交有品德的人，对于那些不讲仁义的人要断绝来往。孔子曾经说过“无友不如己者”，意思是不要和不如自己的人交朋友。这并不是一种消极的交友方式，而是高度看重结交朋友的意义，通过相互学习来提高自己的人生境界。同时，在为人处世方面，我们要严格要求自己，遵守国家的法律，不做违背自己良心、违背国家规定的事情。这种修身态度和儒家的交友之道是一致的。

### 事例

南宋末年，蒙古大军攻入中原。金国儒生许衡和流亡的人一起逃避战乱。经过河阳时，由于天气炎热，加上走了很久的路，大家都非常口渴。途中有人发现路边有棵梨树，便争先恐后地摘梨解渴，只有许衡一人没有上前摘梨。大家感到非常奇怪，就问他既然口渴为什么不去摘梨。许衡道："虽然天下大乱，但是人心不能乱。这棵梨树不是我的，我摘了就不符合道义。"和他一起逃亡的人都很佩服他的为人。许衡做任何事情都严格地按照规矩办事，只要遇见丧葬婚嫁，就会遵照风俗礼仪办理。当时元世祖想要让他担任宰相职位，但他不慕荣利，毅然地拒绝了。许衡去世后，许多人纷纷前来拜祭，皇帝特赐谥号为"文正"。

## 原文

**君子坦荡荡，小人常戚戚。①见事知长短，人面识②高低。**

### 注释

①“君子”二句出自《论语·述而》：“君子坦荡荡，小人常戚戚。”戚戚，忧惧的样子。

②识：分辨，看清。

### 译文

君子向来光明磊落，小人常常忧惧重重。

掌握事情真相后才能明是非，和人接触后才能看清品德的高低。

### 点评

正所谓“没有调查，就没有发言权”，要想真正了解一件事、一个人，只有充分接触了才有资格去判断。君子和小人有着非常明显的区别，其中最容易区分的就是：君子襟怀坦荡，内心安稳；小人心胸狭窄，时常处于不安之中。只要我们行得正、坐得端，内心自然就会坦荡无所畏惧。古人指出，要不断地反思自己的言行是否符合道义，当发现自己的行为没有任何地方有悖于道义时，自然能够获得内心的坦然。

### 事例

东汉大儒杨震从小便没有父亲，虽然家境贫寒，但是他非常热爱学习，博览群书，世人称他为“关西孔子”。杨震一直没有做官，以教书为生，经他举荐的人都成了有名之人。州郡长官请他去做官，他始终没有答应，而是安心教书20多年。后来，大将军邓骘久闻他的大名，多次请求他做官，因此杨震直到50多岁时才踏入仕途。

一次，杨震在去东莱郡上任的途中路过昌邑县，便前去探望这里的县令，因为县令王密是经过他的推荐而当上官的。当天晚上，县令王密带着大量的金银财宝来送给杨震，以答谢他的恩情。杨震毅然拒绝了。王密说："现在没有人，不会有人知道这件事的，放心好了，不会有损你的名声的。"杨震正色道："天知，地知，你知，我知。这怎么是没有人知道呢！"王密听后感到非常惭愧，便带着钱离开了。

杨震为人奉公廉洁，同时他也严格地要求自己的子孙，因此杨家世代生活俭朴。他的朋友建议他为子孙置办产业，杨震没有听从，说："'清官的后代'这个美名难道不比产业更好吗？"

## 原文

**心高遮[1]甚事，地高偃[2]水流。水深流去慢，贵人[3]语话迟。道[4]高龙虎伏，德重鬼神钦。人高谈今古，物高价出头。**

## 注释

①遮：拦住，阻挡。

②偃（yǎn）：阻止，停止。

③贵人：地位高贵之人。

④道：道行，道术。

## 译文

心志高远便能够应付任何事情，就像地势高可以阻止水往下流一样。

水深流速就会变慢，尊贵的人说话沉稳。

道行高深就能降龙伏虎，道德崇高连鬼神都会钦佩。

人的学问高可以谈论今古，货物质量高就价格昂贵。

## 点评

古人重视修身，强调个人的修养。人活在世上，首先要培养良好的品德，要谦虚立世、乐观向上，对待万事万物温和有礼，这样才能受益颇多。其次要努力学习，不断地积累知识，只有读的书多了才会有深刻的见解。如果一个人道行高深、品德高尚的话，连鬼神都会敬重你。这就像货物一样，货物自身的质量好，自然就会价格昂贵。

## 事例

唐宪宗时期，一天朝廷发来公文，需要宰相裴度盖上官印后回复。当裴度的仆人前去拿官印时才发现官印不知道什么时候不见了。裴度的同事认为丢失官印事关重大，便催他去追查。但是裴度却丝毫不担心，仍然在府上和众人喝酒，神情非常坦然。大家正喝得高兴的时候，有仆人跑来报告裴度，说官印找到了。众人都为裴度感到高兴，但是裴度仍然毫不在意，好像早就知道了会这样。大家都感到非常奇怪，便问他什么原因，裴度对大家说："东汉济阳县县令也曾丢失过官印，当时人们知道官印丢失后都非常惊慌，但是有人却非常镇定，他告诉县令让他不要惊动别人，悄悄地追查，后来果然找到了官印。原来是因为他的妻和妾争宠，妻子将官印藏了起来。那个人告诉县令，大肆声张的话偷印人可能会毁掉官印。现在我的官印丢失了，我料定是内部人拿去用了，用完后必定放回原处。如果大肆声张，他可能会毁掉官印。"众人都很佩服他的智慧。

## 原文

**休倚[1]时来势，提防时去年。藤萝绕树生，树倒藤萝死。官满[2]如花谢，势败奴欺主。命强人欺鬼，运衰鬼欺人。**

### 注释

①倚：依靠，凭借。

②官满：官期任满。

### 译文

不要依靠运气好时的气势，要时刻提防运气离开时的年月。

这就像藤萝围绕大树向上生长，一旦树倒藤萝也会死掉。

官期结束就像凋谢的花儿一样，没有了权势连奴仆也会欺负主人。

命运强盛时人可以压住鬼，命运衰败时就会被鬼欺负。

### 点评

人运气好的时候做什么事情都会一帆风顺，时运不济的时候做任何事情都会不顺心。命运无常，每个人都会有走运和时运不济的时候，因此古人认为运气是不可信的，它会随时来临，也会随时离开我们。人不能只想着依靠运气做事，要靠自己扎扎实实的努力奋进。运气不会常有，靠山不会永远不倒。就如同那藤萝一样，藤萝依靠大树生长，可一旦大树倒掉，藤萝不也就迅速枯萎了吗？

## 事例

朱买臣是汉武帝时期的一位学者，自幼家境贫寒，但非常热爱读书，经常一边挑着柴一边背诵文章。妻子崔氏觉得这样非常丢人，因此劝他不要这样，朱买臣没有听取她的意见，反而用比以往更大的声音背诵文章。崔氏难以忍受，便请求朱买臣让她离开。朱买臣笑着说："这么多年来你一直跟着我吃苦，等我以后富贵了，我一定会报答你的。"妻子听后觉得非常可笑，认为他不可能会富贵，便毅然地离开了朱买臣。从此以后，朱买臣便一个人像以往一样边挑柴边读书。有一次他挑柴的途中遇见了前妻和她的现任丈夫，前妻看到他饥寒交迫的样子，便给了他一些食物。

几年后，朱买臣得到同乡严助的举荐，他在汉武帝面前展示了自己的才华并得到汉武帝的赏识，因此被封为中大夫。后来，朱买臣任会稽郡太守。当朱买臣衣锦还乡时，又遇见了前妻和她的丈夫，于是带着他们前往自己家中报答当时的恩情。朱买臣让他们住在自己家的后园之中，每天供给他们食物。

就这样过了一个月，前妻羞愧难当，便上吊死了。朱买臣给了她丈夫一些钱，让他料理后事。

## 原文

**但得一步地①，何须不为人。人无千日好②，花无百日红。人有十年壮，鬼神不敢傍③。厨中有剩饭，路上有饥人。**

## 注释

①一步地：这里指立足之地。

②好：运气顺畅。

③傍（bàng）：接近。

## 译文

只要有一步长短的立足之地，为何不能宽容他人。

人不可能一直一帆风顺，花儿也不可能一直艳丽如初。

人只要有十年的盛壮，这个时期鬼神都不敢靠近。

厨房中有剩饭，而道路上还有饥饿难挨的人。

## 点评

人总有不得势的时候，花儿总有凋零的时节。人的一生时间有限，我们要趁着青春还在，努力拼搏实现自身的梦想。另外，一个人的鼎盛时期也不会太久，因此我们需要积德行善、宽容待人，这样以后的生活也会少很多磨难。

杜甫在诗中写道："朱门酒肉臭，路有冻死骨。"当我们大快朵颐的时候，世界上还有很多忍受饥饿和其他种种不幸的人。我们在悠闲自在的时候也不能忘记正在承受贫穷和痛苦折磨的人。对于那些不幸的人，我们不仅要有一颗仁慈的心，还要尽自己最大的努力去帮助他们，在心灵上给予他们真诚的理解与关怀，在物质上给予他们一定的帮助。善有善报，多多行善，一定会得到回报。

## 事例

有一年，唐玄宗在骊山行宫遇见了杨玉环，当时杨玉环是玄宗儿子寿王的妃子。玄宗初遇她便喜欢上了她，想要将她占为己有，因此便效仿当年武则天入宫时的办法，以“女道士”之名宣杨玉环入宫，在天宝四载将其册封为贵妃。杨玉环长得极美，又精通舞蹈和音乐，善解人意，唐玄宗非常宠爱她。很快，杨玉环便成了“后宫佳丽三千人，三千宠爱集一身”之人。

有一次，岭南进贡了一只白鹦鹉，能模仿人语，杨玉环非常喜爱它，给它取名“雪花女”。玄宗命大臣教它吟诗，不久之后白鹦鹉便能够模仿人吟诗，因此更加受杨玉环的喜爱。每当玄宗与杨贵妃下棋快要输的时候，侍者就会叫白鹦鹉飞到棋盘上扰乱棋局不能分胜负。后来，这只鹦鹉被老鹰啄死了，杨玉环非常伤心，将它葬于御苑中，称为“鹦鹉冢”。从这只白鹦鹉就能看出唐玄宗对杨玉环的宠爱。

杨贵妃为蜀人，非常喜爱吃荔枝，唐玄宗为赢得美人欢心，每年都要派人从岭南快马加鞭地送来新鲜荔枝。而“一骑红尘妃子笑，无人知是荔枝来”说的便是杨玉环。在宫中，杨玉环和唐玄宗过着极其奢靡的生活。唐玄宗天宝十四载（公元755年），安禄山起兵造反，在攻破长安之际，唐玄宗率兵带着杨玉环逃亡，当行至马嵬驿时，士兵要求唐玄宗诛杀杨玉环和她的哥哥杨国忠。唐玄宗没有办法，只好忍痛命令高力士赐她自尽。最终，杨贵妃自尽于驿馆佛堂前的梨树下，死时38岁。

## 原文

**饶[1]人不是痴[2]，过后得便宜。量小非君子，无度[3]不丈夫。路遥知马力，日久见人心。长存君子道，须[4]有称心时。**

### 注释

①饶：宽恕，原谅。
②痴：傻。
③度：胸怀的度量。
④须：必将，总会。

### 译文

宽恕别人不是犯傻，以后就会得到相应的回报。
气量狭小的人称不上是君子，缺乏度量的人称不上是大丈夫。
路程遥远才能看出马力气的大小，相处时间久了才能看出人心善恶。
要时刻坚持君子为人处世的态度，总会有称心如意的时候。

### 点评

中国人称赞别人，常会说他是一个真正的“大丈夫”！那么，什么样的人才是真正的“大丈夫”呢？首先，“大丈夫”是心胸宽广的人，心胸广阔，海纳百川，心存善念，乐于助人，对于他人的缺点不是一味地指责批评，而是包容并帮助其改正，这样的人才能被称为“大丈夫”。其次，“大丈夫”有坚定的恒心，做事坚持不懈，不局限于眼前的利益，而是能够立足长远、高瞻远瞩，能够识别“马力”与“人心”。最后，“大丈夫”要有高尚的道德，能够严格要求自己，做真正的君子，同时也能够小心谨慎地提防身边的小人。

事例

清朝康熙年间，当朝宰相张英与一位姓叶的侍郎是邻居，两家只隔着一道墙。有一年，两家都要改建房屋，在丈量土地的时候谁也不肯让出分毫，两家争执无果后就请地方官出面，但是地方官谁也不想得罪，就没有出面解决。宰相张英的母亲便写信给张英，要求他解决，宰相看到母亲的来信后，知道了事情的缘由，便立即写了一封信寄回家中。家人打开信后只见："千里修书只为墙，让他三尺又何妨？万里长城今犹在，不见当年秦始皇。"张英的母亲看见后立刻明白了张英的意图，要大度忍让。因此张家把墙拆掉，主动退后三尺。叶家知道这件事后非常敬佩宰相的宽容态度，顿感惭愧，也马上派人将墙往后拆了三尺。就这样，两家的院墙之间形成了六尺宽的巷道，成了有名的"六尺巷"，而宰相张英也被人称为"宰相肚里能撑船"的典范，受到大家的敬佩。

## 原文

**雁飞不到处[1]，人被名利牵。地有三江水，人无四海心。[2]有钱善使用，死后一场空。为仁不富矣，为富不仁矣。[3]**

### 注释

①处：地方，场所。

②三江、四海：指全国各地。

③“为仁”二句出自《孟子·滕文公上》，阳虎说：“为富不仁矣，为仁不富矣。”

### 译文

即使是大雁飞不到的地方，如果那里有名利的话，也会有人前去冒险。

大地广阔，能容下无数条江河的水，而人却没有包容万物的胸怀。

钱财需要花在真正有意义的地方，否则死后什么都带不走。

仁爱慈悲的人难以富贵，而富人很难做到仁爱慈悲。

### 点评

名利是什么？它无非是人的欲望。人生在世，谁都会被欲望困扰。当人的欲望无法得到满足之时，很多人就会铤而走险，最终害人害己。世人一生追逐名利，却忽略了真正有意义的事情。人活一生，理想最为珍贵。一个人树立了君子的理想，便有了远大的目标，在为之拼搏奋斗的过程中就会渐渐地脱离现实中的欲望，从而达到高远的人生境界。

“三才者，天地人。”在古人心中，人和天地并重。天地有着包容万物的胸怀，而人也需要向天地学习，感悟天地的境界与器量。胸怀宽广，善待身边的每一个人，不为浮萍般的利益所迷惑，正确地对待财富——把钱花到真正有意义的地方，帮助穷人和弱小者，只有这样，富人才能真正成为一个仁者。

事例

东汉初年，有一个名叫第五伦的人，他为官清正廉洁，待人温和有礼，一心为百姓着想，深受当地百姓的爱戴。第五伦小时候便非常看重情义，喜欢帮助他人，只要乡亲们有困难，他就立刻为人分忧解难。第五伦做会稽郡太守时，非常节俭，从不穿华丽的服饰，也不吃精美的佳肴，每次都是妻子动手烧火做饭，没有仆人。他每月领到的俸禄除了维持日常生活所需以外均送给贫苦人民。有个朋友问他："单单靠你一个人，能帮助多少人？你能帮助得了每一个人吗？"第五伦回答道："只要能够对得起自己的良心就行了！"朋友又问："你自己能做到廉洁自律，但是你的后人呢？你为什么不置产业留给后人呢？"第五伦笑着说："我现在的所作所为正是在为后人积德啊！"

第五伦担任蜀郡太守时，不畏权贵，对于那些依仗权势为非作歹之人大力严惩，重用有德之人，使当时的蜀郡风气焕然一新。同时他积极向朝廷推荐有才能的贤德之人，很多经他推荐的人都成了有名的清官。

## 原文

**君子喻[1]于义，小人喻于利。贫而无怨[2]难，富而无骄易。**

### 注释

①喻：明白。
②怨：埋怨，责备。

### 译文

君子明白道义上的是非，而小人只看重利益上的得失。
贫困时能够不怨天尤人很难，富贵时要做到不骄横却很容易。

### 点评

君子和小人的区别，在于他们的看重点不同：君子看重的是人情道义，而小人只在乎眼前的利益。因此君子和小人面对相同人生境遇时有着不同的境界。面对贫困的生活，君子选择安然无怨，小人就会怨天尤人并做出违反道德的事情；面对富贵生活，君子选择一如既往，乐善好施，小人就会沉迷于其中，骄奢淫逸，目中无人。人在道义和利益之间做出的选择，便决定了他的人生境界，因此我们需要慎重选择，做一个真正的君子。

### 事例

南朝人刘伯龙从小家境贫苦，但是他非常热爱学习，学识渊博，为人正派。

刘伯龙长大后，因熟读儒家经典而入朝为官，并且不断升迁，渐渐升职为尚书左丞。虽然他的官越做越大，但是他家中的财产却越来越少，这种情况在当时是非常少见的。

面对这种情况，刘伯龙心里也很着急，经常在家中叹息。有一天，他召集所有的人手共同讨论如何发财致富，但是受到了鬼的嘲笑，刘伯龙情不自禁地感慨道："贫穷本来就是上天早就注定好的，为什么会被鬼嘲讽呢？"因此刘伯龙再也没有提过发财致富的事。

## 原文

**百年[1]还在命，半点不由人。在家敬父母，何须远烧香？家和贫也好，不义[2]富如何？**

## 注释

①百年：人的一辈子。
②不义：做出违法的事情。

## 译文

人的一生都是由命运决定的，一点儿也由不得人做主。

在家便能够孝敬父母，为何要跑到很远的地方烧香拜神？

家庭和睦即使贫穷也会感到幸福快乐，经常做不义之事即使富裕又能怎样？

## 点评

古人有时会消极地认为，人的一生都由命运决定，由不得人，正所谓“命由天定”。其实这种消极的观点已经不再适应现今社会，人的命运掌握在自己手中，机会都是留给有准备之人的。“命由天定”的心态可以转化为一种积极的人生立场——既然难以把握外在的成就，那就不必为它过于执着，而要想着修身养性。在家就要时时孝顺父母，不要在“子欲养而亲不待”的时候追悔莫及。

## 事例

东汉时，四川广汉人姜诗娶了庞氏为妻。妻子庞氏非常孝顺姜母，每天都去六七里远的长江取水给姜母喝。姜母喜欢吃鱼，庞氏就常给她做鱼吃，当婆婆不想一个人吃的时候她就邀请邻居的婆婆和她一块儿吃。

有一次，庞氏去江中取水，因为遇到了大风天气，所以回来得晚了。姜母在家口渴难耐，等了好久也没有见庞氏回来，便非常生气，并向她的儿子诉苦，抱怨庞氏对她不好，想让他的儿子赶她出去。姜诗虽然很不舍，但是却不能违背母亲的意思，就把妻子赶出了家门。庞氏离开后便在邻居家里寄住，把纺纱织布得来的钱全拿给她的婆婆。

姜母知道后感到非常惭愧，便急忙将庞氏从邻居家接了回来。庞氏回到家时，院中突然喷涌出甘甜的江水，并且每天还有两条鲤鱼跃出。从此，庞氏便再也不用去江边取水孝敬婆婆了。

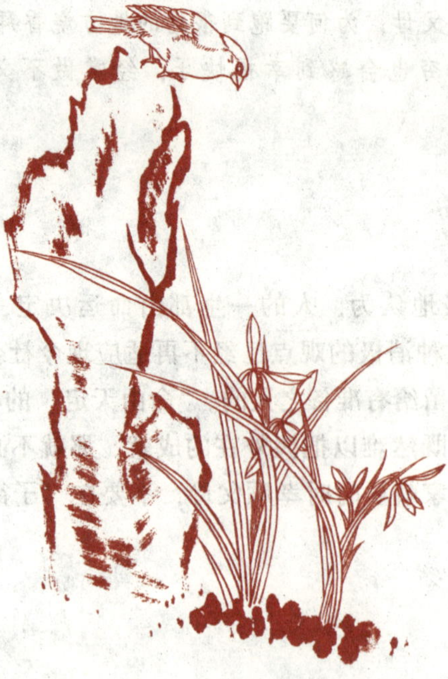

## 原文

**晴干①开水道②，须防暴雨时。寒门③生贵子，白屋出公卿。将相本无种，男儿当自强。**

## 注释

①干：干燥。

②水道：排水沟。

③寒门：贫苦之人住的房子。

## 译文

晴天地干需要及时开凿水沟，以应对下暴雨的时候。

贫寒人家也能生出有出息的孩子，茅草屋里也常常出高官。

王侯将相本来就不是天生的，所以男子汉需要自立自强。

## 点评

英雄不问出身。一个人的出身对他的成长有着一定的影响，但是并不能成为决定他一生的因素。只要奋发图强，即使出生在贫穷之家也能够成就一番事业。在中国历史上，有太多的寒门子弟通过自己的努力取得了伟大的成就，这正是“寒门生贵子，白屋出公卿”。因此，人不能因出身不好而怨天尤人，而是应将更多的精力放在后天的个人努力上。

## 事例

匡衡年少时勤奋好学，但由于家境贫寒，白天需要干活挣钱，只有晚上才有时间读书。但是他却没有钱买蜡烛，为此他感到非常苦恼。到了晚上的时候，邻居家灯火通明，只有匡衡家没有一丝亮光。有一日，匡衡问邻居，能否晚上在他家读书，却遭到了邻居的恶语嘲讽。匡衡听后十分气愤，便坚定信念更加刻苦读书。回到家后，他在墙上凿了一个小洞，借着小洞里透出来的微弱光芒读书。时间久了他渐渐发觉自己掌握的知识根本不够，因此他便拜托一个大户人家，要求为他家白干活，不要工钱，只要让他读书就行了。大户人家的主人答应了他的要求。就这样匡衡在艰苦的环境中仍然坚持刻苦学习，后来他做了汉元帝的丞相，成为西汉有名的学者。

## 原文

**欲要夫子[1]行，无可一日清。三千徒众立，七十二贤人。成人不自在[2]，自在不成人。**

## 注释

①夫子：这里指孔子。

②自在：舒适，轻松。

## 译文

想要做孔子这样的圣人，便不能有一天的清闲自在。

孔子有三千多学生，但是只有七十二人成为贤人。

想要成才就不能轻松自在，贪图享受一定成不了才。

## 点评

**孔子弟子众多，其中成为圣贤之人的只有七十二人。如果想要达到孔子那样的高度，就需要辛勤不懈的修养和孜孜不倦的努力。吃得苦中苦，方为人上人。要想成就一番事业，就需要经历磨难痛苦，安逸稳定是不可能成功的。“成人不自在，自在不成人。”要想干出一番事业，要先明白这个道理。**

## 事例

孙康小时候便勤奋好学，但是由于家境贫苦，每天需要帮家里干活，根本没有时间学习。但是孙康却并没有被贫穷的生活打倒，他决定利用晚上不干活的时间努力读书。晚上点不起油灯，他便在灯油烧干后躺在床上默默地背书或默记书中的要领。有一年冬天，天气格外寒冷，一天晚上，孙康像往常一样躺在床上对着北风呼啸的窗口背书，突然觉得窗口越来越亮，还以为是自己背书背到了天亮。出门一看，原来是下了大雪，洁白的雪把窗口映亮了。孙康心里想："既然白雪能映亮窗口，那是不是就能依靠雪的亮光看清书呢?"于是他穿上衣服拿起书跑到门外，蹲在雪地里，借着积雪映出的微弱亮光读起书来。他全神贯注地看书，即使天气寒冷也丝毫没有感觉到冷意。一直到了深更半夜，他仍然在雪地里读书。在这以后，每逢下雪天，他都会到雪地里读书。别人都不想让寒冷的冬天来临，但是孙康却盼望着每年的冬天能早点儿到来，能够多下几场雪，这样他就能映着雪读书了。"孙康映雪"的典故便是这样来的。

## 原文

**国正天心①顺，官清民自安。妻贤②夫祸少，子孝父心宽。**

### 注释

①天心：天意。

②贤：贤惠。

### 译文

国家公正严明，天意就和顺，自然风调雨顺；官员清正廉洁，老百姓自然会安居乐业。

妻子贤良有德，丈夫就会少遭灾祸；子女孝顺，父母就会心情畅快。

### 点评

在古人看来，国家的长治久安、人民生活的安定要靠统治者的公正严明，以及官员的清廉律己、兢兢业业；一个家庭的幸福要靠妻子的温柔贤惠和子女的孝顺。总之，国家的前途和家庭的幸福要靠个人自身的努力，在长时间的奋斗中创造未来。

### 事例

周朝时期，晋国大夫羊舌子的妻子叫叔姬。羊舌子为人正直，在被家人排挤后来到了三家村，并长期居住在三家村。有一次，有个人偷了一只来历不明的羊，想让羊舌子收下羊头。羊舌子不愿收下。他的妻子叔姬却认为如果不收下这个羊头，三家村的人就不会允许他们居住在此地。羊舌子听完妻子的话后便收下了羊头，想要煮了给儿子吃。但是他的妻子叔姬说："这种从不正当途径得来的东西怎么能让孩子吃呢？我们还是将它埋在地里好了，这样还能够表明你不和他们同流合污的心迹。”

两年后，偷羊的事情暴露，官府派人到羊舌子家彻查这件事情。羊舌子便交代了事情的缘由，并把羊头从地里挖了出来。羊头腐烂得只剩骨头了。官差对羊舌子的为人感到很敬佩，便免了他的罪。

## 原文

**白云[①]朝朝过，青天[②]日日闲。自家无运至，却怨世界[③]难。**

### 注释

①白云：这里指的是小人的言论。

②青天：这里指的是贤人。

③世界：世道。

### 译文

白云每天从天上飘过，蓝天却日日安然常在。

自己的好运气没有来临，却埋怨世道故意刁难自己。

### 点评

古人认为人的一生由命运决定，主张人要认命，这是一种消极的人生态度。我们的命运只掌握在自己手中，在埋怨世界不公的时候，更要思考自己是否拼尽了全力。只有不断地增强自己的能力和本领，才能不断前进，才能战胜各种困难和挑战。

### 事例

永贞元年（公元805年），唐顺宗重用王叔文等人进行改革，历史上称永贞革新，或是“二王八司马事件”。其中参与革新的刘禹锡权倾一时，他为人极其傲慢，世人都非常害怕他。可是没得意多久，在唐顺宗被宦官和藩镇势力联手拉下帝位时，刘禹锡被贬。

元和十年（公元815年），刘禹锡被召回长安。有一次他去观赏桃花时作了一首《元和十年自朗州至京戏赠看花诸君子》，诗的主要内容为："紫陌红尘拂面来，无人不道看花回。玄都观里桃千树，尽是刘郎去后栽。"该诗批评了当时掌管朝廷大权的新官僚，当权者武元衡听到这首诗后大感愤怒，便将刘禹锡外放为连州刺史。

14年后，也就是唐文宗大和二年（公元828年）的三月，刘禹锡再次被召回长安。此时，当年革新的反对者大多去世了，因此他又去观赏桃花并作了《再游玄都观》一诗，诗中写道："百亩庭中半是苔，桃花净尽菜花开。种桃道士归何处，前度刘郎今又来。"诗的前面还有一篇小序："贞元二十一年，玄都观里还没有桃花，那一年我被贬为连州刺史，不久又贬为朗州司马。10年后被召回长安，那时候观里长满了桃花，有人说是道士亲手栽植了仙桃，于是我便作诗一首。紧接着我又被派出做刺史，14年之后再次被召回长安，现在做主客郎中。现在重游玄都观，观里光秃秃的没有一株树，只有兔葵、燕麦在春风中摆动。因此再作一首诗待后来的游人指教。"这首诗将刘禹锡的讽刺之意表达得淋漓尽致。

## 原文

**有钱能解语，无钱语不听。时间风火性①，烧了岁寒衣。人生不满百，常怀千岁②忧。**

### 注释

①风火性：时间像风火一样，形容迅速。
②岁：年。

### 译文

有钱的时候你说任何话别人都能领会，没钱的时候你说什么也没人听。
时光像风火一样转瞬即逝，转眼间又到为逝者烧寒衣的日子了。
人一生很难活到百岁，却总是怀有千年的忧虑。

### 点评

这几句话的意思都比较消极，首句说有钱便能够得到他人的支持，这也是在批判世人的势利作为，正所谓“有钱能使鬼推磨”。后两句说的是人生短暂，不必杞人忧天，有太多的思虑不能顺势顺心，生死存亡只在转瞬之间，只要过好当前的生活就好。但同时也要不忘忧患，“人无远虑，必有近忧”，要具有一种对人类前途、对自身前途的忧患意识，只有这样，人才能不断进步，社会才能够不断前进。

### 事例

从前有一座寺院，寺院里有一名小和尚，小和尚的职责便是每天清晨打扫寺院中飘落的树叶。

小和尚需要每天早早起床打扫寺院，而一到了秋冬之际，寺院中就会飘落很多树叶。小和尚需要很长时间才能打扫干净，为此小和尚常常感到痛苦。他一直想要找个好办法来解决这个问题。

后来，有个和尚想出了一个办法，让他第一天打扫前先用力摇晃树，将树上能够落下的树叶全都摇下来，然后第二天就不需要再扫落叶了。小和尚认为这个办法可行，于是按照提议，他早上用力摇晃树木，将落下的树叶一次打扫完。做完之后，小和尚觉得明天不需要再打扫了，为此感到非常高兴。第二天，小和尚起床到寺院中一看，发现院中仍然落满了树叶，他感到非常失望。

这个时候，老和尚走了过来，对他说："孩子啊，你这样做是不对的。即使你今天扫完了摇下来的树叶，明天仍然会有新的树叶落下来。"小和尚终于明白了一个道理，世间有很多事情是不能提前做完的，今天有今天的事，明天还有明天的事，只有珍惜当下，做好眼前的事才是最重要、最真实、最好的人生态度。

## 原文

**来说是非者，便是是非①人。积善有善报，积恶有恶报。报应有早晚，祸福自不错。**

### 注释

①是非：这两句中第一个“是非”的意思是坏话、纠纷；第二个“是非”的意思是搬弄是非。

### 译文

在人前议论他人的人，其实就是搬弄是非的人。

积德行善一定会有好报，经常行恶一定会有恶报。

报应迟早会来，但祸福的因果不会有错。

### 点评

积德行善一定会有好报，经常为非作歹一定会受到上天的惩罚。这正是善有善报，恶有恶报，不是不报，时候未到。报应迟早会降临，有些恶人看似能够侥幸逃脱惩罚，实际上只是时机未到。上天感谢每一个做善事的人，只要善待周围的每一个人，他的家庭生活必然会受到上天的庇佑。凡是损人利己、杀人犯法的坏人，没有谁能逃脱上天和国法的惩罚。

### 事例

古时候，有一家典当铺的掌柜名叫尤翁。

有一年年底，尤翁典当铺里的一名伙计和一位穷邻居发生了争吵。尤翁听到后便询问其缘由。伙计告诉他，穷邻居想着不给钱便赎走他的典当物，因此两个人发生了争执。穷邻居听后非但没有觉得自己有错，反而更加愤怒，坐在当铺门口不走。

尤翁见到这种情况，思考片刻便对穷邻居说：“你不必为了这件小事而争吵，我知道你为什么这样做，我会将你的东西还给你的。”然后就让柜台伙计找出他的典当物，也就是一件棉袄和一件外袍。尤翁将东西送给那位邻居，让他回家好好过年。那位邻居见尤翁将东西送给他，便不再争吵，拿着东西离开了。

当天晚上，那位邻居竟死在别人的家中。后来经过打探才知道这位邻居欠了别人很多钱，没有能力还，想自杀，但考虑到妻儿，就事先服毒，有意找茬，借此机会讹别人。穷邻居想着借机敲诈尤翁，但是尤翁识破了他的想法，因此穷邻居便找到了另一户人家，寻衅滋事。最终，那户人家不仅赔了很多钱，还要负责丧葬事宜，只能自认倒霉。

后来有人问尤翁，他是怎么发现那个穷邻居的不对的。尤翁说：“故意挑衅寻事的人，一定有所依赖。如果我忍耐不住，灾祸就会降临到我身上。”

## 原文

**花有重[①]开日，人无常[②]少年。**

## 注释

①重：重新。

②常：长久，固定。

## 译文

花儿凋谢了还有重新开放的日子，人却不能再有年少时光。

## 点评

花儿凋谢了还有再开的时候，但时光过去了就再也不会回来，人老了就再也回不到青春年少的时候。青春年华一去不复返，我们往往在宝贵的时间里做一些没有意义的事情，总想把学习、工作的事情放到明天。但是，“明日复明日，明日何其多。我生待明日，万事成蹉跎”，我们的时间就这样不经意间虚度过去了。因此，我们要珍惜时间，珍惜现在，珍惜身边的每一个人和每一件事，积极努力，不要“少壮不努力，老大徒伤悲”。

## 事例

董仲舒是汉代有名的学者。他从小便喜爱读书，且读起书来非常专心，能够不受外界环境的干扰。他家的庭院后面有个大花园。每到春天的时候，花园里的各种花儿都开了，非常美丽。夏天的时候，池塘里开满了荷花，小朋友在花园中玩乐。秋天的时候，菊花盛开，果实累累，人们在花园中嬉戏玩乐。冬天的时候，梅花开放，小朋友堆雪人、打雪仗。但董仲舒总是静静地坐在窗前，认真读书，不为花园里的美景所吸引。孩子们玩闹的声音传到他的房间里，他丝毫不心动，不为孩子们的欢声笑语所吸引。就这样，董仲舒一直坚持闭门读书三年，最终掌握了儒家经典著作《春秋》的中心之意，成为著名的学者。汉景帝非常佩服他的才华，任命他为博士。

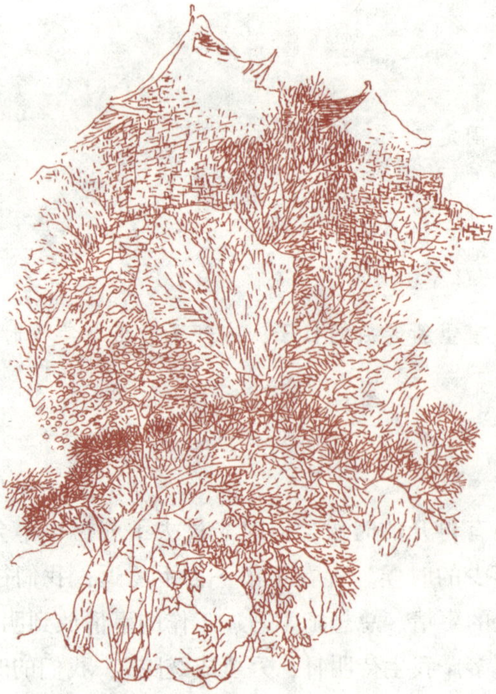

## 原文

**人无害虎心，虎有伤人意[1]。上山擒虎易，开口告人[2]难。**

### 注释

①意：想法，意图。
②告人：寻求帮助。

### 译文

人没有伤害老虎的想法，老虎却有伤害人的心思。
上山捉老虎容易，开口寻求帮助却很难。

### 点评

这几句话讲的是在处理人际关系时要格外谨慎。人心难测，你不去伤害别人，但是很难确保别人不会伤害你。正所谓："害人之心不可有，防人之心不可无。"与他人交往要小心谨慎，看清对方的为人，不要因为疏忽大意而招来祸患。当遇到问题向他人寻求帮助的时候也要考虑清楚了再开口，因为有时候求人帮助比上山捉老虎还要难。

### 事例

公元705年，唐朝发生"神龙政变"，武则天退位，唐中宗李显登上皇位。唐中宗登上皇位后便将武则天的宠臣张易之、张昌宗兄弟诛杀。宋之问是张易之、张昌宗兄弟的同党，却没有被诛杀，而是被贬到泷州做参军。当时的泷州是一片蛮荒之地。

没过多久，宋之问便因难以忍受泷州的环境而私自逃回唐朝东都洛阳，借住在好朋友张仲之的家里。武则天在位时大力扶植自己家族子弟，她的很多家人都在朝中做官，且掌握很大的权势，尽管武则天已死，但是她一族的人尤其是武三思等残余势力依旧不可一世，引起朝中许多大臣的不满，宋之问的好朋友张仲之便是不满的大臣之一。有一天，张仲之正在和好友密谋除掉武三思等人，被宋之问偶然听到。宋之问便马上派人向武三思告发。后来，武三思知道后便借机寻事将张仲之全家处死。

张仲之好心收留宋之问，宋之问却为了自己的利益出卖好友。最终得到武三思这座靠山，朝廷没有追究他私自逃回洛阳的事，反而为他加官晋爵。宋之问才华横溢、知识渊博，但却见利忘义、卖友求荣，为时人所不齿。

## 原文

**忠[1]臣不怕死，怕死不忠臣。**

### 注释

①忠：忠诚，正直。

### 译文

忠臣向来不害怕死亡，害怕死亡的大多不是忠臣。

### 点评

忠于君王的大多是良臣，而那些奸恶之人往往是趋炎附势的小人。在历史上，有很多忠厚正直的良臣，为了国家社稷奉献了自己的一生。这些良臣忠于国家和人民，在国家大义面前，甚至可以放弃自己的生命。这些人是中国历史的脊梁，他们的精神永远值得大家学习。

### 事例

明朝初年的文学家方孝孺，为官时忠于皇帝、忠于百姓，在建文帝时被委以重任，深得建文帝信任。当时建文帝为了巩固自己的统治，实行“削藩”政策。建文帝的叔叔朱棣借着此次机会带兵造反，发动“靖难之役”。方孝孺善写文章，文采出众，帮助建文帝起草诏书和檄文，言辞激烈，深受建文帝赏识。

燕王朱棣带兵攻下南京，皇宫失火，建文帝不知所踪。朱棣为了让自己的登位名正言顺，便想让文采出众的方孝孺为他起草即位诏书，于是派人前去请他。

方孝孺却身穿一身白衣前往，见到朱棣后号哭不已。朱棣派人拿来笔墨纸砚，要求他起草诏书，不然就将他诛杀。

方孝孺夺过纸笔，将笔扔在地上，愤怒地说道："即使我死了也不会帮你起草诏书的。"

朱棣听后顿时大怒，说道："我会让你生不如死的，想想你的家人，难道你不怕我诛你九族吗？"

方孝孺大声回答道："那又如何？"

最后，朱棣彻底被他激怒，将方孝孺十族，连带他的朋友、门生等800多人诛杀。最残忍的是当着方孝孺的面逐一杀死。方孝孺悲痛得不忍直视，但是直到被朱棣杀死也没有屈服。

## 原文

**从前多少事，过去一场空。**
**满怀心腹[①]事，尽在不言中。**

## 注释

①心腹：心里头。

## 译文

无论从前发生了多少事，过去之后都是一场空。
心里怀着无数的心事难以诉说，只在沉默中领会。

## 点评

每个人都有自己的往事，有成功也有泪水。但往事如烟，过去了就是过去了，不要过多地拘泥于往事之中，不要在过去的成就中沉迷，在失败中过分自责。我们需要积极地把握人生，珍惜现在。正所谓"好汉不提当年勇"，有些问题即使提出来也不会有任何改变，甚至会招来更多的祸患。与其这样，倒不如闭口不言——这种态度和古人一直强调的慎言是密不可分的。

## 事例

朱元璋登上皇位后，有一天，他小时候的一位朋友前来求见。朱元璋想见他又担心他说错话，思考片刻后还是召见了他。那人刚走进大殿，马上跪拜，气势恢宏地说："皇上万岁！当年我随着皇上攻打庐州府和罐州城，虽然汤元帅逃跑了，但抓住了豆将军，红孩子当关，多亏菜将军！"朱元璋听到这一番话后，想起了当年和大家并肩作战，在困境中相互帮助、相互扶持的时光，他内心非常激动，就马上重重封赏了他。

朱元璋封赏朋友的消息传开以后，他的另外一个朋友也前来求见他。他刚走进大殿，一见朱元璋就急忙说道：“皇上！您还记得我吗？曾经我们一起放牛，有一次在芦苇荡里，我们用瓦罐煮偷来的豆子吃，那时候我们都很饿，于是在豆子还没有成熟的时候便争着吃，却不小心将豆子和汤都洒在了泥地里。但是你一心想着捡地上的豆子吃，却一不小心被红草根卡住喉咙，当时多亏了我，让你吞下一把青菜，连带着红草根一起吃进肚子里才救了你。”朱元璋听后非但没有奖赏他，反而派人将他拖出去砍了。

## 原文

**既[1]在矮檐下，怎敢不低头？**
**家贫知孝子，国乱识忠臣。**

## 注释

①既：既然。

## 译文

既然生活在低矮的屋檐下，怎么能不低下头呢？
家庭贫穷才能知道孩子是否孝顺，国家动乱才能识别臣子是否忠良。

## 点评

在艰难困苦中，最能看出一个人的品质。当面对压力时，我们需要暂时压住自己内心的傲骨，忍受住孤独、寂寞和磨难，这正是厚积薄发的过程，是考验一个人的坚贞品性，磨砺人的意志的大好时机。将压力转化为向上的动力，才能成为真正的强者。

## 事例

三国时，蜀国丞相诸葛亮坚持“汉贼不两立，王业不偏安”，多次带兵攻打曹魏。在第六次北伐时，诸葛亮带兵驻扎在五丈原，而魏军统帅司马懿综合考虑当时的局势，决定采取拖延战术，一直不出兵与诸葛亮正面交战。

诸葛亮急于开战，便让人给司马懿送去一套女人的衣服和一封信。信中说：“如果你没有勇气出战的话便早早投降，不要畏畏缩缩的像是个女人。如果你还是个男人，就赶紧定一个作战日期。”在那个时候，女人的地位不高。

诸葛亮送给司马懿女人的衣服，便是嘲笑他像女人一样胆小怕事。诸葛亮用这种方式激怒司马懿，想要他出战。但是司马懿见到信后仍然没有被诸葛亮激怒，他的部下纷纷想要请战，但是司马懿只是安慰他的部下，坚持采取拖延战术。司马懿不出战只是因为他分清了当时的局势，识破了诸葛亮的计谋。当时诸葛亮带领的蜀军气势旺盛，但是却难以补给，蜀国贫弱，所以不能久战，只能速战速决，魏军则完全相反。因此，司马懿认为只要等待时机，时间一长，蜀军自然不战自溃。

果然，没过多久，诸葛亮病死，蜀军退兵，魏军不战而胜。

## 原文

**凡是登途者[1]，都是福薄人。**

**须受苦中苦，方为人上人。**

### 注释

①登途者：这里指的是外出谋生的人。

### 译文

只要是外出谋生的人，都是缺乏福气的人。

只有忍受了苦中苦，方能够成为尊贵的人。

### 点评

古人生活在农耕社会，认为离开家乡前往他处是缺乏福气的一种表现。古人不倡导孩子外出谋生，实际上这是一种不可取的想法。只有经历漂泊和磨难才能成就一番事业。正所谓“不经一番寒彻骨，哪得梅花扑鼻香”，只有付出了比他人更多的努力，忍受比他人更多的艰辛与磨难，才能收获别人难以企及的成就。因此，我们要勇敢面对困难，坚定信念，只有这样才能成功！

### 事例

范仲淹小的时候家里很穷，在他 2 岁时父亲便去世了。随后他的母亲改嫁，嫁到一个朱姓人家。朱家也非常穷，根本没有钱让范仲淹读书。但是范仲淹没有因生活的贫困而废弃读书，常常一边在寺院干活，一边努力读书。范仲淹为了挤出更多的时间读书，往往利用深夜不干活的时候努力，困了就用冷水洗把脸。

由于家境贫寒，范仲淹每天都很难得到温饱。他每天早上煮一大盆粥，早晚便用粥就着咸菜下肚。

有一天，他的一位同学前来拜访他。这位同学家境富裕，见范仲淹生活艰辛，却仍然坚持刻苦学习，为他的精神所感动，于是回家将他的情况告诉自己的父亲，并让父亲送给他一些饭菜。

后来，那位同学又去探访范仲淹，才知道范仲淹根本没有吃过他父亲所送的饭菜，有点儿生气，认为范仲淹看不起自己，没有将自己当作朋友。范仲淹解释说："我并没有不将你当作朋友，而是我已经习惯了吃粥，如果吃了这丰富的饭菜，以后就吃不下粥了。"那位同学听后感到很吃惊，从此便更加钦佩范仲淹了。

范仲淹便是凭借着这种精神，在艰苦的环境中刻苦学习，最终成为宋朝杰出的政治家和文学家。

## 原文

**家贫君子拙[①]，时来小儿强。命好心也好，富贵直到老；命好心不好，中途夭折[②]了；心命都不好，穷苦直到老。**

## 注释

①拙：愚笨。这里指无所作为。

②夭折：短命，早死。

## 译文

运气不好即使君子也无所作为，运气来临就是小人也会显得强大。

命运好且心地善良的人，享受富贵一直到老；

命运好而心地不良的人，富贵就会中途衰落；

命运不好且心地不善良的人，一辈子受穷到老。

## 点评

这几句话涉及中国古人的天命思想，认为命运和人的道德是决定人幸福一生的关键。但值得注意的是，命好是次要的，关键是要心好。命运再好的人如果心地不善良的话也不会享受一生的富贵。因此，我们需要有一颗善良的心，善待周围的每一个人，保持友善、仁爱、真诚的心，自然能够一帆风顺，安然无忧。

## 事例

唐代宰相裴度，年轻时家境贫穷，在乡下私塾里做教师。裴度喜爱读书，才华横溢，但是多次参加科举都没能考中。

他路过一座寺院，见到僧人正给人看相。于是请僧人为自己看相，想要知道自己一生能否考中功名。那个僧人看了后告诉他这辈子不仅不能高中，还会成为乞丐，最后被饿死。裴度听后感到非常伤心，做任何事情都提不起兴趣来。几天后，裴度去香山寺散步，见到一位妇女在佛前祈祷，等她离开后，裴度发现佛像前案桌上放着一个包袱，包袱里面居然是一条价值不菲的翠玉带和两条犀带。他想肯定是那位妇女留下的，便一直拿着包袱在寺庙等她。果然，到了下午，那位妇女便来寺庙寻找她的包袱。她哭着对裴度说她父亲生了很重的病，将家里所有的钱花完了才让父亲病情有所好转。早上刚刚借的玉带，准备典当为父亲治病，在经过寺院祈祷的时候却将它遗失在此。裴度将包袱还给妇女后，妇女非常感谢他。

裴度在回家途中，再次遇见了当初看相的僧人，僧人大吃一惊，说他以后一定会有所作为。裴度将在寺庙发生的事情告诉僧人后，僧人很吃惊，对他称赞不已。后来，裴度果然考中功名，官至宰相。

## 原文

**年老心未老，人穷行莫穷。自古皆有死，民无信不立。**[1]

### 注释

①“自古”二句出自《论语·颜渊》：“去食。自古皆有死，民无信不立。”信，信任。

### 译文

身体衰老了但是心志不能老，生活贫困但是品德不能缺乏。

自古以来人都有一死，没有百姓的信任国家便难以立足。

### 点评

人的衰老是自然规律，没有任何人可以改变，但是我们能够选择我们的生活态度。即使身体衰老了，内心的志向却不能衰微，正所谓“老骥伏枥，志在千里”。保持积极的人生态度，怀揣梦想努力拼搏。对一个国家而言，比天灾和战乱更加可怕的是失去百姓的信任。如果国家没有了百姓的信任，那么任何东西、任何事情都能轻易地打倒它。无论是一个人还是一个国家，最重要的都是内在精神，对人而言是精神，对国家而言是国魂。

### 事例

秦朝时期，有一个叫陈胜的人，家境贫苦，靠为富贵人家种田维持生活。有一天，陈胜在种田时中途累了便到一旁休息。在休息的过程中，陈胜对其他人说：“将来如果谁富贵了，千万不要忘记我们这些朋友啊！”有人就嘲讽他说：“我们只是替他人种地的，将来怎么可能会富贵呢？还是安心种地吧。”

陈涉长叹一声，说道："燕雀安知鸿鹄之志哉?"的确，麻雀又怎么能知道大雁的志向呢?

公元前209年7月，陈胜和吴广发动农民起义，这是我国历史上第一次大规模的农民起义。虽然陈胜吴广起义成功后建立的第一个农民政权很快就被镇压剿灭，但是这次起义却影响颇深，沉重地打击了秦朝的统治，揭开了秦末农民起义的序幕。

## 原文

**乖汉[1]瞒痴汉[2]，痴汉总不知。**
**乖汉变驴子，却被痴汉骑。**

### 注释

①乖汉：投机取巧的人。
②痴汉：傻子。

### 译文

投机取巧的人欺骗傻子，傻子总是不知道。
投机取巧的人下辈子变成驴，反而被傻子骑着。

### 点评

那些奸诈之人，经常为了自己的利益而算计他人，这样的人迟早会受到报应。正所谓“三世因果”，这辈子做的坏事就用下辈子受苦来偿还。“乖汉”以为这辈子占了“痴汉”的便宜，哪知下辈子要变驴偿还。因此，人不要自作聪明，有时候聪明反被聪明误。

### 事例

东汉末年的名士杨修聪颖过人、才华横溢，被当时担任丞相的曹操收录在府中担任主簿，管理府中的事务。曹操喜欢玩弄权术，性格多疑，杨修的聪明才智让曹操感到忌妒。建安十九年春天，曹操率领大军与刘备对峙，争夺汉中。当时正逢下雨且刘备防守严密，曹操一时很难攻破刘军，便想着退兵。一天吃饭时，曹操手下的部队前来请示他行军的口令，曹操当时正夹着一块鸡肋骨，便说："鸡肋。"杨修听说这件事后便整理好自己的东西，做好了离开的准备。其他人看见了都感到很奇怪，便上前问他为什么要收拾这些东西。杨修便告诉他们曹操打算退兵，他们马上就可以回家了。其他人都纷纷不解，表示不相信。杨修淡然一笑，说："行军的口令是'鸡肋'，你们可知它的含义？'食之无肉，弃之可惜。'正是用来形容我军现在的处境。这难道还不是要退兵的意思吗？"当时夏侯惇听了杨修的话觉得非常有道理，便吩咐军士们做好撤退的准备。这时曹操出帐巡查，发现士兵都在准备撤退，他非常吃惊，于是急忙向夏侯惇查问，夏侯惇便告诉了曹操杨修的猜想。听到这一解释后，曹操更加忌妒杨修的才华，便以惑乱军心为名把杨修杀了。

# 六言集

## 原文

**常将好事于人，祸不临[1]身害己。**

### 注释

①临：降临。

### 译文

经常为他人做好事，祸患就不会降临到自己身上。

### 点评

在生活中多做好事，时刻为他人着想，只有这样才会受到别人的尊敬。多做好事就会积累一定的福泽，积累的福泽多了，人生就会变得一帆风顺，就不会遭遇祸患。中国古语说“吃亏是福”，说的正是这个道理。

### 事例

宋代人倪闪，家境富裕，但是为人却非常勤俭，喜欢帮助他人。他每次出门都会带上大量的钱财，只要碰上穷人，就会将钱暗自送给他们，从不留名。

倪闪从小便喜爱读书，乡里举荐他去京城参加礼部会试。他到了京城仍然像在家乡一样，见到穷人便积极地帮助他们，但是倪闪却没有中举。因此，那些看不惯他的人便嘲讽他说：“你做尽了好事，上天也没有让你考中功名。”

对这些话他从来都不放在心上，仍然一如既往地做好事，帮助他人。

不久倪闪的家乡出现了饥荒，很多人被饿死。见到这样的场景，倪闪就用自家的粮食，大规模施粥赈济灾民，很多人在他的救济下才生存了下来。

次年，倪闪参加科举考试，功夫不负有心人，考中了功名。由于倪闪早已养成了积德行善的好品行，官场上人气足，不断高升。

## 原文

**既读孔孟之书[①]，必达周公之礼。君子敬而无失，与人恭而有礼。事[②]君数斯辱矣，朋友数[③]斯疏矣。**

### 注释

①孔孟之书：孔子和孟子的书。这里借指儒家经典。

②事：侍奉。

③数：频繁。

### 译文

既然读了孔子、孟子的著作，必然会熟悉周公制定的礼乐。

君子做事态度恭敬而没有过错，和人交往温和有礼。

侍奉君主进谏次数多了就会遭遇侮辱，和朋友交往过于频繁，朋友就会疏远。

### 点评

孔子和孟子是中国历史上著名的思想家和教育家，他们的思想奠定了中华文化的基本精神。孔子是儒家思想的创始人，在儒家思想中，礼的作用非常重要。孔子强调克己复礼，主张礼是规范人们行为的准则。礼的核心则是敬，要求人做事态度恭敬，与人相处时温和有礼。万事都要讲究一个度，凡事过犹不及，点到为止就好。侍奉君主时要掌握尺度，对朋友的劝告要适可而止，过多地干预他人的生活只会招来他人的反感甚至是厌恶，最终得不偿失。

## 事例

商纣王即位后，前期励精图治，任用贤人，四海升平，但是后期商纣王渐渐地沉迷酒色，不再精心管理朝政。妲己入宫后，商纣王更是沉迷于享乐之中，整日纵情酒色，根本不理政务。有很多臣子看不下去便劝谏商纣王，但是却被商纣王处死。商纣王的叔父比干心怀天下，曾经多次劝谏商纣王，要求他以天下为己任，勤政爱民。商纣王为此非常愤怒，但是比干仍然直言不讳。只要商纣王有任何做得不对的地方，他都会直言指责商纣王。

有一天，纣王喝得大醉，与宫女嬉戏。比干便在众人面前指责他，且言辞犀利，商纣王觉得非常没有面子。

刚好这一天，商纣王得知西伯姬发召见800位诸侯，对自己产生了威胁，心情烦躁，因此面对比干的指责非常愤怒，说道："都说圣人的心有七个窍孔，你是个圣人，那我倒要看看你的心是不是有七窍。"于是比干就这样被剖心而死。

## 原文

**人无酬①天之力，天有养人之心。静坐常思己过②，闲谈莫论人非。**

## 注释

①酬：报答。
②过：过失，过错。

## 译文

人没有回报上天的能力，上天却有养育人的心思。
安静下来的时候反思自己以往的过错，闲谈的时候不去议论别人的是非。

## 点评

当一个人静坐的时候，需要仔细反思自己以往犯下的过错，与朋友相处时是否真心诚意，在做事时是否有不妥的地方。认真反省自己，并从中吸取经验教训，以免将来再犯类似的错误。正所谓“吾日三省吾身，为人谋而不忠乎，与朋友交而不信乎，传不习乎”，自省是一种美德，能够帮助我们正确认识自己，改正过错，最终达到最高的境界。在与他人闲谈的时候不要议论他人的是非，要知道祸从口出，将自己的事情做好即可。

## 事例

战国时期有一个叫苏秦的文人，他很小的时候便前往齐国求学。但是他求学一年后却没有任何收获，钱也花完了。于是他只能一无所有地回家了。

回到家时，亲人看到他衣衫褴褛的模样都很看不起他。苏秦感到非常伤心，他深刻地反省自己，知道家人是因为他不努力读书才这样的。因此，他便开始重新振作精神，努力学习。他将自己关在屋子里，每天学习到很晚，但经常是学着学着便睡着了。等他醒来时，非常后悔，他想要思考出一个能够让自己不打瞌睡的办法，但是一直没有思考出来。有一次，他打瞌睡时突然被刺醒了，发现原来书案上有一把锥子，他马上想到不打瞌睡的方法：用锥子刺大腿！在这之后，当他读书困了的时候就会拿锥子扎自己的大腿，他的大腿经常被扎得鲜血淋淋。

家人见到他这样做便劝他说："读书不一定要虐待自己啊！"

苏秦回答说："如果不这样做，就会忘记之前的耻辱！"

就这样，苏秦用锥刺股的方法坚持学习，最终成为一个知识渊博的人，并开始政治生涯，做出了一番功绩。

## 原文

**一马不备[1]双鞍，忠臣不事[2]二主。常想有力之奴，不念无为之子。**

### 注释

①备：准备。
②事：侍奉。

### 译文

一匹马不能有两副马鞍，忠心的臣子不会侍奉两家君主。
得力的奴仆经常会被想起，而没有作为的儿子则不会被想起。

### 点评

忠诚是人的美德，古人的忠强调忠君，忠心的臣子不会侍奉两个君主。现在我们所说的忠，是忠于国家、忠于人民。只要是能够让人民安居乐业，能够一心为民的官员都能够得到他人的效忠。在中国历史上，有太多的人为了国家的利益和百姓的利益而奉献出了自己的生命，他们的精神永远值得学习，他们的名字永远刻在历史的丰碑上。

### 事例

南宋文天祥抗元失败，被元军俘获。文天祥誓死不投降，当时元世祖对他的忠心感到敬佩，就让部下优待文天祥。于是文天祥没有被处死，而是被软禁于会同馆。有一天，元世祖派人召见文天祥，想要劝他投降。文天祥见了元世祖，坚决不下跪，不管元世祖怎么劝他，他都不投降。文天祥说：“我是宋朝丞相，就应该为了国家奉献自己的生命，现在国家处于危难之中，而我却被敌人俘获，不能帮助国家渡过难关，我死不瞑目。”文天祥一边愤怒地说着，一边捶打自己的胸膛，为不能帮助国家收复失地而惋惜。

元世祖听后对他说道：“你的忠心让我感到敬佩。但是事情已经不可挽回了，如果你投降的话，我仍旧让你做丞相，怎么样？”文天祥毅然拒绝：“我是大宋丞相，忠臣不侍二主。我若投降，怎么对得起死去的忠臣烈士！”元世祖说：“丞相不行的话，就当个枢密使吧？”文天祥坚定地回答说：“我只求一死！”元世祖见此，只好处斩了文天祥。

## 原文

**人有旦夕[①]祸福，天有昼夜阴晴。君子当[②]权积福，小人仗势欺人。**

### 注释

①旦夕：从早到晚。

②当：掌管，执掌。

### 译文

朝夕间就可能会降临福祸，就像天有昼夜和阴晴一样。

君子掌权的时候会积累福德，而小人只会依仗权势欺凌百姓。

### 点评

人的幸福和祸患都可能会在一夕之间降临，就像天的阴晴、月的圆缺一样，不能为任何人所改变。但是塞翁失马，焉知非福，我们只要把握好现在，坚持梦想努力拼搏，自然就会积累福气。品德高尚的君子在掌权时就会一心为百姓着想、为百姓做好事，这样就会积累福泽；心地不善的小人则只考虑自己的利益，往往凭借权力欺凌百姓，这样只会招致祸患。君子和小人的选择只在人的一念之间，需要慎重对待。

### 事例

塞翁是战国时期的一位老人，他养了许多匹马。有一天，他的一匹马走失了。人们知道这件事后，便前来安慰他，塞翁却不在意地说："这并没有什么，谁知道它会不会带来福气呢！"邻居听了塞翁的话后，都觉得很可笑。没过几天，丢失的马带着一匹骏马回来了。邻居知道后便前来祝贺他说：“还是您老有远见，不仅没有丢失马，反而带回一匹好马，真是好福气呀！”塞翁听后忧虑地说：“这不一定是福气，说不定会带来灾祸。”邻居认为他很虚伪。塞翁有个独生子，非常喜欢骑马。有一次他骑着被带回来的那匹骏马出去游玩，不想却从马背上跌下来，摔断了腿。邻居知道后感到很吃惊，便前来安慰他。塞翁说：“幸好保住了性命，这没准是福气呢！”邻居再次觉得他很可笑。不久，匈奴侵犯，朝廷征兵，很多人都应征入伍，由于塞翁的儿子是个跛子，没有去当兵。后来入伍的人大都在战争中丧命了。

## 原文

**人将[1]礼乐为先，树将枝叶为圆。马有垂缰之义[2]，狗有湿草之恩[3]。**

### 注释

①将：把。

②马有垂缰之义：南北朝时前秦国君苻坚在一次战争中掉进山洞，他的马为了救他便跪着把缰绳垂下去，他因此得以获救。

③狗有湿草之恩：三国时吴国的李信纯有一次喝得大醉，回家途中醉倒在草地上，当时碰巧烧荒草地起火。那时候他养的狗为了救他便跳到河里将身体浸湿，然后沾湿主人周围的草地，最终他得以获救。

### 译文

礼和乐是人们首先考虑的，就像树木要将枝叶长得茂盛一样。

马有垂缰救主的义气，狗有湿草救主的情义。

### 点评

在人生的危难关头，动物能够知恩图报，甚至不惜牺牲自己来救护自己的主人，但是有些人却为了自己的利益，见利忘义，卖友求荣。知恩图报一直是中华民族的传统美德，遵守礼乐、恪守道义是做人的根本。别人给予的帮助我们要时刻铭记，在他人需要帮助时要伸出援助之手。

## 事例

公元前594年的7月，秦桓公派大军攻打晋国，两军交战时，晋军将领魏颗与秦军将领杜回相遇，两人相遇后便相互厮杀起来。正当两人打得激烈的时候，一个老人用草编的绳子设置圈套，绊住了杜回。因此杜回当场被魏颗擒获，晋军也取得了战争的胜利。在战争胜利的那天晚上，魏颗梦见了那位用绳子绊倒杜回的老人。老人告诉魏颗，他是祖姬的父亲，今天这样做只是为了报答魏颗对他女儿的救命之恩。原来，祖姬是魏颗的父亲魏武子非常宠爱的一个妾，当初魏武子生病时交代魏颗在他去世后选择一个合适的人家将祖姬嫁出去。后来魏武子病入膏肓时又吩咐魏颗在他去世后让祖姬为他殉葬。等到魏武子死后，魏颗没有按照他父亲的要求让祖姬去陪葬，而是把她嫁给了别人。魏颗的弟弟很愤怒，便责问他为何不按照父亲的遗愿做事，魏颗说："父亲病重，神志不清，他内心肯定也是想让我将她嫁出去的。我只是按照父亲神志清醒时的吩咐去做。"

## 原文

**运去黄金失色，时[1]来铁也争光。怕人知道休[2]做，要人敬重勤学。**

## 注释

①时：运气，时运。

②休：不要。

## 译文

失去了运气就连黄金也会失去好颜色，运气来了就连黑铁也散发光芒。如果怕别人发现就别做坏事，要想得到他人的尊敬就努力学习。

## 点评

任何人都想得到他人的赏识，都不想受到他人的批判。但怎样才能得到他人的称赞呢？实际上，他人对自己的评价来自自身的一言一行，只要自己态度恭敬，待人接物时温和有礼，善做好事，就一定会受到别人的敬重。相反，如果干尽坏事，仗着自己的权势为非作歹，那么一定会受到大家的厌恶甚至是憎恨。“要想人不知，除非己莫为。”一个人做了坏事是无法掩盖的，儒家强调慎独，说的就是这个意思。君子在独处的时候要格外自省，立身端正，不断提升自己的境界。

## 事例

王羲之是我国历史上有名的大书法家，被称为“书圣”。他从小就十分勤奋好学，受父亲的影响，王羲之从7岁起就开始练习写字。他17岁那年，便把他父亲秘藏的前代书法论著拿来阅读，每天都根据那些书法论著来练习书法。他经常在水池边练字，一练就是一天，无论春夏秋冬，从来没有间断过。他每次练完后就在水池里洗笔，时间久了，池水都成了墨黑色。现今绍兴的墨池便是王羲之当时洗笔的池子。

王羲之练字达到了废寝忘食的境地。他不管是吃饭还是走路都在想着字的结构，一边想一边在身上画写，时间长了他的衣襟都磨破了。经过长时间的刻苦练习，王羲之的书法达到了炉火纯青的地步。有一次，王羲之为他人题写一块匾额。当他写好送去雕刻的时候，人们发现他的字的墨渍竟渗入木板里面三分多深，因此后人便用“入木三分”来形容书法笔力强劲。现在“入木三分”也常常形容人们对事物的见解十分深刻。

## 原文

**泰山不却①微尘，积少垒成高大。人道谁无烦恼，风来浪也白头②。**

### 注释

①却：不接受，拒绝。

②白头：白色。

### 译文

泰山不会拒绝细小的尘土，积少成多才能够积累成高山。

人生在世谁都有烦恼，风雨来临的时候，连浪花也白了头呢！

### 点评

冰冻三尺，非一日之寒。很多事情都是一点一点积累而成的，泰山巍峨雄壮，也是来自垒土成山的点滴积累。人生的成功需要长时间的酝酿积累，我们需要把握好细节，把握好当下的每一件事、每一份用心，坚定自己的信念，不要在困难面前失望沮丧。保持积极的人生态度，坦然面对各种问题，只有这样才能够登上道德、事业的高峰，才能真正实现自己的价值。

### 事例

宋朝文学家苏轼，仕途不顺，曾多次被贬官。但是他并没有心灰意冷，而是仍然保持乐观向上的态度，努力将自己的生活过得精彩。

有一年，苏轼被贬到黄州做官，黄州猪肉非常便宜，但由于那里的人不喜欢吃猪肉，苏轼就经常自己动手，亲自烹调猪肉。有一次，他吃完之后觉得意犹未尽，便创作了一首题为《食猪肉诗》的打油诗，诗的内容为："黄州好猪肉，价贱如粪土。富者不肯吃，贫者不解煮。慢着火，少着水，火候足时它自美。每日早来打一碗，饱得自家君莫管。"这首诗将苏轼当时内心的真正想法充分展示了出来。不久之后，这首诗便在乡里传开了，那里的人们开始争相模仿猪肉的这种做法，并取名为"东坡肉"。

苏轼第二次担任杭州知州时，曾经带领着当地的百姓疏浚西湖、筑堤建桥，使西湖恢复过去的美丽，当地的百姓都非常感谢他。每到过年的时候，百姓就拿着猪肉和美酒前来送给他。苏东坡每次都会将收到的猪肉做好后分给当地的百姓，人们吃后都觉得非常美味，对此赞不绝口，东坡肉从此扬名。

# 七言集

## 原文

**贫居闹市无人问，富在深山有远亲①。交情②好似初相见，到老终无怨恨心。白马红缨彩色新，不是亲者强来亲；一朝马死黄金尽③，亲者如同陌路人。**

## 注释

①远亲：关系疏远的亲人。
②交情：交往。
③尽：用尽，用完。

## 译文

贫困人家即使居住在繁华的闹市也没有人理睬，富贵人家即使居住在深山里也有人来攀亲。

朋友交往如果都像第一次相见时那样尊敬有礼，就算到了年老的时候也不会有怨恨之心。

一朝骑白马、戴官帽，满面红光做官的时候，不是亲戚也会强来认亲；

一旦功名富贵散尽，哪怕是亲人也会变得像陌生的行路人一样。

## 点评

贫穷时没有人理睬，一旦拥有了功名富贵后人人都前来祝贺，这种现象从古时到现在从来没有间断过。有些人追逐名利，在与他人的交往中也看重利益，这样的人是无法信赖的。无论如何，我们还是要以积极的态度面对生活、面对世界，远离那些趋炎附势的小人，与真正的君子交往。从自身做起，时刻注意自己的言行，让真情体现在我们的一言一行之中。

## 事例

南北朝有一个高僧，名叫僧旻，在当时有着很高的名声，深受当地百姓的爱戴。许多人听到他的名声后纷纷前来想和他交往，但他只结交普通百姓或有文采的学士，从来不结交达官显贵来奉承他们。僧旻虽名声很大，但他为人极其谦虚，生活节俭。由于他从不和达官显贵之人交往，因此招来很多权贵之人的憎恨。僧旻知道后丝毫不在意，仍然我行我素，不改初衷。

当时有个文采出众的名士陆倕，非常敬重僧旻。有一次，陆倕跟随众人去拜访僧旻，僧旻却谎称自己生病没有接见他们。见此情景，陆倕表示非常理解，他对众人说道："他这种不结交权贵的态度正是我所敬佩的地方，希望自己也能够成为像他一样的人！"

从此，人们因陆倕爱才重德，对他大加称赞。而僧旻不阿谀奉承，也更受大家尊重。梁武帝年间，僧旻因年老多病，便想着清静地度过自己的余生。有一天，他晚上来到虎丘，当时并没有人知道。正逢那时重臣萧昂奉命出守吴兴，在路过虎丘的时候打算去祭拜佛祖。当时寺院的人听到这个消息后便想让僧旻去接见他。但是僧旻却说："我只是一个山野病僧罢了，不需要去拜见显贵之人！从前戴颙隐居时，江夏王上山拜访，他不曾接见；我虽然没有他那样高的品德，但也愿意向他学习。"所以当萧昂到虎丘拜佛时，僧旻离开了寺院，并没有和萧昂见面。

## 原文

**青草发时便盖地，运通何须觅①故人？但能依理②求生计，何必欺心③做恶人？**

### 注释

①觅（mì）：寻找。
②理：道理，规律。
③欺心：昧着良心。

### 译文

青草发芽时便能够覆盖大地，运气来临的时候何必找老朋友帮忙呢？只要能按照自然规律求得生存，又何必昧着良心去做坏人呢？

### 点评

春来草自青，这是亘古不变的事情。只要我们努力学习，乐善好施，便能够像那青草般到了春天自然而然地茁壮成长，又何必去求人帮忙、昧着自己的良心作恶呢？所谓“君子乐得做君子，小人冤枉做小人”，违背自己的良心做尽坏事，这样的人最终不会有好下场。

### 事例

康熙皇帝时期，贵州巡抚刘荫枢因为上了年纪无力为朝廷效劳，因此便请求告老还乡。他回家后想自己出钱为家乡建一座桥，他的子女知道后却极力反对，认为他在朝廷做官这么久也没有帮助过子女，现在告老还乡了仍然不接济子女。刘荫枢听到子女的话后感到很伤心，他认为自己一生虽然清正廉洁，但是自己的子女却没有好的品德，他认为是自己没有教育好他们。于是，他拿出自己所有的钱财为家乡建桥，历经五年终于建成，然后取名毓秀桥。大桥建成后，他对孩子们说："我将自己所有的钱财拿去建桥而没有接济你们，只是想用这件事情告诉你们一个道理，你们的生活需要自己努力，你们的财富需要自己去创造，依靠他人得到的是不会长久的。自己的路自己走，自己的生活自己创造。"为了让他的子女摆脱对他的依赖，他将桥以仅仅15两白银的价钱卖给了官府。

刘荫枢的做法让他的子女感到非常羞愧，此后他们努力生活，不依靠他人，都成了有用之人。

## 原文

**才[1]与人交辨[2]人心，高山流水[3]向古今。**

### 注释

①才：刚刚，方才。

②辨：辨别，识别。

③高山流水：出自《吕氏春秋·本味》，用来比喻知音难遇。

### 译文

刚开始和别人交往时要明辨他内心真实的想法，高山流水般的知己古今之人都会向往。

### 点评

人的一生会遇到各种各样的人，但是遇到高山流水般的知己却非常难，正所谓“千金易买，知音难求”。在现代社会中，人际交往变得越发频繁，无论是在饭桌上还是在微博、微信中，人们交往的途径很多。虽然信息的距离拉近了，但是人心的距离却似乎远了一些。在复杂多变的人际关系中，我们又该如何做呢？古人告诉我们，真正的朋友应该心意相通、志向相投，所以在现今社会中，我们在和他人的交往中要仔细慎重，远离那些小人，珍惜身边的人，放慢生活的脚步，寻找值得珍惜的人和事。

### 事例

春秋时期，有个叫俞伯牙的人，他的琴技相当高超，在当时非常有名。一天夜里，俞伯牙乘船在江边观美景，面对清风明月，情不自禁地弹起琴来。

他在弹琴的过程中忽然听到岸上有人鼓掌，俞伯牙便将船移过去一看，原来是一位樵夫。俞伯牙于是将他请上船，为他演奏。当俞伯牙奏起和高山相关的美曲时，樵夫说道："简直太美妙了，你的琴音让我感觉到了庄严的泰山！"当俞伯牙弹奏和江水相关的乐曲时，樵夫又说："你的琴音太妙了，让我感受到了浩瀚无边的大江！"俞伯牙听后觉得非常高兴，他无比激动地说："你真是我的知音。"于是他便和樵夫结为兄弟，两个人约定来年此时还在此地相见。

第二年中秋时节，俞伯牙遵守约定前来，不料却得知他的知己已经去世了。俞伯牙非常伤心，痛哭着在好友的坟前抚琴，弹了一曲《高山流水》。弹完之后，悲痛的俞伯牙感叹道："我的知己去世了，我还弹琴给谁听呢？"说完，他便将琴摔断，并决定以后再也不弹琴了。

俞伯牙的知己叫钟子期，"高山流水"的故事便是从这里来的。

## 原文

**莫作亏心侥幸事，自然灾祸不来侵[①]。**

### 注释

①侵：侵犯。

### 译文

不做违背道义和良心的事情，灾祸自然就不会来侵犯。

### 点评

每个人都想趋吉避凶、远离灾害，自作聪明地以为即使做错了事情也能够逃过追究，但是其实并不是这样。古人告诉我们，只要根据自己的良心办事，对得起心中的道义，符合国家的法律，便能够避免灾害，获取成功。怀有一颗真诚的心，及时行善，那些做了坏事的人迟早会受到惩罚的。

### 事例

从前有一户人家，户主姓周，人们都叫他周大爹。周大爹为人善良，喜欢帮助他人。周大爹夫妻二人均乐善好施，他们将自己所有的钱都用来接济穷人，为此他们夫妻的生活过得很是贫穷，一直住的是茅草屋。有一天清晨，周大爹开门想要去女儿家，却发现自家门口躺着一位昏迷的老婆婆，老婆婆身边放着四个草凳。见此情景，周大爹赶紧把老婆婆抬到了家中。老婆婆醒来后告诉周大爹她无儿无女，靠乞讨为生，唯一拥有的便是这四个草凳。周大爹听完后非常同情老婆婆，决定以后精心照顾她。

经过周大爹夫妻俩的照料，老婆婆身体有所好转，但是由于上了年纪，身子依旧很虚弱。有一天，老婆婆把周大爹叫到跟前，对周大爹表示了她的感激后，告诉周大爹要妥善保管她的四个草凳，老婆婆还让周大爹等以后有钱时盖个门楼纳福。老婆婆说完后便去世了，周大爹很伤心，用自己仅剩的钱买了口棺材，安葬了老婆婆。

又过了四年，周大爹妻子生了四个儿子，多了四个人吃饭，周家的生活变得更加穷苦了。有一天，实在没有饭吃，儿子们饿得一直在哭，周大爹便把老婆婆留下的四个草凳拿来给儿子们玩。儿子们在滚草凳玩的过程中，不小心将一个草凳弄散了，露出很多金元宝。周大爹见了便将剩下的草凳解开，发现每个草凳里面都有很多金元宝。这个时候周大爹才知道老婆婆让他保管草凳的原因。此后，周大爹便用草凳里的钱继续周济贫困人家，并供他的儿子们读书，还为他们各建了一栋房子，配有高大的门楼。这之后，周家子孙旺盛，都成为有用之人，他们的房子也被称为“四门楼”。

## 原文

**人着[1]人死天不肯，天着人死有何难？我见几家贫了富，几家富了又还贫。**

### 注释

①着：让，使。

### 译文

人要人死上天不答应那就很困难，可上天要人死又有什么困难呢？
我见了许多人家由贫穷变为富有，也见了许多人家由富有变为贫穷。

### 点评

人不可能一直顺风顺水，很多人家由一开始的贫寒走向富足，也有不少人家由富贵变得一贫如洗，正所谓“风水轮流转”。实际上不管是个人前途还是家族命运，这种变化都是人为的。努力奋斗自然能够兴盛，好逸恶劳、贪图享受，再富有钱财也会散尽。我们与其感慨“天命”的无常，倒不如好好把握现在，将自己的命运掌握在自己手中，不断地创造价值。

### 事例

西晋大臣何曾，贪于享受，生活极其奢靡，每顿饭都是山珍海味，甚至吃得比皇帝都要好。为了满足自己的食欲，他一天的饭就要花去一万文钱。晋武帝时，他曾担任太尉，皇上非常信任他，经常召他一起吃饭。但是每次吃饭的时候，何曾都吃得很少。皇帝问他原因，他说：“这些食物没有值得让我下筷子的。”有一次，他去外地任职，在出发之前，他准备了丰盛的饭菜与美酒来款待那些为他送行的人，前来送行的人从来没有品尝过这样美味的食物，便尽情地享受起来，结果每个人都喝得烂醉如泥，只好将出发的日子延后。何曾的子孙也像他一样，极其奢侈，尤其是他的儿子何劭，每天都要吃遍各地的美味佳肴，并且每天花掉两万文钱。有一天，何曾陪皇帝吃完饭回到家后面带忧愁，他的子孙们看见了便询问他忧愁的原因。何曾便告诉他的子孙，皇帝只顾宴席，却从来不关心国家大事，他认为皇帝的统治难以长久持续下去。他指着自己的儿子，对他们说道："你们这一代自然无事。"又对自己的几个孙子说："你们这一代就要面临灾难啊！"

很快，晋朝发生"八王之乱"，何曾的孙子何绥被杀。到永嘉末年，何曾的整个家族全部灭亡了。

## 原文

**三寸气在千般用，一旦无常万事休①。人见利而不见害，鱼见食而不见钩。**

## 注释

①休：结束，完了。

## 译文

人活着可以做各种各样的事情，一旦死了所有的事也就结束了。

人往往只看到眼前的利益却看不到随之而来的灾害，就像鱼儿只看到食物却看不到鱼钩一样。

## 点评

生命是有限的，但生命的意义却可以是无限的，我们需要在有限的时间里多做有意义的事情。人生在世，生命无常，要积极把握住人生的方向，不能因为贪图眼前的利益而忽视了身后的灾害。人为财死，鸟为食亡。人生中我们面临的最大的诱惑便是利益，眼中只看得到利益就会害了自己。因此，面对人生中的各种利益诱惑，我们要坚定自己的内心，保持足够的理智，不要为利益而违背原则、丧失大义。孔子主张“见利思义”，说的便是这个意思。

## 事例

春秋时期，晋国的南面是虞国和虢国两个小国家。这两个国家非常友好，一个国家受到攻打时另外一个国家必定前来帮忙。当时晋献公想带兵占领这两个小国，便和他的下属荀息商量对策。荀息说："现在这两个国家关系友好，若是攻打其中一国，另外一国必定前来相助，这样胜利的可能性非常小啊。"献公说："有什么办法可以拆散他们的同盟关系呢？"荀息说："您可以给虞公送一份厚礼，让他们让出一条路去讨伐虢国。"晋献公听后便让荀息出使虞国。

虞公为人贪心，见到晋国带来的财宝、名马非常高兴。他问荀息："贵国送我如此贵重的东西，是不是有什么事情需要帮忙？"荀息说："我国国君一直仰慕您的大名，认为您是个有谋略的人，现在只是有点儿小事求您帮忙。虢人多次侵犯我国边界，我国国君想要给他们一个教训，贵国能不能借一条道，如果获胜了的话，赢来的东西全归贵国。"虞国大夫宫之奇说："虢虞两国的关系就像是唇亡齿寒，我国要是借一条路给他们的话，晋国一定会借机灭掉虢国，如果这样，虞国还能安然生存吗？"虞公说："但是晋国送了如此贵重的东西，只是为了借条路而已。就算虢国灭亡了，但是能和更强大的晋国做朋友，这难道不好吗？"宫之奇见虞公这样说，便料到虞国一定会灭亡，于是带着家人逃走了。后来，晋国灭掉虢国后，果然在回国的路上灭掉了虞国。

## 原文

**是非只为多开口，烦恼皆因强出头。平生正直无私曲[①]，问甚天公饶不饶。**

### 注释

①私曲：偏私，不公正。

### 译文

惹上是非是由于话太多，沾上烦恼都由于爱出风头。

一辈子正直做人没有任何杂念，还问什么老天爷饶不饶恕呢？

### 点评

古人强调做人说话要慎重，正所谓祸从口出，说太多了就会招惹是非。在现实生活中我们要慎言、慎行，坐得端、行得正，做到真正的问心无愧。在任何时候都严于律己，公正刚直，内心没有任何杂念，那么自然会得到人们的尊重。没有是非烦恼，更用不着向老天爷乞怜了。

### 事例

狄仁杰是唐代赫赫有名的断案高手，他为人刚正不阿，一生审处一千七百余人，未有一案出现失误。

一次，武卫大将军权善才在昭陵（唐太宗陵园名）误砍了一株柏树。狄仁杰得悉后，经过实地调查，认为事出有因，应给予从轻处罚。奏议上呈后，唐高宗改为只诛杀当事者权善才一人，命令狄仁杰立即执行。但狄仁杰认为皇上量刑过重，权善才罪不当死，便顶撞起皇帝来。

唐高宗很不高兴，对狄仁杰说："善才大将军砍了朕祖先陵墓上的树，他要让朕背上不孝的恶名，必须处死他！"

狄仁杰坚决不同意执行。同僚俱来劝说，狄仁杰说："作为臣下，由于坚持原则，有时顶撞皇上，自古以来都被认为是一件很难的事，我却不认同这种看法。这要看是暴君，还是明主？今天，我们有幸遇到像尧、舜那样贤明的君王，作为忠臣，就不应再有什么顾虑。如今，陛下因为昭陵的一株柏树就要杀一位当朝大将军，千载以后，不知人们会如何议论陛下。我现在之所以没敢奉旨处死权善才将军，是担心陛下会因此受到后人的指责呀！"

这话传到唐高宗李治耳中，他才恍然大悟，理解了狄仁杰的一片苦心，于是他下旨予以权善才革职处分。

武则天当政时，狄仁杰被升任为宰相。一次上朝时，武则天对狄仁杰说："爱卿政绩昭然，却有人说你的坏话，你知道是谁吗？"狄仁杰慌忙叩头谢恩道："如果陛下认为臣有过错，臣一定下决心改正；如果陛下认为臣没有过失，那是臣的平生大幸！如今有人非议臣下，定是臣有过失，恳请主上降罪。"

狄仁杰一生光明磊落，勤俭谨行，赢得了"狄青天"的美誉。

## 原文

**猛虎不在当道卧，困[1]龙也有升天时。**

### 注释

①困：陷于困境。

### 译文

再凶猛的老虎也不会卧在道路中间，受困的蛟龙也有升天的时候。

### 点评

一个人权势再大也不可能公然横行，一旦触犯了众怒便会受到上天的惩罚。即使深陷困境的人将来也可能会有飞黄腾达的时候，所以不需要担心一直处于命运的低谷之中。如果身陷低谷，不要失望更不要放弃，在低谷中积蓄力量就会成就一番事业。

### 事例

春秋时期，吴王领兵打败了越国，并将越王勾践活捉。为了羞辱勾践，吴王每天都让他做一些下人做的事情。越王内心愤怒但没有表现出来，表面上很是忠心顺从。吴王外出的时候，勾践便为他牵马；吴王生病的时候，勾践便亲自喂药。就这样不久后，吴王认为勾践已经顺从了自己，就允许他返回越国。

勾践回国后，每天睡在木柴上，并且在每次睡觉和吃饭前均要尝一口苦胆，以此来告诫自己不忘记报仇雪恨。在他回国之后，大肆训练军队，并关注百姓的生活，使得人民安居乐业。

越王勾践经过10年的艰苦努力，让百姓生活富裕且国家兵强马壮，然后带领大军攻打吴国。吴国灭亡后，吴王自杀。因此，越国成为春秋末期的一个强国。

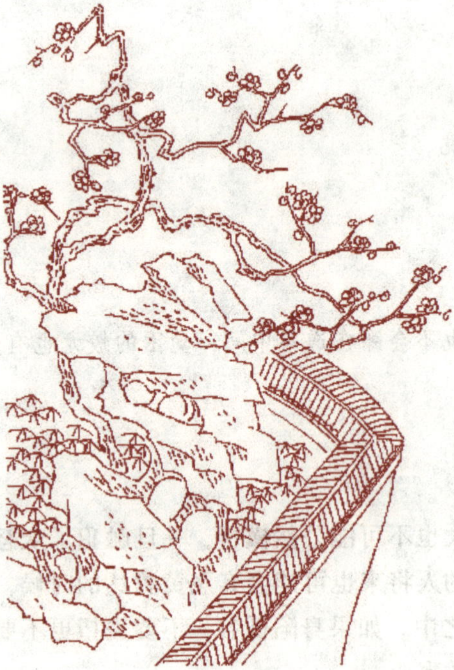

## 原文

**临[1]崖勒马收缰晚，船到江心补漏[2]迟。**

### 注释

①临：临近。

②漏：船坏的地方。

### 译文

马跑到悬崖边再勒马收缰已经晚了，船到了江心再修补船身已经来不及了。

### 点评

古人说："凡事豫则立，不豫则废。"意思是做任何事情都要事先做好准备，否则出事时就会手忙脚乱。正所谓谋定而后动。做任何事情都要有一个充足的计划与准备，对事情整体有一个清晰的把握，即使发生意外也有相应的对策。不论是在学习中还是在工作中，我们都要学会未雨绸缪，有长远的目标和规划，即使犯了错也能及时改正，尽早回头。

### 事例

从前，有一户人家养了许多羊。有一天早晨，主人像往常一样打算去放羊时发现羊圈里少了一只羊。原来羊圈被狼弄出了个洞，晚上狼从洞里叼走了一只羊。

他的邻居听说后纷纷劝他将洞口补上，但是那个人却认为即使补上也没有用，羊也不会回来，丢了就是丢了，便没有听从邻居的意见。第二天早上，他打算去放羊时发现羊圈里的羊又少了一只。原来，狼又从那个洞里叼走了一只羊。

此时，那个人非常后悔，觉得如果自己听从邻居的意见就不会再丢一只羊了。于是他赶紧将羊圈上的那个洞堵上，并将羊圈再次修补了一遍。后来，狼再也没有办法叼走羊了。

## 原文

**家业有时为来往，还钱常记①借钱时。常将有日思无日，莫待无时思有时。**

### 注释

①记：记着，想着。

### 译文

家中富有时要想着多和人走动，还钱的时候要记着借钱之人的好心。

有钱的时候要想着没有钱时怎么办，不要等贫穷了再想着之前富裕时的时光。

### 点评

我们每个人都有贫穷和富裕的时候。当我们贫穷的时候，难免要向别人寻求帮助，我们要时刻谨记他人的恩情，在他人陷入困境的时候伸出援助之手。滴水之恩，当涌泉相报。当我们富有的时候，也不能安于享受、肆意挥霍，要居安思危，做好规划，不要等到一无所有的时候再来感慨之前的富裕生活。

### 事例

从前，有一个人去别人家做客。他发现那位主人家的炉灶的烟囱是直的，烟囱的旁边放着柴草，于是告诉那家主人，烟囱的下面摆放着柴草容易引起火灾，需要将烟囱改成弯的，并把烟囱旁边的柴草搬走。主人听完之后没有放在心上，也没有按照他说的去做。不久之后，主人家中果然发生火灾，邻居们见后前来救火，帮助他家扑灭了大火。于是，主人为了表达他的谢意，就宴请邻居，把救火时被烧伤的人安排在上席，其他的人也是按照当时做了多少安排的座位。有人对主人说："假如当时你听从了那位客人的提议，就不会发生火灾，也不需要众人来救火，更不需要宴请众人了。现在你只请帮助救火的人，却没有想起当时提议的那个人。"主人听到后便赶紧请来了那位客人。这便是"曲突徙薪"成语的由来。

## 原文

**金风[1]未动蝉先觉，暗算无常死不知。青山只会明[2]今古，绿水何曾洗是非？**

### 注释

①金风：秋风。

②明：明晓，明白。

### 译文

秋风还没有刮起，蝉就事先觉察到了寒冷，暗算手段多端，都不知道是怎么死的。

青山只能明晓古今的变化，绿水又怎么能洗清过往的是非？

### 点评

秋风将起，蝉就察觉到了寒意，而有的人自身诡计多端却是连自己怎么死的都不知道；大自然只能展示四季环境的变化，没有办法消除人世间的是是非非。这几句话，充分道出了人世间的险恶与无常。在实际生活中，虽然我们没有办法把握世界的变化，但是却能够掌握自己的人生。积极学习，努力向上，以一颗善良的心对待他人，不做违背自己良心的事情，相信是非烦恼都会远离我们。

### 事例

谢夷吾是东汉时期的官员，他担任郡吏时被提拔为督邮，负责督察所属各县，深受当时太守第五伦的信任。后来他担任寿张县县令，在任期间百姓安居乐业，他也深受百姓的爱戴。永平十五年（公元72年），泰山发生蝗灾，并影响了各个郡国，百姓的庄稼全被蝗虫吃掉了。但是蝗虫经过寿张县边界时，并没有危害那里的庄稼，由此朝廷更加肯定了他的业绩。

谢夷吾善断疑案，没过多久便升为荆州太守。他经过南阳时，正逢汉章帝在鲁阳巡狩，便召他接见。皇上见了他后便吩咐他去审判在册囚徒，并决定亲自观审。皇帝在西厢房面南而坐，谢夷吾则处在东厢房升堂问案，在谢夷吾问案时皇帝便静静观察。后来皇帝发现谢夷吾果然断案如神。汉章帝感慨道："如果我的臣子都能像他一样，那我就不会担忧这个天下了。"

谢夷吾不久又被提拔为巨鹿太守，他善于提拔人才，有着很高的政绩。他生活简朴，出去游玩时也只是乘坐牛拉的柴车，身边跟随的只有两个小吏。有官员忌妒他，便向朝廷参他为官有失仪表，不符合国家典章，由此他被降职为下邳县令。

## 原文

**善恶到头终有报，只争[1]来早与来迟。蒿里隐着灵芝草，淤泥陷着紫金[2]盆。**

### 注释

①争：竞争，争夺。

②紫金：古代一种珍贵的矿物。

### 译文

善有善报，恶有恶报，只不过有些早来有些晚来。

蒿草里长着珍贵的灵芝草，淤泥里藏有宝贵的紫金盆。

### 点评

前一句讲的是因果报应的道理，正所谓“善有善报，恶有恶报，不是不报，时候未到”；后一句则是说万事都不能只看表面，正所谓“人不可貌相，海水不可斗量”。不起眼的东西背后可能会隐藏着宝贵的财富，平凡丑陋的外表背后，可能有一颗高贵而智慧的心灵！在与他人交往的过程中不能只注重表面，而是要善于发现内心美。

### 事例

来俊臣是武则天时期的酷吏，他为人奸诈阴险，多次犯偷盗之罪，被朝廷关押到监狱。在狱中，来俊臣为了减轻自己的罪行便告发别人谋反叛乱。在武则天严查谋反之事时，他抓住机会主动迎合武则天，受到武则天的赏识，并由此获得了官位，担任侍御史，专门审查监狱中的囚犯。

来俊臣对待犯人残忍无比，同时为了迎合武则天，经常不分青红皂白，让审查的结果符合武则天的旨意。武则天之所以这样做是为了控制朝廷，稳定自己的地位。就这样，来俊臣在武则天的放任下更加为所欲为，很多人在他的审查下无辜枉死。

不久，来俊臣又被提拔为左台御史中丞，因此让朝廷内外的官员更加惶恐不安。来俊臣带领跟随他的官员，诬蔑朝廷大员，让朝廷中的很多大臣丧生。

来俊臣用极其残忍的手段搅乱了朝廷的安定，成为武则天的忠实走狗。百姓都很怨恨来俊臣，要求严惩来俊臣，并主动搜集来俊臣的罪证，武则天为平民愤，只能下令将其处斩。百姓见此都纷纷拍手叫好，在来俊臣被斩后，他的尸体被肢解，尸骨也被马踩碎，来俊臣最终尸骨无存。

## 原文

**劝君莫做亏心事，古往今来放过谁？山寺日高僧未起，算来[1]名利不如闲[2]。**

## 注释

①算来：看来。

②闲：悠闲自在。

## 译文

劝您不要做违背自己良心的事情，古往今来哪个违背天道的人被苍天饶过？

太阳高照了山寺中的僧人还未起床，追求名利还不如享受安逸闲适的生活。

## 点评

在历史上有太多阴险奸诈之人最终落得身败名裂的下场，正所谓“天网恢恢，疏而不漏”，没有任何人能够逃脱上天的惩罚。越是不择手段、为非作歹，越是下场凄惨。与其如此，倒不如学习那山中的高僧，抛去世俗的名利，悠闲自在，享受安逸的生活。这种态度看起来似乎有些消极，但其中所表达出来的至高的洒脱与自由，是非常让人向往的。

## 事例

战国时期有个宋国人名叫惠施，他与庄子是好友，在当时两个人都有很高的名声。

有一年，惠施担任了魏国宰相。庄子前去看望他。有人告诉惠施说："庄子来到魏国后一定会取代你成为魏国宰相的。"听到这话后，惠施便不想让庄子前来看望他，并派人搜捕庄子。后来，庄子到了魏国之后前去拜访他，说："南方有一种鸟叫鹓鸰，它从南海飞到北海，在飞行的过程中，只在梧桐树上栖息，食物只吃竹子的果实，喝水只喝泉水。有一次，一只猫头鹰捡到一只腐烂的老鼠，鹓鸰鸟从猫头鹰面前飞过时，猫头鹰害怕它夺走自己的食物，便对鹓鸰鸟发出怒斥声，想要吓唬鹓鸰鸟。现在你是在拿你的宰相职位来吓唬我吗?"

在这个故事中，鹓鸰鸟指的是庄子，庄子把自己比喻成志向高洁之士；猫头鹰则指的是惠施，惠施象征着猜忌的小人；腐鼠则指的是世俗的功名利禄。这个故事表达了庄子淡泊名利、品性高洁的心志。

## 原文

**人生七十古来稀，多少风光①不同居。长江一去无回浪，人老何曾再②少年？**

### 注释

①风光：指人生的美好时光。

②再：数词，第二次。

### 译文

人很少有能活到七十岁的，很多美好时光都不会停留。

长江滚滚向前一去不返，人老后也不会再有少年的时光。

### 点评

岁月一去不返，就像滚滚的长江一样，人的年少时光也只有一次。因此，我们要珍惜现在的时间，在有生之年多做一些有意义、有价值的事情。努力学习，奋发向上，不要让宝贵的时光白白逝去。古人曾说“一寸光阴一寸金，寸金难买寸光阴”，人生苦短，把握好当下的生活最为重要。

### 事例

晋代学者车胤小时候家境富裕，后来家道中落，生活变得非常贫穷。在贫穷的生活中，车胤仍然不忘学习，珍惜每天的时间努力读书。

车胤白天干活，晚上读书。但是由于他家非常穷，常常连灯油都买不起，很难做到在晚上读书，为此他非常苦恼。夏季的一天夜里，车胤在院子里乘凉的时候看见了萤火虫在黑暗中一闪一闪地发光。他灵机一动，便捉了很多萤火虫，并将它们放在一个用白布缝制的小袋子里。他将装了萤火虫的袋子放在读书的桌子上，借助袋子里发出的光芒来读书。之后，车胤更加珍惜读书时间，后来成为著名的学者。这就是“囊萤夜读”的故事。

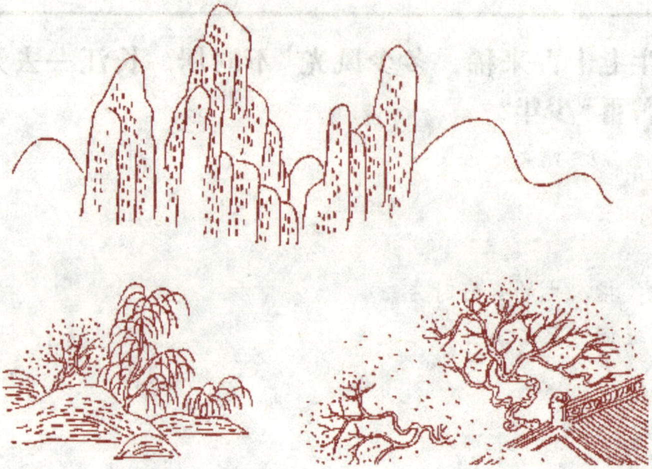

## 原文

**大道劝人三件事，戒酒除花①莫赌钱。言多语失②皆因酒，义断亲疏只为钱。**

### 注释

①除花：不贪恋女色。花，娼妓或是妓院。

②失：过失，错误。

### 译文

按道理，奉劝别人学好要注意三件事，不酗酒、不好色、不赌钱。言多必失往往是醉酒造成的，情义断绝、亲友疏远往往是贪财造成的。

### 点评

做人要有三戒：第一，不要嗜酒，酒喝多了不仅对身体有害，还会迷乱人的神志，让人行为不受控制，做出后悔莫及的事情；第二，不要贪恋女色，历史上有太多的君王因为好色而导致亡国；第三，不要赌博，赌博是恶习，沉迷于赌博之中只会害人害己。总之，我们要学会自律，认清不良习惯产生的危害，远离这些恶习。

### 事例

蜀汉先主刘备刚开始攻打天下时没有根基，只能依附于当时的荆州牧刘表。刘表听说过刘备的名声，且他们同为汉室宗亲，有着亲戚关系，因此刘表便接纳了刘备。两个人经常在一起把酒言欢。

有一次，他们在喝酒时，刘表询问刘备自己的哪个儿子适合继承自己的官职，刘备知道他喜欢自己的二儿子，于是告诉刘表他看好他的大儿子。两个人喝多后，刘备一时不察，口无遮拦地说道：“如果我有一番作为的话，根本不用考虑这些人！”刘表听后大吃一惊，他察觉出来刘备有着很大的野心，城府极深，所以便没有说话。后来刘备也意识到自己犯了错误，便假借自己喝醉，起身告辞，回到住处休息。之后，刘表没有再对刘备表现出热情，渐渐地疏远了他。当蔡氏兄弟想杀掉刘备时，刘表也表示支持。可以看出，刘备就是因为喝酒后说出了自己内心的真实想法，所以才使自己陷入困境之中。

## 原文

**有事但[1]近君子说[2]，是非休听小人言。**

### 注释

①但：只。

②说：沟通，诉说。

### 译文

有事情只和君子诉说，听取他们的意见，判断对错时不要听信小人说的话。

### 点评

有事情要和正直的君子诉说沟通，不能听信小人的言论。正所谓“亲贤臣，远小人”，中国古人一向认为只有听信君子的言论才能做出正确的判断。历史上有太多的君王亲近小人导致人民生活困苦，国家动荡不安。君子的言论往往是“忠言逆耳利于行”，而小人的言论只是花言巧语，只会迷乱人的心志，让人做出后悔的事情。在生活中，我们要有正确的判断，能够明辨是非，根据君子的言论，改正自己的缺点，获得进步。

### 事例

李世民善于听从他人的意见，深受魏征、徐世勣等忠臣的敬佩，他开创了大唐第一个盛世，史称“贞观之治”。李世民可以说是亲贤远佞的典范。他在位期间，魏征多次劝谏他，经常冒着不敬的危险教导他要亲贤远佞。究竟什么样的臣子才是贤臣呢？李世民仔细地观察和分析他周围的人，如果像魏征这样将全部精力放在国家大事上的人就是贤臣。那小人又怎么区分呢？经常有贤臣良将进言说哪个人是小人，要将他治罪，但是李世民没有证据，没有办法确认究竟是不是这样。

一天，他带领亲信去城里体察民情，途中看见一棵弯树，于是情不自禁感慨道："这棵树长得这么弯曲，有什么用呢！"这时，李世民身边的一名亲信立刻迎合李世民，也对这棵弯树做了一番评论。不久，又看见了一棵高大笔直的树，李世民再次进行评论。而刚才那位亲信见此便立刻接过话题，同样迎合李世民评论了这棵树。就这样，李世民认定了那位亲信是一个讨好主人的奸佞，并马上责罚了他。

## 原文

**妻贤何愁家不富，子孝何须父向前？心好家门生贵子，命好何须靠祖田？侵[①]人田土骗人钱，荣华富贵不多年。莫道[②]眼前无报应，分明折[③]在子孙边。**

### 注释

①侵：侵占。

②莫道：不要说。

③折：折损。

### 译文

妻子贤惠不用忧愁家庭不富裕，儿子孝顺又怎么需要父亲向前奔波呢？

心善的人家会出富贵的子女，命好的人家何须靠祖先留下的田地维持生活？

侵占他人的田地、骗取别人的钱财，这样得来的荣华富贵不会长久。

不要说眼前还没遭报应，善恶报应总会转移到子孙身上。

### 点评

这几句话说的是治家立业之道和善恶报应。想要家族富贵、儿女平安，就需要多多行善，重视品德修养。家境的贫穷与富裕需要看子女是否孝顺、妻子是否贤惠，只有妻贤子孝的家风才能保证家庭富裕。后两句强调的是因果报应。君子爱财，取之有道，通过不正当手段获取的财富是不会持久的。即使眼下没有受到报应，报应早晚也会降临在子孙身上。因此，我们要做一个善良的人，不做违背自己良心的事情。

**事例**

古时候有个叫王善的人商人，40岁时还没有儿女。有一年春天，他请了一位有名的大师给他看相。大师见到他后的第一眼便说他没有儿子，今后也不会有儿子，且10月会有一场大灾等着他。王善担心大师说的是真的，于是提前半年前往外地进货收钱。但是在返回的路上，王善遇见一个投河自尽的少妇，他便告诉船夫，如果船夫能够将跳河的女子救上来，他就给船夫20两银子。于是船夫跳到河中把少妇救了上来。王善见此便按照说的那样给了船夫20两银子。经过询问，原来少妇是因为卖猪时收了假钱，怕回家后遭到丈夫的责骂才一时想不开要跳河的，王善因同情她便给了她双倍的钱，少妇接过钱便离开了。少妇回家后将事情的原委告诉了丈夫，两个人决定晚上前去答谢王善。当天晚上王善听到夫妇两人的敲门声后便出门查看，在他刚刚出来的时候，客房的墙便倒塌了，王善的床铺被砸得粉碎，王善因此躲过了这一劫。

王善回家后再次遇见了当初看相的大师，大师感到非常惊讶，说道："你的祸相现在已经显示没有了，你一定是做了好事啊！以后必定会有后福的！"果然，此后王善的妻子为他生了好几个儿子，而且王善也活到了98岁才去世。

## 原文

**酒逢知己千杯少，话不投机半句多。衣服破[1]时宾客少，识人多处[2]是非多。草怕严霜霜怕日，恶人自[3]有恶人磨[4]。月过十五光明少，人到中年万事和。**

### 注释

①衣服破：比喻贫穷。

②处：地方。

③自：自然。

④磨：折磨，对付。

### 译文

与知己喝酒即使喝千杯也觉得很少，说话时不投机即使只说半句也觉得多。

家境贫穷时来的客人就少，认识的人多是非也多。

草怕严霜，严霜怕太阳；坏人作恶，自然就会有更加坏的恶人来整治他。

月亮过了阴历十五光芒就会变暗，人到了中年性情也会变得温和。

### 点评

第一句中，和自己的知己在一起喝酒，哪怕是喝千杯都不会觉得多，这是因为君子之间志趣相投。第二句告诉人们，凡事有多必有少，有利亦有弊。人在落魄的时候就会受到他人的鄙夷，不愿来往，人在富贵的时候人们都争着前来祝贺。第三句说明世间万事万物总是一物降一物，相互制约才能够平衡发展，只有认清自己的地位才能获得长久的发展。最后一句则反映了事物由量变到质变的过程，时间是改变一切的本源。这四句话都是在说世间最自然不过的现象，体现出中国古人朴素的辩证观。

## 事例

汲黯是汉武帝时期的一位名臣。他在朝廷做官时，由于位高权重，每天都有很多人前来拜访他。后来他辞去自己的官职回乡养老，人们知道他辞去官职后便再也没有前去拜访过他。他在家里过着清闲的生活，每天清晨他都打扫庭院中的落叶，中午时，他打开大门发现门前有很多麻雀在觅食。他情不自禁地感慨道："之前我在朝廷做官的时候，前来拜访的人挤满了庭院，现在大家知道我辞去官职后便再也没有人前来，家里也冷清了不少，大门口都能张网捉鸟了。"没过多久，皇帝又下诏请他回去做官。人们知道他做官的消息后便纷纷前来拜访他，汲黯见此场景后更加感慨世态的炎凉，这也让他看清了那些人的趋炎附势。于是他不再接见任何人，那些前来拜访他的人只好羞愧地离开了。

## 原文

**良言一句三冬[1]暖，恶语伤人六月寒。**

### 注释

①三冬：严冬。

### 译文

一句好话能够让人在三九寒天里感受到温暖，一句伤人的话能够让人在六月天也觉得寒冷。

### 点评

他人所说的话会对人产生很大的影响，充满善意的言语能够给予他人温暖，能够在逆境中给人带来希望，成就一个人；一句充满恶意的话也可能给人带来心灵的阴影，甚至会毁了一个人，造成不可挽回的后果。因此，我们需要谨言慎行，在与他人交往的过程中要注意自己的言辞，尽量为他人带来温暖，不要恶意伤人。

### 事例

从前森林里有一头熊受了重伤，森林中的小木屋住着一个守林人，于是它便来到小木屋外，想要守林人帮助自己。

守林人见它身受重伤，很是同情，便同意帮助它。晚上，守林人仔细地照顾受伤的熊，帮助它处理伤口，为它准备食物，因此熊非常感激守林人。

由于小木屋中只有一张床，因此守林人让那只熊和他同在床上睡觉。当熊进入被窝时，守林人闻到熊身上有很难闻的味道，便对熊说："你身上怎么有这么难闻的味道呢？我真是受不了，这绝对是我闻过最难闻的味道。你就是天下第一大臭虫！”

熊听完后非常羞愧，但是仍然一句话也没有说，一晚上都没有睡着觉。天一亮的时候，熊就对守林人表示了感谢，并离开了。多年后守林人再次遇见了那只熊，他询问那只熊当时受的伤是否愈合了。

熊回答说：“伤口早已愈合，当时所忍受的疼痛也已经忘记。但是我永远没有忘记你说的那句话，它在我的心灵上留下了伤口，永远难以痊愈！”

## 原文

**雨里[1]深山雪里烟，看时容易做时难。无名草木年年发[2]，不信男儿一世穷。**

### 注释

①里：里面，环绕。
②发：萌发。

### 译文

雨中环绕着的深山、雪里衬托着的炊烟，欣赏起来容易但画出来难。没有名字的草木年年都能萌发，男子汉也不会一辈子贫穷。

### 点评

我们在生活中会遇到各种困难，有些问题看起来很容易解决但是实际做起来却非常困难。很多人觉得自己能够胜任某项工作，但是一旦开始做就会发现自己一窍不通。因此，我们需要摆正自己的位置，端正自己的态度，踏踏实实地做事，在困难中树立起坚定的信心。那无名的草木，即使在寒冷的天气中枯萎凋谢，但是第二年的春天仍然会萌发出嫩芽，变得生机勃勃。没有谁注定一辈子贫穷，我们的人生把握在自己的手中，只要刻苦努力，坚持不懈，人生一定会出现转机。

### 事例

战国时期，赵国大将赵奢作战英勇，曾经以少胜多，大败秦军，被提拔为上卿。赵奢的儿子赵括从小喜欢读兵书、谈论军事，和别人谈论时别人都争辩不过他，因此他越发骄傲自大起来，认为别人都不如他。赵奢知道自己儿子的性格后非常担忧，觉得他儿子只是擅长空谈，认为如果他将来成为将领的话，对赵国来说并不是一件好事。果然，公元前260年，秦军攻打赵国长平。那个时候赵奢已经不在人世，负责带领大军的是廉颇。虽然廉颇年事已高，但仍然足智多谋，采用灵活的作战计划使得秦军无法取胜。秦国知道长久下去必败，因此就施行反间计，派人到赵国散布“秦军害怕赵奢的儿子赵括将军”这样的消息。赵王知道这个消息后便相信了，因此就派赵括代替了廉颇。赵括骄傲自大，作战只按照兵书上的条文，完全改变了原先廉颇的作战策略，结果自己中箭身亡，带领的大军也被秦军一举歼灭。

## 原文

**若不与人行方便，念尽弥陀[1]总是空[2]。**

### 注释

①弥陀：阿弥陀佛，指佛经。

②空：枉然，无用。

### 译文

如果不给人提供方便，就算把佛经念完也没有用。

### 点评

如果一个人对周围的一切漠不关心，在他人需要帮助时不提供方便，没有基本的善意和友爱，那么即使他每天吃斋念佛也没有用。只有经常做好事，待人温和有礼，才会得到好报。与其拜佛，祈求一个外在的神灵，还不如拜自己的良知，在生活中严格要求自己，要求自己的一言一行，做一个充满爱心的善良人。

### 事例

南朝梁武帝萧衍信奉佛教，在都城建康修建了一座佛寺，取名为同泰寺。寺庙的规模很大，梁武帝每天都会去寺庙里祭拜，有时候还会亲自在台上向众人宣讲佛法，他想依靠自己为百姓祈福，帮助百姓消除灾难，积累福泽。梁武帝到晚年，对佛教更加信奉，为了向大家展示他的虔诚之心，有一次，他居然说要去寺庙出家当和尚。

后来他果真去了寺庙，在同泰寺当了四天和尚，朝廷中的大臣见此情况多次派人请他回去。后来梁武帝便听从大臣的意见回到宫中。当时有个习俗，那便是寺庙的和尚还俗后需要给寺院一笔钱，向寺院赎身。梁武帝认为虽然自己贵为皇帝，但是也不能打破这个规矩，因此便给了寺庙一些钱。

不久，他再次去同泰寺舍身出家，这次当了和尚后朝中大臣多次请求他回宫，他都没有答应。

后来，朝廷大臣便想了一个办法，他们凑了很多钱财，到同泰寺给梁武帝赎身，因此梁武帝才同意回宫。就这样，梁武帝一连三次到同泰寺舍身出家当和尚，每次都花费大量的金银财宝，让当地的百姓苦不堪言。后来，发生侯景之乱，梁武帝则被活活饿死在建康。

## 原文

**少年休笑白头翁，花开能有几日①红？**

### 注释

①几日：多少时间。

### 译文

年轻人不要嘲笑头发花白的老人，青春年华好比鲜花，能够鲜艳多少时光呢？

### 点评

光阴易逝，青春易老，从朝气蓬勃的青年变成白发苍苍的老翁，这是任何人都无法改变的一件事。再美的花儿也有凋谢的一天，年轻人又有什么资格笑话白发苍苍的老年人呢？因此我们需要把握好当下，珍惜时间，在有限的时间内充分发挥自己的价值，做到无悔青春。生命的每个阶段都有它独特的美，青春年少固然令人心生羡慕，但是夕阳也同样美丽。

### 事例

东汉名将马援年少时便有着远大的志向。在他 12 岁时，父亲便去世了，他便离开家，放弃富裕的生活，自己一个人前往北疆。他在北疆注重发展农业和畜牧业，使当地的生活得到很大的改善。后来，他投靠当时的汉光武帝刘秀，并帮助汉光武帝刘秀平定陇右大族隗嚣。他带兵攻打隗嚣大军时，敌军听到他的名声就闻风丧胆，溃不成军。在一次战斗中，马援率先前去战斗，不料被敌人射中小腿，当时流血不止，但是马援丝毫不在意，一直奋战，直至击败敌人。光武帝给了他很多的赏赐，他将所得赏赐全部分给他的部下，自己一点儿也不留，深得部下的尊敬。

建武二十四年（公元 48 年），南疆动荡不安，少数民族发起叛乱，朝廷多次派兵去攻打，但是都没有平定。马援主动请缨，希望皇帝能够允许自己带兵前去平叛。那个时候，马援已经 62 岁，多年带兵打仗，他的身体已经不行了。光武帝体恤他，不想让他带兵去打仗，但是马援却坚定地说："老当益壮，我还能为国家效力，帮助国家安定！"最终，皇帝同意了马援的请求，让他率军平叛。马援在战斗中屡战屡胜，但是却由于疾病缠身，最终病死在战场上，实现了他马革裹尸的壮志。

## 原文

**越奸越狡越贫穷，奸狡原来天不容[1]；富贵若从奸狡得，世间呆汉吸西风。忠臣不事二君主，烈女[2]不嫁二夫郎。小人狡猾[3]心肠歹，君子公平[4]托上苍。**

## 注释

①容：看得过去。

②烈女：贞洁的女子。

③狡猾：诡计多端。

④公平：正当，合情合理。

## 译文

越奸诈狡猾的人越贫穷，奸诈狡猾的小人上天都看不过去；

如果富贵能通过奸诈的手段获得，那世间的忠厚之人就要喝西北风了。

忠良的臣子不侍奉两个君主，贞洁的女子不嫁两个丈夫。

小人狡猾心肠歹毒，君子做事正当，就是上苍也会保佑他。

## 点评

君子做事合情合理，小人做事奸诈狡猾，君子自然会受到上天的庇佑，而小人便会受到上天的惩罚。这几句说的也是善有善报、恶有恶报的道理，因此，我们需要端正自己的心态，明辨是非，做一个善良、正直的君子，不能为非作歹，欺上瞒下。

## 事例

清朝年间在山西太原有个富翁，由于儿子年幼，于是富翁便在临死前将自己所有的家产交由女婿代为掌管，还将祖传的一把宝剑留给自己年幼的儿子。几年后，富翁的儿子长大成人，便向姐夫索要宝剑，但是他的姐夫想要占为己有，不给他，因此两个人去衙门打官司。

当时刘墉担任当地的地方官，经过一番调查后，他知道了事情的原委。原来，富翁在去世之前便知道自己的女婿是个阴险之人，他怕自己将家产留给年幼的儿子会招来女婿的记恨，甚至会使女婿为了家产不惜杀害自己的儿子，所以富翁便将财产交给了女婿，只将宝剑留给自己的儿子。

刘墉掌握证据后，立刻做出了决断，富翁留下的宝剑和全部家产均归富翁儿子所有，不追究女婿这十几年对家产的花费。这样的结果出来后得到了当地老百姓的称赞。

## 原文

**一字千金①价不多，会文会算有谁过②？身小会文国家用，大汉空长③作什么？**

### 注释

①一字千金：形容文字价值很高。

②过：超越。

③空长：白长。

### 译文

名家书法一字值千两黄金，价钱不算贵；能写会算又有谁能超过？

个子虽小但文采出众一样能得到国家重用，长得高大却没有本领又有什么用？

### 点评

中国人自古敬重文采出众的人，哪怕其貌不扬，但有能力、满腹经纶，照样能够得到他人的赏识，并做出一番贡献而名垂千古。有的人身材高大，长着一副好皮囊却没有本领，这样的人只会招来他人的厌恶。即使我们生来平凡，但努力向上，用知识充实自己，一样能够成为社会的栋梁之材，得到国家的重用。因此，我们应该在年轻的时候多充实自己，积极向上，获取更好的发展。

事例

春秋末期，齐国大夫晏子出使楚国。楚国人见晏子身材矮小，便有意为难他，于是让人在城门上挖了一个小门，让晏子从那个小门进去，以此来羞辱他。晏子见后说："只有出使狗国的人才从狗洞进去，现在我出使的是楚国，难道要从这里进去吗？"楚国人听后没有办法，只好让他从大门进去。

楚王见到晏子后说："难道齐国没有人了吗？"晏子回答说："齐国的大街上，人们展开衣袖来可以遮天蔽日，一旦挥洒汗水就如同下雨一般。"楚王说："既然齐国如此多的人，那为什么会派你前来呢？"晏子回答说："齐国派遣使臣时，如果对方是贤明的国君，那就会派贤良之人前往；如果对方是无能的国君，那就会派遣无能的人前往。而我是齐国最无能的人，所以只好来出使楚国了。"

晏子又一次出使楚国，楚王宴请晏子时，有下人带着一个人上前来，对楚王说："这个齐国人犯了偷窃罪。"楚王听后便问晏子："是不是你们齐国的人都喜欢偷东西？"晏子回答说："我听说，橘生长在淮河以南就是橘，生长在淮河以北就叫枳，虽然它们的叶子相同，但是果实却完全不一样，味道也不一样。这都是两地水土不一样造成的。这个人在齐国不偷东西，到了楚国却偷东西，难道不是楚国的水土导致的吗？"楚王听后便笑着说："你是个圣人，我不能和你开玩笑啊，这样只会自讨没趣。"